Elke Blattmann

GEHEIMNISVOLLE STERNENWELT

ELKE BLATTMANN

Geheimnisvolle Sternenwelt

EINE PHÄNOMENOLOGISCHE BETRACHTUNG
DES FIXSTERNHIMMELS

MIT EINEM GELEITWORT
VON LUDOLF VON MACKENSEN

URACHHAUS

Die Deutsche Bibliothek – Cip-Einheitsaufnahme

Blattmann, Elke:

Geheimnisvolle Sternenwelt : eine phänomenologische
Betrachtung des Fixsternhimmels / Elke Blattmann. –
Stuttgart : Urachhaus, 1991
ISBN 3-87838-690-7

ISBN 3 87838 690 7

Satz und Druck der Offizin Chr. Scheufele, Stuttgart
Umschlaggestaltung: Bruno Schachtner, Dachau

INHALT

ZUM GELEIT

Nach dem großen Königsberger Philosophen Immanuel Kant kann der Mensch zweier Dinge gewiß sein: des moralischen Gesetzes in ihm und des gestirnten Himmels über ihm. Daß beides gemeinsame Wurzeln hat, so wie der Mikrokosmos verbunden ist mit dem Makrokosmos, ist für eine ganzheitliche Weltauffassung, die uns zuallererst aus den Mythen der Völker entgegenklingt, intuitiv naheliegend, rational aber im Sinne der mathematisierten Naturwissenschaft schwer einzusehen.

Umso verdienstvoller erscheint die vorliegende phänomenologische Betrachtung des Firmamentes, in der die Autorin nicht nur die Mythen, Sagen, Märchen und die christliche Offenbarung in Beziehung zu den Sternen, sondern, angeregt durch diese, die Sternbilder selber in ihrem Bildcharakter sprechen läßt, und zwar sowohl einzeln, als auch im Zusammenhang nordsüdlicher Himmelszonen. Denn »Bilder sind das Einzige, wodurch das Unfaßbare zu uns spricht« (Erhart Kästner). Elke Blattmann versteht es dabei, dem Leser die Augen aufzutun für die alten und neuen, von ihr gefundenen Sternbilderbezüge, Zusammenhänge und phantasievollen Imaginationen, deren Stimmigkeit im Lichte christologischer und geistesgeschichtlicher Hintergründe überraschen, ja geradezu verblüffen.

Es mag nicht von ungefähr sein, daß eine solche gediegende Arbeit, die von tiefer Einfühlung in den Fixsternhimmel zeugt, in einer Wendezeit entstanden ist, in der wir, wenn man den Lauf der Sonne durch das platonische Weltenjahr von 25 920 Jahren betrachtet, im Übergang vom Fischezeitalter in das Wassermannzeitalter stehen. Der genaue Zeitpunkt des Überganges ist astronomisch schwer anzugeben, da sich die Sternbilder der Fische und des Wassermanns überlappen, doch spüren wir selbst, sei es an den Erfolgen der Astrophysik und Planetenraumfahrt oder am okkulten Interesse des »New Age« oder sei es am politischen Aufbruch zu neuer Freiheit in Deutschland, Osteuropa und in der Welt, daß ein anderes, ein neues Zeitalter geboren wird.

Mögen wir die neuen Möglichkeiten für den friedvollen Blick zum Firmament im Sinne dieses Buches nutzen, das in Kassel entstanden ist. In dieser Stadt gründete der Astronomen-Landgraf Wilhelm IV. von Hessen-Kassel 1560 die erste festeingerichtete Sternwarte im Europa der Neuzeit und ließ 1561 auf seine große astronomische Kunstuhr die Worte aus den Metamorphosen I, 84–86, des Ovid auf lateinisch schreiben: »Während die übrigen Lebewesen vornübergebeugt die Erde schauen, gab Gott dem Menschen das nach oben gewandte Antlitz und gebot ihm, den Himmel zu betrachten und sein aufgerichtetes Gesicht zu den Sternen zu heben.«

Prof. Dr. Ludolf v. Mackensen

Ich kenne nicht den Raum
wo die ausgewanderte Liebe
ihren Sieg niederlegt
und das Wachstum in die Wirklichkeit
der Visionen beginnt
noch wo das Lächeln des Kindes bewahrt ist
das wie zum Spiel in die
*   spielenden Flammen geworfen wurde*
aber ich weiß, daß dieses die Nahrung ist
aus der die Erde ihre Sternmusik
*   herzklopfend entzündet –*

Nelly Sachs

EINLEITUNG

Nacht für Nacht erscheinen am Firmament funkelnd die Sterne. Sobald der Tag verdämmert, treten sie aus dem Dunkel hervor. Sie sind nur nachts zu sehen, aber auch tagsüber stehen sie am Himmel, doch dann sind sie vom Sonnenlicht in die Unsichtbarkeit verdrängt. Immer sind sie da. Fortwährend ist die Erde umgeben von diesem glitzernden Gewölbe. Die gewaltige und doch zarte Sternbilderkugel umkreist unaufhörlich still und majestätisch die Welt, sie birgt und umhüllt sie. Die Nacht ist mächtiger als der Tag. – Das wußten die Menschen in alten Zeiten. Ihre Schöpfungsmythen sprechen das aus: Erst war die Nacht, aus ihr wurde der Tag geboren, der dann die Hälfte der Zeit in Besitz nahm und die Nacht überstrahlte.

»Nun waren Himmel und Erde, Wolken und Meer geschaffen, aber noch war es finster überall, und aus dem Reiche der Riesen wehten eisige Lüfte. Da sprach Odin, der erstgeborene und vornehmste der Asen, zu seinen beiden Brüdern Hönir und Loki: ›Unserer jungen Welt fehlen Licht und Wärme, und ohne diese können sich nie blühendes Leben und holde Schönheit entfalten. Auf drum! Lasset uns Surturs Feuerflammen einfangen, die funkelnd die Lüfte durchwirbeln, damit wir sie als leuchtende Gestirne ans Himmelsgewölbe setzen!‹ Das taten die drei göttlichen Brüder, und das Firmament erstrahlte im Lichte unzähliger Sterne. Die Nacht gebar den Tag, und Odin teilte unter beiden die Zeit.«

So berichtet die nordische Mythologie,[1] und in Griechenland erzählte Hesiod (um 700 v. Chr.)[2]:

»Zuerst entstand das Chaos. Danach entstand Gaia, mit breiten Brüsten, der feste und ewige Sitz von allen Gottheiten, die hoch oben, auf dem Berg Olymp wohnen, oder in ihr selbst, in der Erde, und Eros, der schönste unter den unsterblichen Göttern, der die Glieder löst und den Geist aller Götter und Menschen beherrscht.

Vom Chaos stammt das Erebos her, die lichtlose Dunkelheit der Tiefen, und Nyx, die Nacht. Nyx gebar den Aither, das Himmelslicht, und Hemera, den Tag, sich mit dem Erebos in Liebe vermischend. Gaia aber gebar vor allem, als ihr gleichen, den gestirnten Himmel, Uranos, damit er sie völlig umfange und fester und ewiger Sitz sei den seligen Göttern.«

Nach Hesiods Bericht soll der gestirnte Himmel »fester und ewiger Sitz den seligen Göttern« sein. Das ist wahrlich eine andere Auffassung vom Sternenhimmel als die heutige Astronomie lehrt. Die Menschen früherer Zeiten sahen ihre »seligen Götter« am Himmel. Sie sahen deren Taten und Leiden in Bildern herabfunkeln. Die Lichtpunkte am Firmament waren das Werkmaterial, aus dem diese Bilder geformt waren, für die Germanen waren das Surturs Feuerfunken.

Damit ist der Sternenhimmel die beständigste Naturerscheinung, die Bildcharakter hat, und ist deshalb etwas grundsätzlich anderes als alle übrigen Erscheinungen der Welt, er ist gleichsam ein Kunstwerk. Und so, wie wir etwa in einem Rembrandtgemälde die dargestellten Menschen sehen und nicht auf die Farbpartikelchen achten, so sahen die Menschen damals ihre Heroen in den Sternbildern. Und sie wußten auch, welchem Schöpfer sie diese Bilder zu verdanken hatten. Für die Griechen sprach das im dritten Jahrhundert vor der Zeitenwende Aratos aus Soloi in Kilikien in seinem Lehrgedicht »Phaino mena«, einer umfassenden Sternbilderbeschreibung, aus[3]:

»Mit Zeus laßt uns beginnen, den wir Menschen niemals ungesagt sein lassen: voll von Zeus sind alle Straßen, voll alle Plätze der Menschen, voll das Meer und die Häfen; überall brauchen wir alle Zeus. Wir sind ja auch sein Geschlecht. Er aber, den Menschen freundlich, gibt günstige Zeichen, weckt das Volk zur Arbeit und erinnert ans Lebensnötige; er sagt, wann die Scholle am besten ist für die Ochsen und für die Hacken, sagt, wann die günstigen Zeiten, die Pflanzen zu umhäufeln und alle Saaten zu säen, denn er selbst hat die Zeichen am Himmel aufgepflanzt, da er die Gestirne sonderte, und er bedachte übers Jahr hin die Sterne, die den Menschen am besten treffliche Zeichen gäben für die Zeiten, auf daß alles kräftig wachse. Darum huldigen sie zuerst und zuletzt immer ihm.

Heil Dir, Vater, du großes Wunder, du großes Labsal der Menschen! Dir selbst und dem früheren Geschlecht! Heil euch, ihr Musen, ihr lieblichen, allen! Mir aber, der ich bete, die Sterne wie es ziemt zu besingen, weiset das ganze Lied.«

In sinnvoller Ordnung erstrahlte unseren Vorfahren der Sternenhimmel. Sie schauten ihre Mythen in den leuchtenden Bildern am Firmament. Aus sehr früher Zeit sind uns schon Aufzeichnungen dieses Schauens überkommen.

Himmelsbild in einem Grab von Athribis, Ägypten

Die ältesten Überlieferungen stammen aus Babylonien. Neueste For-schungen jedoch ergaben,[4] daß diese bildhaften Funde nicht ahnen lassen, welch ein umfassendes astronomisches Wissen den Chaldäern im alten Ba-bylonien bereits zur Verfügung gestanden hatte. Exakte Kenntnisse der Himmelsmechanik, die Jahrhunderte oder Jahrtausende später erst wieder entdeckt wurden, waren den damaligen Sternenweisen schon intuitiv ver-traut. Doch sie verschlüsselten ihr Wissen so in Bildern, daß nur Einge-weihte sie zu lesen verstanden. Darum blieb es zum Beispiel 4000 Jahre lang ein Geheimnis, daß die Rollsiegelbilder, die die Gilgameschtaten zeigen, ei-gentlich Sternbilderdarstellungen sind.

Das Sternenwissen wurde in den vorchristlichen Hochkulturen allge-mein nur in Bildern gezeigt. Die am Himmel als Lichtpunkte sichtbaren Sternkonstellationen sind auf den ersten Himmelsdarstellungen noch nicht zu finden. Das beweist das Himmelsbild aus einer Grabkammer in Ägypten, auf dem schon der vollständige uns bekannte Tierkreis abgebildet ist.

Auch die Planisphäre des Römers Geruvigus, der ein Zeitgenosse des Ara-tos war, besteht aus Bildern ohne eingezeichnete Sternpunkte. Antike Ab-bilder des Sternenhimmels sind also reine Bilddarstellungen. Das änderte

11

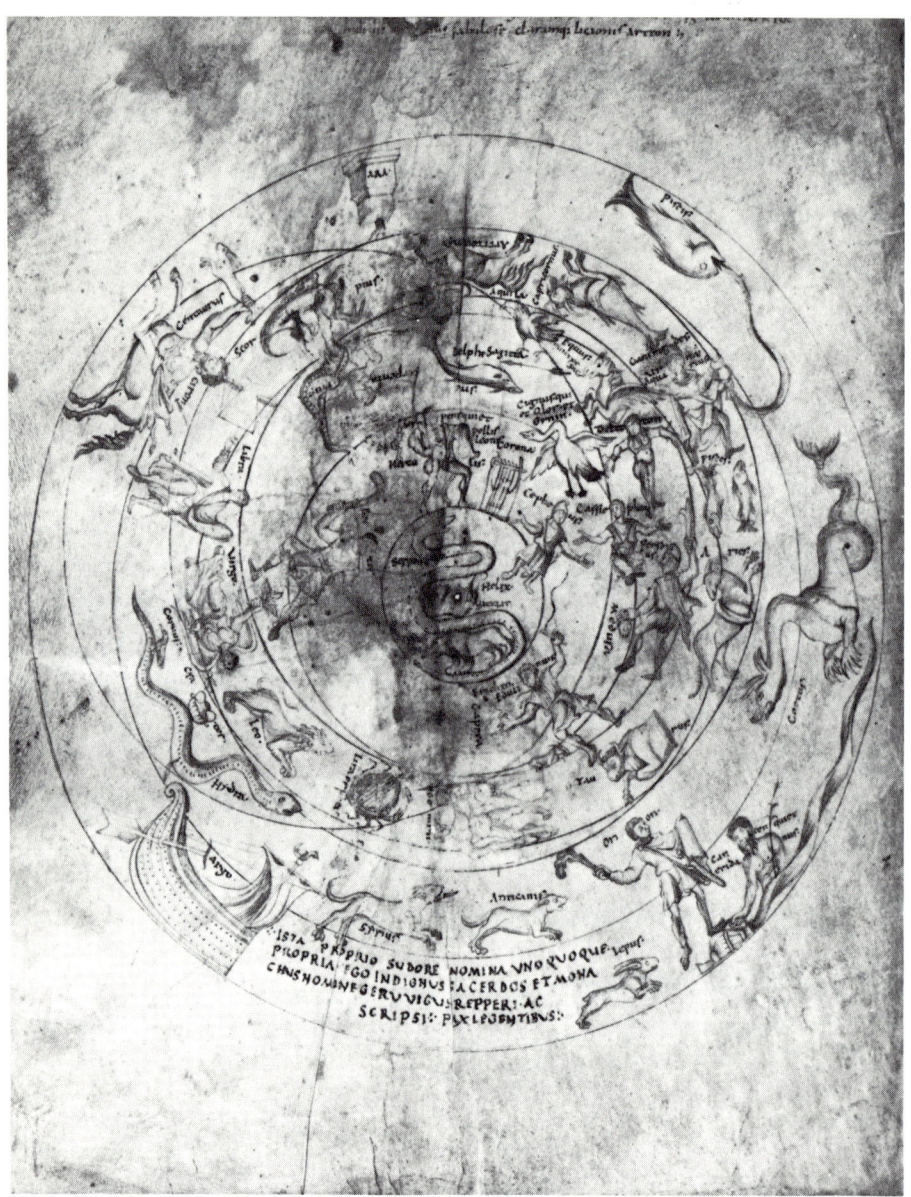

Planisphäre des Geruvigus, römisch

sich im Laufe des Jahrhunderts. In karolingischer Zeit wurde im Auftrag Ludwig des Frommen (813–840 n. Chr.) eine Serie von Sternbildern gemalt, die auf der Beschreibung des Aratos beruhte, weshalb dieser Sternbilderkatalog »Aratea« genannt wurde.

Schütze, nach »Aratea«

In diese Bilder sind nun »Sterne« hineingesetzt worden, doch stimmt ihre Anordnung noch nicht genau mit den Sternkonstellationen am Himmel überein. Auf späteren Darstellungen wird die Entsprechung der eingezeichneten Punkte zu den Sternen am Himmel immer präziser. Im Jahre 1515 werden von Albrecht Dürer in einem Holzschnitt, der den nördlichen und südlichen Sternbilderhimmel zeigt, die Sternkonstellationen am Firmament ziemlich exakt durch eingefügte Sternchen widerspiegelt. Diese Sternkarten sind in die Ebene projizierte Abbilder einer Himmelskugel, die auf ihrer Außenseite die Sternfiguren trägt. Der Betrachter steht gleichsam außerhalb der Himmelskugel im Kosmos und beschaut die Welt von außen.

13

Holzschnitt von A. Dürer, 1515, Planisphäre des nördlichen Himmels, linke Seite

Die Erde ist hinter dem Mittelpunkt der Bilder zu denken, die gegenüber der irdischen Himmelswahrnehmung seitenvertauscht erscheinen, sie werden gewissermaßen von hinten gesehen.

In die vier Ecken seines nördlichen Himmelsbildes hat Albrecht Dürer die Gestalten der Sternkundigen gesetzt, auf deren Werken die Astronomie seiner Zeit beruhte. Diese Eckfiguren seien hier zunächst einmal näher betrachtet: Jeder der vier Astronomen hält eine Sternkugel in der Hand. Ihre Gebärden deuten an, auf welche Weise sie sich jeweils mit den Sternen befaßten.

14

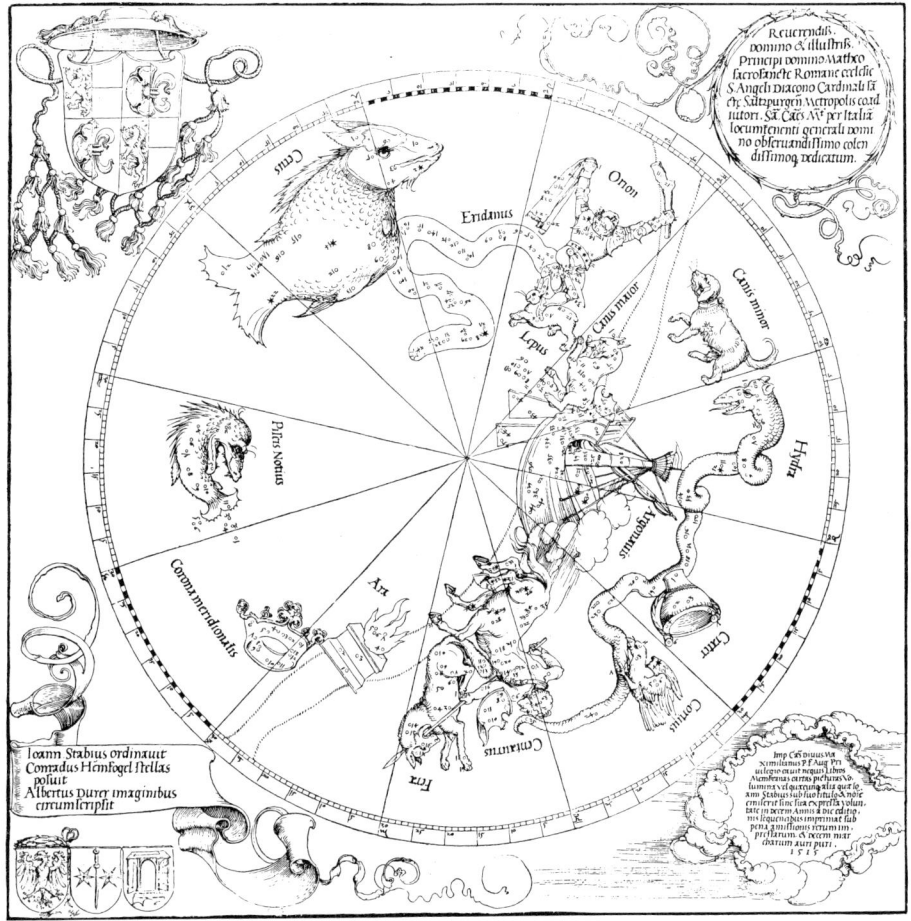

Holzschnitt von A. Dürer, 1515, Planisphäre des südlichen Himmels, rechte Seite

Der zeitlich älteste ist Aratos von Kilikien in der linken oberen Ecke des Bildes. Er hält mit der linken Hand die Himmelskugel auf einem Stab senkrecht hoch und deutet mit dem rechten Zeigefinger darauf. Sein Gesicht ist nach oben schauend, halb aufwärts gewandt. Die auffallenden Lippen scheinen zu sprechen. Haltung und Gesichtsausdruck entsprechen seinem hymnischen Lobgesang auf Zeus. Seine Sternenschilderungen in der »Phainomena« sind zugleich Anbetung der göttlichen Welt, sie scheinen einem Schauen in höhere Welten zu entstammen. Ganz anders erscheint der in der linken unteren Ecke dargestellte Römer Marcus Manilius, der zur Zeit des

Augustus und Tiberius, also um die Zeitenwende lebte. Der mit einem Band hinten um sein Haupt gebundene Lorbeerkranz läßt ihn als gefeierten Dichter erkennen. Es heißt von ihm: »Sein astronomisches Lehrgedicht in fünf Büchern gestaltet einen spröden Stoff mit großer dichterischer Kraft.«[5]

Der Blick des Manilius erscheint in sich gekehrt. Der rechte Arm ruht auf einem aufgeschlagenen dicken Folianten, die rechte Hand hält das Buch offen und berührt mit einer Fingerspitze die Sternenkugel, auf die die Finger der linken Hand locker hinweisen. Hier werden offenbar, aus dem Menschengeist wiedergeboren, die Sterne zur Literatur.

In der rechten oberen Bildecke ragt der Oberkörper des bekanntesten der vier Sternenfreunde aus dem gemalten Wolkensaum heraus. Es ist Claudius Ptolemäus. Er lebte im zweiten nachchristlichen Jahrhundert in Alexandria in Oberägypten. Nach ihm wird noch heute das geozentrische Weltbild das »ptolemäische« genannt, sein astronomisches Hauptwerk ist unter dem Namen »Almagest« bekannt. Auf Dürers Bild ergreift Ptolemäus mit der linken Hand den Stab, der als Polachse die Himmelskugel durchragt. Er hält die Kugel in einem gewissen Abstand von sich und ertastet die Sterne darauf mit einem aufgespannten Zirkel. Wie man sieht, ging er messend, berechnend und, wie zu erfahren ist, ordnend mit der Sternenwelt um. Er fügte die überlieferten Erkenntnisse der babylonischen und ägyptischen Astronomie zusammen. Auf den ersten Fixsternkatalog des Griechen Hipparch von Nikaia aus dem 2. Jahrhundert v. Chr. sich stützend und diesen erweiternd, stellte er die 48 Fixsternbilder zusammen, die unserer Zeit überliefert wurden und die auch Dürer hier auf seinen Planisphären darstellte.

Auf der rechten unteren Ecke hat Dürer den muslimischen Astronom Abd ar-Rahman as Sufi (903–986 n. Chr.) dargestellt. Man ahme einmal seine Armgebärden nach, um selber zu erleben, wie er sich wohl der Sternenwelt angenommen hat. Sein Blick ruht auf dem von seinen Händen liebevoll umfaßten Sternenball. As Sufi und später sein Sohn malten eine Bilderserie zu As Sufis Beschreibung der Fixsterne, mit der er sich an den Almagest des Ptolemäus anlehnte. Dabei stellte er die Sternbilder sowohl aus der Sicht der Erde wie auch umgekehrt aus kosmischer dar. Auf die Genauigkeit der eingezeichneten Sterne wurde offensichtlich große Sorgfalt verwandt.

Mit der Darstellung dieser vier Persönlichkeiten weist Dürer auf künstlerische Weise auf die Entwicklung der Beziehung zwischen Astronomie und Sternenwelt hin. In Bildern drückt er aus, was zu beschreiben vieler Worte bedürfte. Er zeigt, wie sich das Verhältnis des Menschen zum Kosmos im Laufe der Geschichte wandelte.

16

Als Albrecht Dürer seinen Holzschnitt 1515 fertigte, sah er am Sternenhimmel allein die 48 seit über 2000 Jahren vertrauten und von Ptolemäus überlieferten Sternbilder. Das bedeutete, daß natürlich zwischen seinen Sternbildern weiße Flecken zu finden sind, besonders die Karte des Südhimmels zeigt noch viel unerforschtes Gebiet. Wo auf Dürers Planisphäre eine große Leere gähnt, ist am Nachthimmel ein dichtgedrängtes Sternengewimmel zu sehen, doch das war damals noch nicht bekannt. Das änderte sich erst 80 Jahre später.

Im Jahre 1595 suchte eine holländische Flotte von fünf Schiffen mit 250 Mann Besatzung den Seeweg nach Java. Es war die erste Erkundungsfahrt durch den bis dahin noch unbefahrenen Indischen Ozean. Führer und Steuermann dieses Unternehmens war der in Emden geborene Pieter Dircksz. Keyser. Als in der Höhe von Madagaskar der Kapitän starb, übernahm Pieter Dircksz. das Kommando. Doch nach kurzer Zeit zog er sich aus eigenem Entschluß aufgrund des Widerstands des Schiffrates wieder zurück, obwohl andere für ihn sprachen. Es müssen dramatische Umstände auf dieser Entdeckungsfahrt gewesen sein, sowohl innerhalb der Schiffsbesatzung als auch äußerlich durch Stürme und Windflauten. Es kehrten nur 3 Schiffe mit 81 Mann Besatzung nach vielen Monaten zurück. Der Seeweg nach Java war durch dieses abenteuerliche Unternehmen gefunden worden und noch mehr: Pieter Dircksz. Keyser, dem es möglich war, sich auf unbekannter See zurechtzufinden, was auf besondere Fähigkeiten deutet, machte auf dieser Tour die Wahrnehmung von mehr als 300 Sternen am südlichen Himmel und formte sie zu neuen Sternbildern. Er starb im Jahr darauf an der Küste von Bantam am 13.9.1596, »wovon die Kompanie großen Verlust und Nachteil hatte«.

Der von ihm gezeichneten Sternbilder bemächtigte sich der Unterkommis des Schiffes und ließ sich dafür mit einer Belohnung auszeichnen. Kurz danach tauchten die neuen Sternbilder unter noch anderen Entdeckernamen auf einem Himmelsglobus auf. Erst viel später wurden sie wieder Pieter Dircksz. Keyser zuerkannt. Diese zwölf südlichen neuen Sternbilder scheinen aus Schmerz und Leiden heraus geboren, das heißt in die Wahrnehmbarkeit geholt worden zu sein.

In den darauffolgenden 160 Jahren machten sich noch vier andere Sternensucher daran, die weißen Flecken aus den Himmelsatlanten zu tilgen:

JOHANNES BAYER (1572–1625) war Astronom und Rechtsanwalt in Augsburg. Er hätte als junger Mann dem sternweisen holländischen Steuermann

Keyser begegnen können. Bayer ist der Herausgeber des ersten großen Sternatlas »Uranometria«. JAKOB BARTSCH war Straßburger Mathematikprofessor um das Jahr 1661. Sein Zeitgenosse war JOHANNES HEVELIUS (1611–1687). Er lebte in Danzig und galt als einer der besten beobachtenden Astronomen seiner Zeit. Etwa 100 Jahre später schloß der französische Astronom NICOLAS LOUIS DE LACAILLE die letzten Himmelslücken. Von ihm ist zu erfahren, daß er drei Jahre (1751–1754) in Südafrika am Kap der guten Hoffnung verbrachte, um den Südhimmel zu beobachten. Daraus ist zu entnehmen, daß er sich sehr intensiv mit dem Sternenhimmel verband. Er lieferte die meisten Bilder und setzte vor allem technische Geräte an den Himmel. (Eine Übersichtstabelle im Anhang erklärt, von wem welche Sternbilder stammen.)

Die 48 von Ptolemäus überlieferten antiken Sternbilder stammen aus uralter Mysterienweisheit. Ihre Schöpfer sind unbekannt. Nun stehen plötzlich fünf namentlich faßbare Persönlichkeiten da, die weitere 40 Sternbilder am Himmel erkannten und benannten. Ihre Arbeit wurde für die Seefahrt und für die Astronomie von unschätzbarem Wert. Der Sternbilderhimmel wurde damit in dieser Zeit noch einmal wesentlich erweitert, vervollständigt und erst zum heutigen Himmel mit seinen 88 Sternbildern gemacht.

Die griechischen Sternbilder entwickelten sich aus den babylonischen und ägyptischen Vorbildern. Daraus ergab sich der Himmel der Antike, der lange Zeit gleich blieb. Nun kam mit der Neuzeit noch einmal ein neuer Impuls in die Menschheit, die Himmelsgestaltung fortzuführen. Nicht nur diese fünf Sternkundigen waren dabei tätig, es gab auch Künstler, die nach und nach im 17. und 18. Jahrhundert eine Fülle von Sternbilderkarten, -Atlanten und Himmelsgloben schufen, auf denen alle neu hinzugekommenen Bilder gleich ihren Platz fanden.

Es war ein kurzes Aufblühen einer späten Liebe zu den Sternbildern. Dann kam das 19. Jahrhundert und mit ihm die nüchterne Naturwissenschaft, die wie in alle Gebiete so auch in die Astronomie eindrang. Als wahr galt nun nur noch, was zu wägen und zu zählen war. Von den Sternbildern blieben bald einzig die Verbindungsstriche zwischen den Sternenpunkten übrig. Für die Orientierung am Himmel waren die überlieferten Fixsternkonstellationen noch praktisch, die dazugehörenden Bilder jedoch verblaßten immer mehr und verschwanden endlich ganz. Die Gestirne wurden mit Meßinstrumenten erforscht, mit dem Ergebnis, daß in den Fixsternkonstellationen der Sternbilder kein Sinn zu finden sei: Es wurde bewiesen, daß die Sterne der überlieferten Sternbilder nichts miteinander zu tun haben, sie stehen zufällig so, wie sie gruppiert erscheinen und befinden sich in weiten

Entfernungen voneinander bezugslos in verschiedenen Ebenen. In dem modernen astronomischen Weltbild ist unser Sonnensystem ein winziges Gebilde am Rande einer großen Weltgalaxe. Die Erde ist staubkorngroß zu denken. Der Mensch auf ihr ist ein bedeutungsloses Nichts. Und hinter diesem riesigen Weltenspiralnebel, außerhalb unserer Weltgalaxe, sind wieder andere Galaxien. Was geschieht, wenn man sich mit seinem Denken auf so ein Weltbild einläßt?

»Wenn mit den Mitteln der heutigen Erkenntnis bis in die Weltenfernen gegangen wird und man versucht, mit heutigen philosophischen Prinzipien, die ja immer abstrakt sein müssen, weil sie aus dem gegenwärtigen Bewußtsein genommen sind, die Welt zu begreifen, dann muß eine gesunde Seele die Prüfung durchmachen des Stehens vor dem Leeren, vor dem Abgrunde nach allen Seiten, die Furcht, mit dem besten Teile seines Wesens, mit dem, was das Bewußtsein ausmacht, sich aufzuzehren im endlosen Nichts. – ...

Und ungesund wäre es bei dem engbegrenzten Seelenleben, wenn man nicht empfinden könnte, wie das gegenwärtige Bewußtsein zersprüht und zersplittert gegenüber dem unendlichen Weltenall, sobald es sich zu diesem Weltenall erweitern will. Das ist das Schicksal der Seele, wenn sie mit ihrem heutigen Bewußtsein hinausdringen will in die Weltenfernen, in die Weltenweiten. «[6]

Diese schwindelerregende Wahrheit kann jeder nachprüfen. Man wird nichts anderes erfahren, wenn man den Theorien und Hypothesen der modernen Astronomie im Denken folgt. Mit dem Verlust der Bilder geht der ganze Sternenhimmel für den Menschen verloren. Man kann sich nicht mehr in ihm aufgehoben und geborgen fühlen. Wollen wir den Himmel wiedergewinnen, müssen wir ein neues Verhältnis zu den Sternbildern finden. Das bekräftigt Erhart Kästner in seinem »Zeltbuch von Tumilat«, in dem er von seiner Internierungszeit am Ende des Zweiten Weltkriegs in der ägyptischen Wüste erzählt:

»Die Sterne waren das große Ereignis der Nacht. Der Tag war öd unter der Feuerwalze des Lichts, aber die Nacht ging jedesmal auf als welttheatralisches Wunder. Sternenwind wehte herein... Ich begann, die einzelnen Himmelsbilder zu lieben. Ich liebte es, daß es Bilder waren; Bilder sind das einzige, wodurch das Unfaßbare zu uns spricht, nur durch Bilder schlüpft es in uns hinein. Obgleich die neuere Astronomie mehr erkannt hat als hundert Generationen vor ihr: wir beginnen zu fürchten, daß sich anderes dafür verschloß. Jedem ist jetzt erlaubt, darüber zu lachen, daß man Sonnen, die Lichtjahrhunderte auseinander sind, zu einem Sternbild vereint, bloß weil man sie zufällig von unserem Planeten in der oder jener Ordnung erblickt. Was aber haben wir eingetauscht für die verlorene Magie der verlorenen Bilder? Wir wissen es besser als früher, der alte Glaube ist fort. Aber wo ist ein neuer?

Bilder! Bilder! Helfen uns etwa Gedanken? Kenntnisse, Wissen? Lehrsätze und große Systeme? Die Seele ernährt sich von Bildern: so ist es seit uralter Zeit. Bild muß werden, was aus Eindruck, Erfahrung, Ahnung und Kenntnis erwächst, sonst ist es tot. Nur wer die Wahrheit im Bilde besitzt, hat sie ganz. Zauberkraft wohnt nur im Bild. Wer will sagen, wir kämen dem Unendlichen näher, wenn wir es in Zahlen ausdrücken, die übrigens auch nur Symbole sind. Vielleicht ist unser Sinn, der die Bilder erzeugte, nach derselben Ordnung gelenkt, wie jene fernen Welten es sind, so wie die Uhren im weiten Land zur gleichen Zeit schlagen, ohne voneinander zu wissen. Die alte Astronomie weckte den Sinn für die Kraft der Himmelszonen und -felder. Namen und Bilder, die die Babylonier erfanden, erbten sich fort. Wo ist das nun? Mit Namen zu nennen, ist beschwörende Formel; wer den Namen weiß, hat die Macht. Nur wer die Dinge im Bilde besitzt, dem gehören sie zu ...

Kopernikus hat vor vierhundert Jahren seine ungeheuren Gesetze erkannt, neue, ungeheure Erkenntnisse folgten. Aber umsonst. Der Mensch denkt weiterhin so, als sei er die Mitte der Welt. Vom Wunder des Saatkornes spricht niemand, wenn der Samen vom Unkraut ist. Der Mensch spricht heilig, was seinem Leben dient, was ihm nützt: und er hat recht. Sei der Sternenhimmel uns weiter ein Bilderbuch.«[7]

Nur ein vordergründiges Denken hält Unkraut für unnütz. Modernes ökologisches Bewußtsein sieht das anders. So ist auch der Sinn und Unsinn der Bilderwelt am Himmel neu zu bedenken. »Sei der Sternenhimmel uns weiter ein Bilderbuch.«

Von diesem Bilderbuch blieben in den astronomischen Lehrbüchern und auf Himmelskarten eben nur noch Sternpunkte mit Verbindungsstrichen übrig. Objekte der astronomischen Wissenschaft wurden die einzelnen Sterne. Sie werden als physisch materielle Gebilde angesehen, und es geht um die Erkenntnis ihrer chemischen und physikalischen Eigenschaften. Das Werkmaterial der Sternbilder also wird betrachtet und analysiert. Vergleichbar wäre, wenn die Ölfarbe auf Rembrandts Bildern als chemische und physikalische Substanz untersucht würde, um Wesentliches über ein Gemälde zu erfahren.

Mein Anliegen ist es, einen neuen Zugang zu den Bildern am Himmel zu zeigen, um dadurch den Himmel wieder zu gewinnen. Mein Ausgangspunkt soll dort sein, wo die Entwicklung der Sternbilder angelangt ist, bei den abstrakt scheinenden Sternbildern, die nur aus Punkten und Strichen bestehen, die aber trotz ihrer abstrakten Kargheit eine wohltuende, ordnende Wirkung auf den interessierten Betrachter haben können und überdies das Zurechtfinden am nächtlichen Firmament wesentlich erleichtern.

Diese Sternbilder werden nun Grundlage und Anschauungsmaterial meiner folgenden Ausführungen sein. Mein Ziel ist es, einen Weg zu zeigen, wie jeder sich ein eigenes Verhältnis zu der wundersamen, lichterfunkelnden Sternbilderwelt, die unsere Erde geheimnisvoll ruhig umkreist, und die auf den heute möglichen Reisen rund um die Welt in ihrer Ganzheit anschaubar ist, schaffen kann.

Indem wir den Himmel wieder gewinnen, werden wir auch die Erde neu erleben können, denn erst die Kenntnis der Sternensphäre macht es dem Betrachter möglich, die Erde in ihrer wahren Gestalt und Größe anschauend zu erkennen. Ihre Kugelgestalt kann der Mensch vorstellend denken, aber nicht wahrnehmend erleben, solange er, auf ihr stehend, nur die Erde betrachtet. Da der Horizont uns immer in Augenhöhe umgibt, können wir die Erde nur als flache Schale, in deren Mittelpunkt wir stehen, und deren Rand der Horizont ist, wahrnehmen. Der Schalenrand, unser Horizont, steigt und sinkt mit unserer Augenhöhe. Je höher wir steigen, umso größer, tiefer und weiter wird die Erdschale innerhalb unseres Horizontes. Selbst aus 10 km Flughöhe ist der Horizont noch als waagrechte Grenze in Augenhöhe zu sehen. Es ist noch keine Krümmung zu erkennen.

Mit unserer Sinneswahrnehmung können wir demnach zu keinem wesentlich anderen Bild von der Erde kommen als die Menschen in der Antike, die die Erde als Scheibe sahen. Erst der Sternenhimmel gibt die Möglichkeit, unseren Horizont zu erweitern. Stehen wir unter der funkelnden Sternenpracht und ergänzen in Gedanken die Himmelsbilder unterhalb der Horizontlinie, fügen wir den nicht sichtbaren Kreisbogen der Tierkreis-Sternbilder unterhalb der Erdkugel in der Vorstellung zusammen, dann fühlen wir uns innerhalb der gewaltig weiten und doch faßbaren Sternensphäre geborgen und zugleich auf der Erde, die beruhigend groß und mächtig unter uns ruht, sicher stehend. In voller menschlicher Größe stehen wir auf der Erde, von ihr aufgehoben und getragen.

Die auf unsere Sinne sich stützende Wahrnehmung führt uns keineswegs zu dem Gefühl, ein bedeutungsloses Nichts im Weltenall zu sein, sondern sie läßt uns unsere eigene Größe inmitten der bergenden Mächtigkeit der Erdkugel erleben. Zu diesem erhebenden Gefühl kann jedoch nur der gelangen, der sich am Himmel auskennt, und dem die Sternbilder rund um die Welt vertraut sind. So beglückt uns der Sternenhimmel nicht nur mit seiner Staunen und Bewunderung erregenden Schönheit und Pracht, er kann uns auch Auskunft über die Erde geben.

Methodisches

»Wir können bei Betrachtung des Weltgebäudes, in seiner weitesten Ausdehnung, in seiner letzten Teilbarkeit, uns der Vorstellung nicht erwehren, daß dem ganzen eine Idee zum Grunde liege, wonach Gott in der Natur, die Natur in Gott, von Ewigkeit zu Ewigkeit, schaffen und wirken möge. Anschauung, Betrachtung, Nachdenken führen uns näher an jene Geheimnisse. Wir erdreisten uns und wagen auch Ideen, wir bescheiden uns und bilden Begriffe, die analog jenen Uranfängen sein möchten.«

JOHANN WOLFGANG VON GOETHE[8]

Anschauung – Betrachtung – Nachdenken – das ernst nehmen, was die Augen sehen, für uns heißt das: die überlieferten Sternbilder, ihren mythischen Gehalt unvoreingenommen betrachten, Bilder nebeneinanderstellen, die sich gegenseitig erleuchten können und ihren Bezügen zueinander nach-denken; diese phänomenologische Methode soll unser Weg in die Welt der Fixsterne sein.

»Dich im Unendlichen zu finden,
   Mußt unterscheiden und dann verbinden...«[9]

Wieder soll es Goethe sein, der den ersten Schritt weist: »unterscheiden und dann verbinden.« Es muß zunächst eine Übersicht in die verwirrende Fülle von gleichartigen Lichtpunkten am Himmel gebracht werden. Das ist nur durch Unterscheidung möglich.

In unseren, den mitteleuropäischen, Erdbreiten läßt sich am Sternenhimmel am leichtesten der Große Wagen erkennen. Seine vier Wagensterne und die geschwungene Deichsel sind auffallend und gut zu finden. Er ist das wohl vertrauteste Sternbild. Werden die dazugehörenden, schwächeren Sterne miteinbezogen, wird es zu dem ausgedehnten, eindrucksvollen Bild des Großen Bären.

Die bekannte Regel anwendend, die Hinterwand des Großen Wagens etwa fünfmal nach oben zu verlängern, kommt man zu einem verhältnismäßig hellen Punkt, dem Polarstern. Dieser Stern, der das Deichselende des Kleinen Wagens oder die Schwanzspitze des Kleinen Bären bildet, hat eine herausragende Stellung am Himmelszelt, denn er ist der einzige Stern in der Welt, der sich – für unsere Wahrnehmung – nicht bewegt. Die kleine Kreisbewegung, die er durch seine minimale Abweichung von der Himmelsachse ausführt, sei zunächst außer acht gelassen. Der Polarstern ist der ruhigste Stern am Himmel. Sollte er einen adäquaten Namen bekommen, könnte er »Ruhestern« heißen. Um ihn dreht sich das ganze Himmelsgewölbe, wodurch er sich von allen übrigen Sternen unterscheidet. Deshalb soll er Angelpunkt unserer Himmelsbetrachtung werden.

Neben dem Polarstern gibt es noch zwei sich aus den übrigen Sternen heraushebende Phänomene am Fixsternhimmel: die Milchstraße und die Tierkreisbahn. Zunächst wird der Tierkreis für unsere Ausführungen von großer Bedeutung sein.

Die Tierkreisbahn ist die Folge von zwölf Sternbildern rund um den Himmel, die dadurch vor den übrigen ausgezeichnet sind, daß Sonne, Mond und die Planeten sie durchwandern. Die Mittelsenkrechte auf dieser Kreisbahn weicht von der Richtung der Polachse um 23,5° ab. Dieser Neigung wegen heißt dieses Sternenband auch Ekliptik (griech. klinein = sich neigen).

Die Tierkreisbilder sind in so regelmäßiger Abfolge am Himmel, daß, wenn man die Sternensphäre zwischen Nord- und Südpol in zwölf gleiche Segmente einteilt, jedem Tierkreisbild ein Zwölftel des Himmels zugemessen werden kann. So entstehen zwölf Himmelszonen, man kann auch sagen Himmelshäuser, in denen jeweils ein Tierkreisbild und etliche andere Sternbilder, die nicht von den Wandelgestirnen durchzogen werden, miteinander wohnen.

Meine Hypothese ist nun, daß die gefundene Himmelseinteilung keine zufällige, sondern eine sinnvolle ist. Das würde bedeuten, daß dem Einwohnen der verschiedenen Sternbilder in den zwölf Himmelszonen, den Himmelshäusern, eine Idee, ein Sinn zugrunde liegt, daß also die Sternbilder nicht willkürlich nebeneinanderstehen, sondern daß sie zwölf echte Hausgemeinschaften am Himmel bilden, die jede ihren eigenen Charakter und Stimmung hat.

Zwölf Klänge ertönen demnach rund um den Himmel, jedes Haus hat seine eigene Klangfarbe und Tonart. Und das würde nicht nur die Tierkreisbilder, sondern alle Sternbilder in dem jeweiligen Gebiet betreffen. Ob diese Idee berechtigt ist und auf Tatsachen beruht, ob sie ein Schlüssel ist, der den Himmel erschließen kann, soll der folgende Rundgang um den Himmel mit der Betrachtung der einzelnen Häuser erweisen.

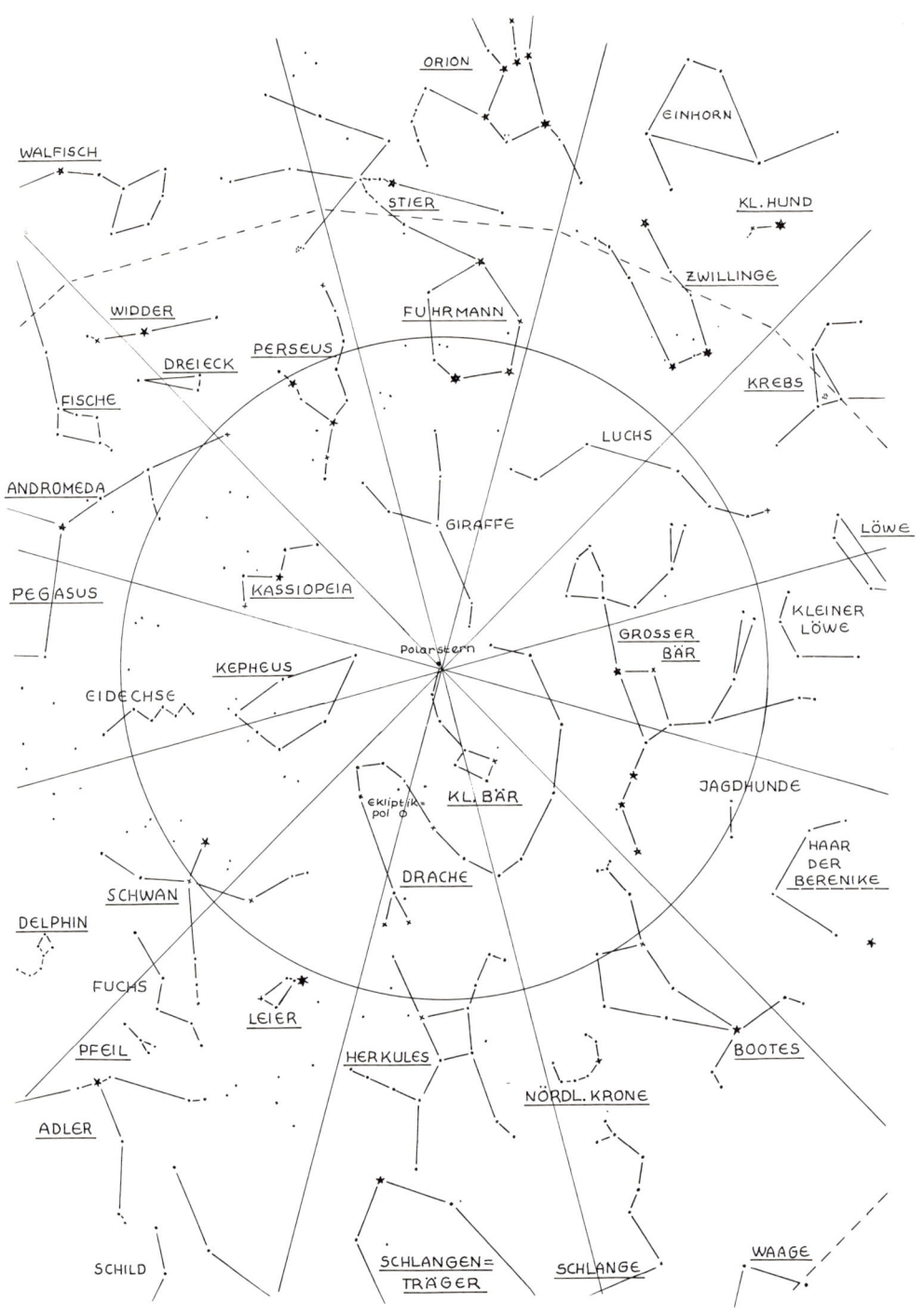

Wo beginnt der Himmel?

Wenn meine Hypothese sich bewahrheitet, dann kann es nicht gleichgültig sein, an welchem Ort des Himmels die rundwandernde Betrachtung beginnt, dann muß es einen Anfang und ein Ziel geben. Darum gilt es zu untersuchen, ob sich eines der zwölf Himmelshäuser durch eine Besonderheit auszeichnet, die ihm einen Vorrang vor den übrigen zukommen und eine Startsituation erkennen läßt. Der Polarstern als Zentrum und die ihn umgebenden zirkumpolaren Bilder sollen in dieser Frage weiter helfen.

Der eingezeichnete Kreis gibt eine Himmelsbreite von ca. 50° an. Die zirkumpolaren Sternbilder innerhalb der Kreislinie sind die »treuen Begleiter« für die mitteleuropäischen Erdbreiten (50° Erdbreite = Lage der Stadt Mainz). Es sind die Sterne, die hier immer Tag und Nacht am Himmel stehen und nie untergehen. Sie umwandern täglich den Polarstern.

Die Größe dieses Kreises verändert sich je nach Erdstandpunkt des Betrachters. Am Nordpol reicht er bis zum Horizont, denn dort steht der Polarstern im Zenit, senkrecht über dem Kopf des Beschauers. Dort wandern alle Sterne parallel zum Horizont. Eine Hälfte des Sternenhimmels ist stets zu sehen, die andere Hälfte, die südliche, bleibt immer verborgen. Entsprechend umgekehrt ist es für den Beobachter am Südpol der Erde. Dort bleibt der nördliche Sternenhimmel unter dem Horizont.

Am Äquator liegt der Polarstern am Horizont, waagrecht geht der Blick zu ihm hin. Hier gibt es gar keine immer am Himmel bleibenden Sterne. Tag für Tag umwälzen alle Sterne das Himmelsrund.

Zwischen diesen Extremen gibt es alle möglichen Übergänge. Und immer bleiben eben so viele Sternbilder unter dem Horizont verborgen, wie um den Zenit immer zu sehen sind.

Der innerste Kern der nördlichen zirkumpolaren Sternbilder, die in Mitteleuropa die treuen, immer präsenten Begleiter sind, soll nun ins Auge gefaßt werden. Zu ihm gehören: Der Drache, der Große Bär, die zarte, kaum sichtbare Giraffe und Kassiopeia und Kepheus. Sieht man die beiden letztgenannten Bilder als zusammengehörend an, dann sind es vier Bilder, die sich gleichmäßig über den Himmel verteilen. Man könnte auch sagen, sie teilen den Himmel unter sich auf. Jedes Bild beherrscht ein Viertel des Himmels, einen Quadranten, wobei der Drachenschwanz noch das Bärengebiet mit durchzieht. Es entstehen gewissermaßen vier Reiche, zu denen jeweils drei Himmelshäuser gehören: Das Reich des Drachens, das Reich des Großen Bären, das der Giraffe und das, in dem Kepheus und Kassiopeia regieren.

Eine beherrschende Rolle spielt unter diesen Gestalten der Drache. Mit gewaltigem Schwung durchzieht er den halben Himmel und wendet sich dann abrupt um. Der Große Bär nimmt die Umwendungsbewegung des Drachen auf und führt sie fort. Damit ist eine Richtung in den Himmel eingezeichnet.

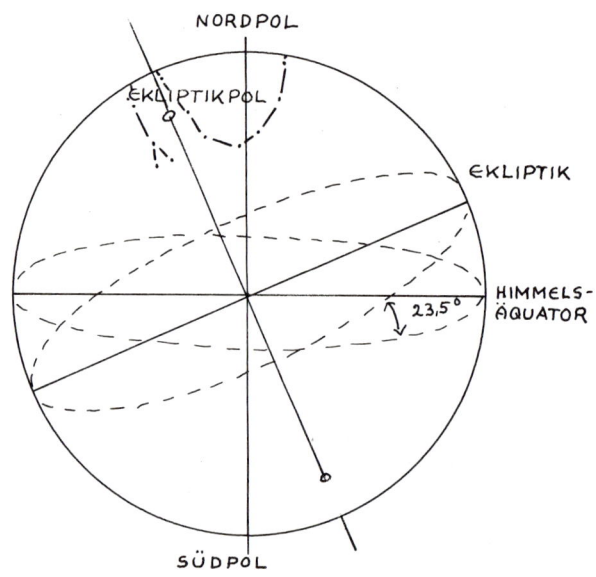

Als Ausgangspunkt unserer Betrachtung bietet sich die Umkehrung des Drachen an. Hier scheint ein neuer Impuls hereingekommen zu sein, der den Drachen veranlaßte, von seiner vorgegebenen Bahn abzuweichen. Das könnte für den künstlerischen Blick Aufforderung sein, an dieser Stelle die Himmelswanderung zu beginnen, zumal noch ein diesen Ort besonders auszeichnender Gesichtspunkt genannt werden kann: Inmitten der Kehre des Drachenhalses liegt der Ekliptikpol, ein rein geistiger Ort, der nur zu denken, nicht mit den Augen wahrzunehmen ist. Es ist der Punkt, an dem die Mittelsenkrechte des Tierkreises, also die Ekliptikachse, die Himmelssphäre durchstößt. Von diesem Punkt sind alle Tierkreisbilder gleich weit entfernt. Er ist das Zentrum dieser Sternbilder. Also ein wichtiger Ort, dem Nordpol vergleichbar. Der Drache bringt beide Mittelpunkte miteinander in Beziehung. Er umschlang zunächst den Nordpol, denn wo der Schwanz eines

Schlangentieres ist, war einst sein Kopf, dann wandte er sich ab zum Ekliptikpol hin und umlagerte diesen. Aus alten Mythen ist der Drache als Hüter von heiligen Bäumen bekannt. Hier hütet er eine geistige Säule, eine gedachte Achse, die durch die Weltenmitte geht und die Achse des Erd- und Himmelsäquators im Winkel von 23,5° schneidet. Dieser bedeutende Pol liegt genau auf der Grenze zwischen dem Haus des Schützen und dem des Skorpions. Durch die Lage des Ekliptikpols am Ende des Schütze-Gebietes bekommt dieses Haus Ouvertürencharakter im großen Himmelsschauspiel.

So wird also die Himmelsbetrachtung im Haus des Schützen ihren Anfang nehmen.

I. Das Haus des Schützen

Wie bist du vom Himmel gefallen,
du schöner Morgenstern.

Jesaja 14, 11

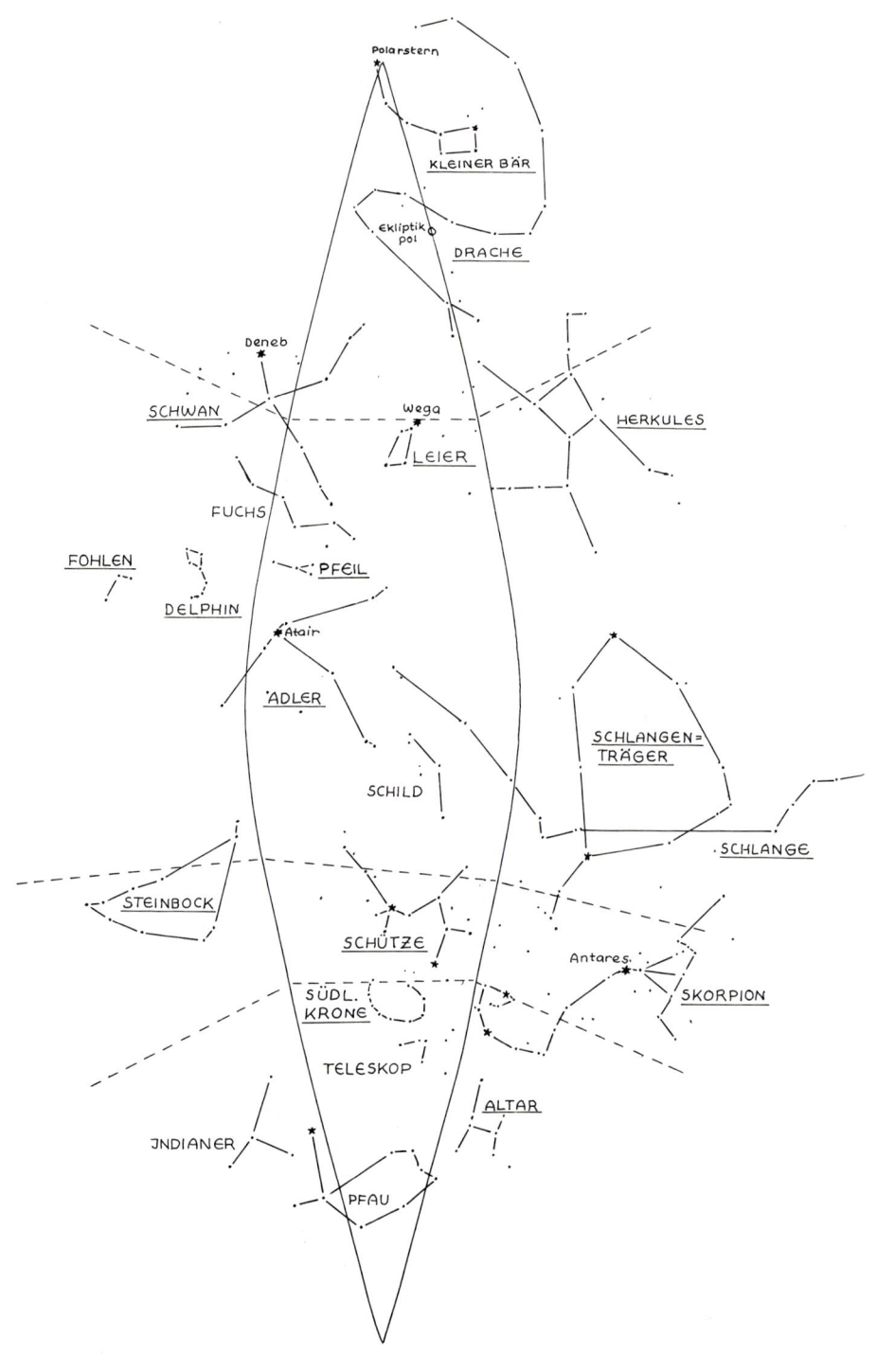

*D*er Schütze ist ein kompliziertes Sternbild, das schwer zu überschauen ist. Schon nach alter babylonischer Überlieferung ist er ein Kentaur. Er wird mit gespanntem Bogen, auf dessen Sehne ein Pfeil den Abschuß erwartet, dargestellt. Er ist ein Bild der Spannung und Anspannung, einer zurückgehaltenen, gestauten Bewegung, die in jedem Moment losschnellen kann. Er gibt eine eindeutige Richtung zum Skorpion hinüber an.

Über ihm steigt der Adler auf und fliegt dem Schwan entgegen, der ebenfalls mit ausgespannten Flügeln auf ihn zukommt. Beide sind in Bewegung.

Zwischen den beiden Vögeln fliegt der Pfeil, ein Bild zielgerichteter Bewegung. Der Fuchs zwischen Schwan und Pfeil ist ein spätbenanntes Sternbild, deshalb sei seine Bildaussage, der des schlauen, schnellen Gedankens, besonders vorsichtig betrachtet. Hinter dem Adler ist der Schild ein ruhender Schutz in all der Bewegung. Er steht über dem Schützen. Wen schützt er? Zu dem hellen Deneb im Schwan und dem Atair im Adler gesellt sich als dritter Eckpunkt des sogenannten Sommerdreiecks die strahlende Wega in der Leier. Mit der Leier steht ein Musikinstrument am Himmel. Hier klingt der Himmel; jeder Klang ist außerhalb des hörenden Ohres Schwingung, in Bewegung geratene Materie. Von den schwingenden Saiten der Leier ertönt Musik, wenn sie in richtiger Spannung sind. Und Musik ist wiederum nur im Zeitablauf wahrzunehmen in Bewegung. Sie ist eine zeitliche Folge von einzelnen Tönen und Harmonien. Ohne Bewegung ist Ruhe und Stille. So ist die Leier ein Bild der Bewegung und der Spannung.

Die bisher betrachteten Sternbilder zeigen eindeutig übereinstimmende Eigenschaften. Bewegung, Spannung und Richtung sprechen sie aus.

Einige Sterne ragen vom nächsten Haus, dem Skorpion-Gebiet, herüber, sie bilden das Schwanzende der Schlange, die dort getragen wird. Wenn die Schlange einst den Weg gekrochen war, dann begann er inmitten des Schütze-Hauses. Und ein zweites Schlangenwesen ist hoch oben im Norden zu sehen, der schon erwähnte Drache. Hier ist sein Wendepunkt, hier beginnt er die neue Bewegung. So bringt er einen starken Bewegungsimpuls in das Haus hinein.

Im tiefen Süden wird dieses Haus von weiteren drei Sternbildern bewohnt. Es sind die schon von Ptolemäus überlieferte Südliche Krone und die neuzeitlichen Sternbilder Pfau und Teleskop. Wenn alle Bilder Bewegung ausdrücken, so ist anzunehmen, daß auch die Krone in Bewegung ist. Woher kommt diese zartschimmernde feine Krone? Hat sie jemand verloren, und rollte sie unter die Füße des Kentauren? Ist es eine gefallene Krone?

Das Teleskop daneben spricht davon, daß neue Sichtweiten erschlossen werden, daß ein neues Sehen möglich ist. Der Pfau, ein Sternbild des holländischen Seemanns Pieter Dircksz. Keyser, bringt ein neues Motiv herein, das erklärend sein kann. Der Pfau ist ein schillerndes, doppelsinniges Wesen. Einerseits ist er Bild der höchsten Vollkommenheit und wurde als solches zum Christussymbol. Die vielen Augen seiner unvergleichlich prächtigen Schwanzfedern sind Symbol für die Fähigkeit höheren Schauens. Andererseits ist er seit altersher ein Bild der Eitelkeit und Hoffart. Das spricht eine Fabel von Äsop (6. Jh. v. Chr.) aus:

»Eine stolze Krähe schmückte sich mit den ausgefallenen Federn der farbigen Pfauen und mischte sich kühn, als sie genug geschmückt zu sein glaubte, unter diese glänzenden Vögel der Juno. Sie ward erkannt, und schnell fielen die Pfauen mit scharfen Schnäbeln auf sie, ihr den betrügerischen Putz auszureißen. ›Lasset nach!‹ schrie sie endlich; ›ihr habt nun alle das eurige wieder.‹ Doch die Pfauen, die einige von den eignen glänzenden Schwingfedern der Krähe bemerkt hatten, versetzten: ›Schweig, armselige Närrin; auch diese können nicht dein sein!‹ – und hackten weiter.«[10]

Schön ist der Pfau, aber aggressiv. Kein anderer darf neben ihm schön sein. Die Natur gab ihm außer den farbig prangenden Schwanzfedern, die der ganze Körper starr und behutsam trägt, auch noch ein Krönchen auf seinen Kopf, den er stolz auf langem beweglichen Hals im Rhythmus seines Schrittes vor und zurück schiebt. Eitel wirkt diese Gebärde. Dieser Vogel scheint sich seiner Schönheit bewußt zu sein.

Nach Betrachtung aller Sternbilder des Schütze-Hauses ist zu fragen, welche Geschichte die Bilder dieses ersten der zwölf Himmelsfenster erzählen, so wie im Mittelalter den Kirchgängern die farbigen Fenster der großen Dome die Heilsgeschichte hereinleuchteten.

Hoch oben im Norden zog einst ein leuchtendes Wesen gleichmäßig im Kreis um den Angelpunkt der Welt seine Bahn. Plötzlich wandte es sich in die entgegengesetzte Richtung um und ging fortan seinen eigenen Weg. Es kehrte sich ab von der herrschenden Ordnung. Prächtig, eitel und stolz wie ein Pfau war dieses Wesen. Seine Krone fiel ihm vom Haupt und stürzte in die Tiefe. Da verwandelte sich das Wesen zum Drachen. Die ganze Welt geriet in Bewegung, sie begann zu tönen – die Leier erklang. Schwan und Adler flogen auf. Geburt und Tod kamen in die Welt. Denn nach alter nordischer Überlieferung bringt der Schwan die jungen Seelen zur Geburt in die Welt, während der Adler die Seelen der Verstorbenen in den Himmel zurückträgt. Der Pfeil schwirrte fort, einem Ziel entgegen. Der Schütze verhält noch die Bewegung, gleich kann sie beginnen, gleich wird sein Pfeil fliegen. Dann wird der Pfeil fortgeschickt, dann wird er »vertrieben«. Es werden »Augen aufgetan«, das deutet das Teleskop an, und ein schützender Schild wird zum Bedecken vonnöten sein.

Diese Geschichte erinnert an die biblische Schöpfungsgeschichte und an den Mythos vom Sündenfall. Denn im Ursprung der Welt gab es auch ein Wesen, das sich selbständig machte und sich gegen die göttliche Ordnung stellte. Eine Sage der Juden berichtet:

»An dem Tage, da Adam seinen Geist erhielt, sprach der Herr zu den himmlischen Heerscharen: Fallet nieder vor ihm! Die Heerscharen kamen dem Willen des Herrn nach. Aber der Satan, der war größer als alle Engel des Himmels, und er sprach vor dem Herrn: Herr der Welt! du hast uns erschaffen aus dem Glanz deiner Herrlichkeit und sagst uns, wir sollen niederfallen vor einem den du aus dem Staub der Erde gemacht hast. Der Herr sagte: Der Erdenstaub ist, er hat Weisheit und Verstand, was du nicht hast. Und es geschah, als der Satan sich weigerte, vor dem Menschen niederzufallen, und auf die Stimme nicht hören wollte, da vertrieb der Herr ihn aus dem Himmel, und er ward zum Satan. Von ihm spricht der Prophet: ›Wie bist du vom Himmel gefallen, du leuchtender Morgenstern!‹«[11] Hochmütig prahlte dieses Wesen, wie Jesaja (14, 14) erzählt: »Ich will in den Himmel steigen und meinen Thron über die Sterne Gottes erhöhen, ich will mich setzen auf den Berg der Versammlung im fernsten Norden. Ich will auffahren über die hohen Wolken und gleich sein dem Allerhöchsten.« Ist die Krone zu Füßen des Schützen ein Bild des »gefallenen leuchtenden Morgensternes«?

Eine andere jüdische Sage erzählt, wie die Versuchung des Menschen geplant und durchgeführt wurde:

»Die Engel waren voll Eifersucht auf den Menschen und sprachen vor dem Herrn. O Herr aller Welten! Was ist der Mensch, daß du sein gedenkest? Und der Herr sprach zu ihnen: Wie ihr mich im Himmel preiset, so rühmet er mich auf Erden als den Einzigen. Als die Engel dieses vernahmen, sprachen sie zueinander: Solange wir kein Mittel gefunden haben, das den Menschen zum Straucheln brächte, werden wir gegen ihn nichts ausrichten. Aber Semael war der größte Fürst im Himmel unter ihnen, denn die heiligen Tiere und die Seraphim hatten ein jedes nur sechs Paar Flügel, er aber besaß ihrer zwölf. Und Semael ging und verband sich mit den obersten Heerscharen gegen seinen Herrn; er versammelte sein Heer und stieg hinab und begann nach einem Genossen Umschau zu halten. Er sah sich die Geschöpfe an, die der Herr erschaffen hatte, aber unter ihnen war keines, dessen Klugheit so auf das Böse gerichtet gewesen wäre, wie die Schlange. Die Schlange war listiger als alle Tiere des Feldes und glich von Gestalt einem Kamel. Da bestieg Semael die Schlange und ritt auf ihr. Aber die Schrift schrie ihn an und sprach zu ihm: Semael, eben erst ist die Welt erschaffen worden, und schon stiftest du Aufruhr. Wider den Himmel willst du dich auflehnen; der Herr wird beide verlachen, das Roß und den Reiter.

Und die Schlange sann nach und richtete mit sich selber: Werde ich mit dem Manne sprechen, so weiß ich, daß er auf mich nicht hören wird; es ist schwer, des Mannes Sinn zu bewegen; ich spreche lieber vorerst mit dem Weibe, welches leichten Sinnes ist; ich weiß, sie wird auf mich hören, denn das Weib schenkt einem jeden Gehör. Also ging die Schlange hin und sprach zu dem Weibe: Ist's wahr, daß die Früchte dieses Baumes euch verboten sind? Das Weib sprach: Ja, es ist wahr; der Herr hat zu uns gesprochen: Von der Frucht des Baumes mitten im Garten sollt ihr nicht essen.

Doch nun fand die Schlange eine Tür, um mit ihrer Rede einzufallen, und sie sprach: Nicht ein Befehl ist dieser Satz, sondern Mißgunst ist er. Denn in der Stunde, da ihr davon essen werdet, werdet ihr selber wie Gott sein. Was tut denn Gott? Er schafft Welten und zerstört Welten, und auch ihr werdet imstande sein, Welten zu schaffen und zu zerstören; er macht Geschöpfe lebendig und tot, und auch ihr werdet lebendig und tot machen können; Gott weiß nämlich, daß, sobald ihr davon esset, eure Augen sich auftun werden. Und die Schlange ging und schüttelte den Baum, da schrie der Baum und rief: Frevler, rühr mich nicht an! Aber die Schlange sprach zu dem Weibe: Sieh, ich habe den Baum berührt und bin nicht tot; auch du befühle ihn nur, du wirst nicht sterben. Da ging das Weib und berührte den Baum, aber da erblickte sie den Todesengel, der ihr entgegenschritt. Sie sprach in ihrem Herzen: Vielleicht ist's wahr, und ich sterbe nun, und der Herr wird Adam ein anderes Weib schaffen; ich will es nun anstellen, daß auch er mit mir von dem Baum esse; sind wir des Todes, so sterben wir beide; bleiben wir am Leben, so leben wir beide. Da nahm sie von den Früchten des Baumes und aß und gab auch ihrem Manne davon und er aß. Wie aber Adam von den Früchten des Baumes genossen hatte, sah er sich nackend dastehen, seine Augen wurden aufgetan, und seine Zähne wurden stumpf. Und er sprach zu Eva: Was ist das nur, das du mir zu essen gegeben hast? Meine Augen sind aufgetan, und meine Zähne sind stumpf geworden; wie nun meine Zähne stumpf geworden sind, so werden aller Menschen Zähne nach mir stumpf werden.

Was war Adams Bekleidung? Eine Hornhaut bedeckte seinen Körper, und die Wolke des Herrn umhüllte ihn stets. Wie er aber von den Früchten des Baumes gegessen hatte, wurde die Hornhaut ihm abgezogen, des Herrn Wolke wich von ihm, und er sah sich nackend und bloß dastehen. Er versteckte sich vor dem Angesicht des Herrn, aber er hörte die Stimme Gottes, der im Garten ging.

Da setzte sich der gerechte und wahrhaftige Richter über ihn zu Gericht; er rief den Menschen und sprach: Warum bist du vor meinem Angesicht geflohen?

Der Mensch antwortete: Dein Rufen habe ich gehört, und da erzitterten meine Glieder, denn ich sah, daß ich nackend war, und versteckte mich; ich versteckte mich vor dem, der mich geschaffen hat, denn ich fürchtete um meine Tat. Da sprach der Herr zu ihm: Wer hat dir's gesagt, daß du nackend bist? Hast du nicht gegessen von dem Baum, von dem du nicht essen solltest? Adam sprach: O Herr der Welten! Solange ich allein war, habe ich da Sünde getan? Aber das Weib, das du mir zugesellt hast, hat mich deinen Worten ungehorsam gemacht; sie gab mir von dem Baum zu essen, und ich aß. Da sprach der Herr zu Eva: Ist's nicht genug, daß du selber gesündigt hast, mußtest du auch deinen Mann zur Sünde verführen? Das Weib antwortete dem Herrn: Die Schlange überredete mich, und ich kostete die Frucht.

Da brachte der Herr alle drei vor Gericht und verhängte über sie die Strafe: er verfluchte ein jedes mit neun Flüchen und mit dem Tode. Er stürzte den Semael und seine Schar von dem Ort der Heiligkeit und warf sie vom Himmel auf die Erde; er hackte der Schlange die Füße ab und verfluchte sie, daß alle sieben Jahre ihr die Haut abgezogen würde unter großen Schmerzen und daß sie auf dem Bauch kriechen sollte; ihre Speise sollte sich im Bauche zu Erde verwandeln, Otterngalle und Gift sollte ihr Mund bergen; und der Herr säte Feindschaft zwischen ihr und dem Weibe, und es sollten die Menschen ihr den Kopf mit dem Fuß zertreten. Dann verhängte er über die Schlange den Tod.

Das Weib verfluchte er ebenfalls mit neun Flüchen und mit dem Tode; er verhängte über sie die Pein des Blutes und die Last der Schwangerschaft, die Wehen der Geburt und die Mühsal und Sorge um das Großziehen der Kinder... Darauf verhängte er über sie den Tod.

Und auch den Mann verfluchte er mit neun Flüchen und mit dem Tode; er schwächte seine Kraft und verkleinerte seinen Wuchs; Weizen sollte er säen, und Dornen sollte er ernten, und sollte das Kraut des Feldes wie das

Vieh essen; mit Kummer sollte er sich nähren und im Schweiße des Ange-
sichts sein Brot essen, und nach allem sollte über ihn der Tod kommen.«[12]

Viel länger und ausführlicher als die Bibel berichtet diese apokryphe he-
bräische Erzählung die Vertreibung aus dem Paradies. Danach wurde der
Mensch durch die Eigenmächtigkeit hoher Geistwesen aus Gottes Nähe entfernt und auf den Erdenweg geschickt. Durch diesen Sündenfall von Adam
und Eva begann einst die ganze Entwicklung und Geschichte der Welt, es
war das Vorspiel zum großen Weltendrama. Und ebenso erscheint das Sternenhaus des Schützen. Hier beginnt ein Weg, hier werden erste Töne ange-
schlagen, bevor der Vorhang vor dem großen Himmelsschauspiel sich öffnet.

Auf der Grenze zum Skorpion liegt der Ekliptikpol, der als Anfangspunkt
einleuchtet. Das Schützegebiet ist ouvertürengleich davor komponiert.

II. Das Haus des Skorpions

Getrost, das Leben schreitet
Zum ewgen Leben hin;
Von innrer Glut geweitet
Verklärt sich unser Sinn.
Die Sternwelt wird zerfließen
Zum goldnen Lebenswein,
Wir werden sie genießen
Und lichte Sterne sein.

NOVALIS

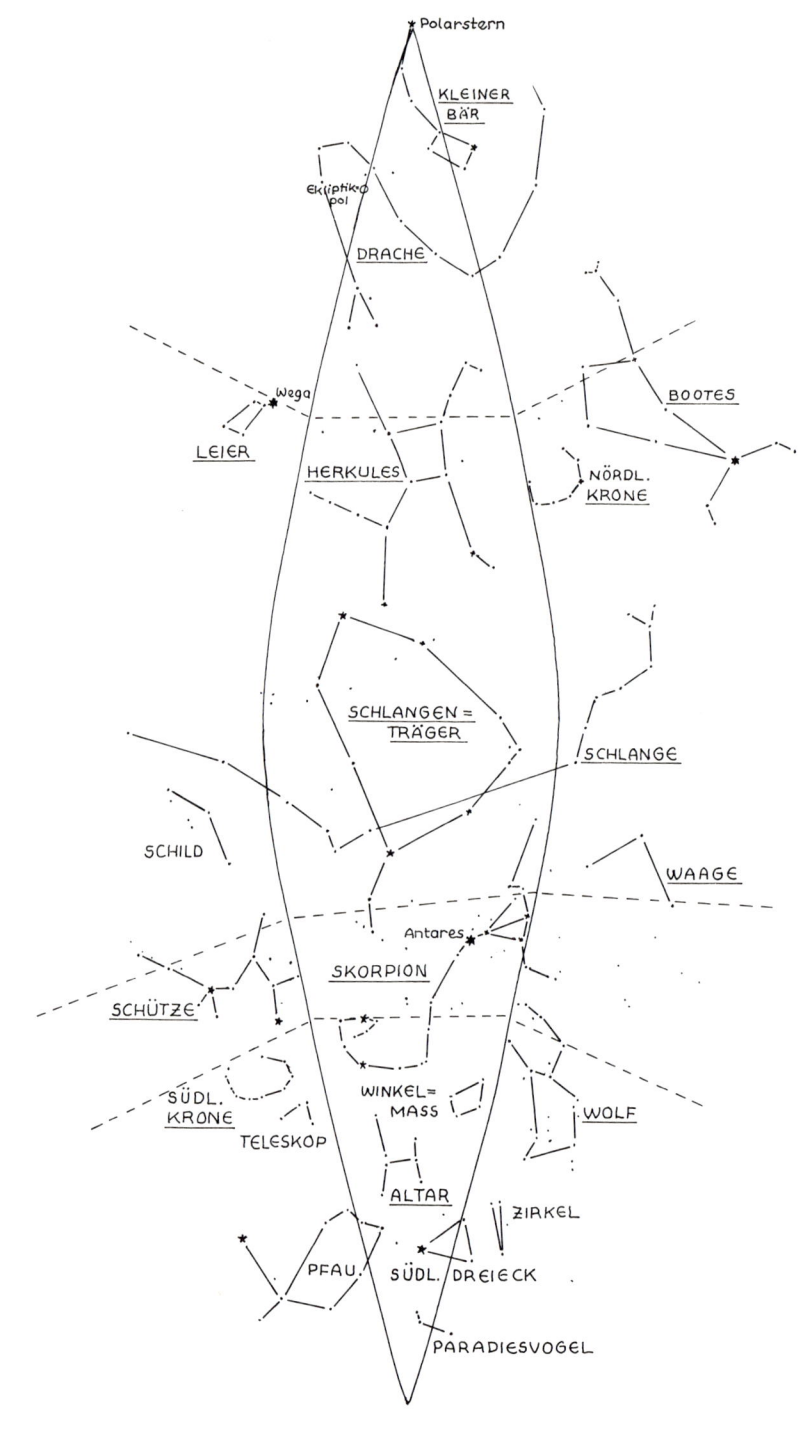

Polarstern

KLEINER
BÄR

Ekliptik-
pol

DRACHE

Wega

BOOTES

LEIER

HERKULES

NÖRDL.
KRONE

SCHLANGEN =
TRÄGER

SCHLANGE

SCHILD

WAAGE

Antares

SKORPION

SCHÜTZE

SÜDL.
KRONE

WINKEL=
MASS

WOLF

TELESKOP

ALTAR

ZIRKEL

PFAU

SÜDL. DREIECK

PARADIESVOGEL

Mit Betreten des Skorpion-Gebiets beginnt das Weltendrama. Gefährlich funkelnd steht der Hausherr, der Skorpion, am Himmel. Selbst in nördlichen Breiten, in denen sich dieses Sternbild kaum über den Horizont erhebt, ahnt man seine Aggressivität. Farbig flackernd und blitzend strahlt der Antares, sein hellster Stern, von dem Nacken des Skorpions neben den ausgestreckten Zangen. Seine ganze Gestalt ist erst in Äquatornähe und in südlichen Erdbreiten wahrzunehmen. Groß und aufdringlich funkelt er dort herab, ein erstaunlich naturgetreues Abbild des kleinen giftspritzenden Spinnentieres. Noch zwei weitere gifttragende Wesen birgt dieses Himmelshaus. Hoch oben im Norden windet sich der Drache. Sein Leib durchzieht das Haus und sein gefährlichster Körperteil, der Drachenkopf, der nach alten Sagen Gift und Feuer speit, streckt sich herein. Und mitten durch das Haus zieht sich die Schlange.

Eine starke Bedrohung geht von diesen drei hier hausenden Unwesen aus. Aber dieser Bedrohung stehen helfende Mächte gegenüber. Dem Drachen tritt Herkules, der dem griechischen Heros Herakles entspricht, entgegen und bezwingt ihn. Die Schlange wird vom Schlangenträger erhoben und unschädlich gemacht. So sind hier zweimal Bedrohung und Überwindung zu erkennen. Was aber geschieht mit dem Skorpion? Wer stellt sich dieser Gefahr im Süden? Die Helden scheinen keine Hand mehr frei zu haben. Dabei ist der Skorpion unübersehbar der Herr des Hauses und damit die größte Gefahr. Beherrschend funkelnd – die übrigen Sternbilder sind daneben nur schwach schimmernd – steht er in südlichen Breiten fast aufrecht am Himmel. In Riesendimension erscheint das kleine Gifttierchen hoch oben am Firmament. Um auch seine Umgebung wahrzunehmen, muß man das Auge bewußt von ihm abwenden.

Wer also tritt dieser Gefahr entgegen? Gelten Bedrohung und Überwindung als Charakterzüge für das ganze Haus und damit auch für den Skorpion? Dem fragenden Blick zeigt sich im Süden unter dem eingerollten, giftstachelbewehrten Skorpionschwanz ein schlichtes, klares Sternbild, das aus der Antike stammt: der Altar. Und jetzt scheint sich das Rätsel zu lösen. Von hier sind die Kräfte zu erwarten, die die Gefahr bannen können.

Der Altar ist der Ort in der Welt, an dem sich Menschen und Götter begegnen. Der Mensch braucht den Altar, um die Götter durch Anbetung und Opfer zur Mithilfe gegen bedrohende Wesen zu bewegen. Ein neuer Klang dieses Hauses wird hörbar: Die Anbetung.

Das Sternbild Herkules wurde nicht immer so genannt. Der Name bedeutet eigentlich eine Einschränkung der Urgebärde des Bildes, die am Himmel geschaut wurde. Das Bild birgt mehr in sich als die einzelne Sage. So war der Bildhintergrund dieses Sternbildes für Aratus noch ganz offen.

»Unter diesem Gestirn dachten sich die Griechen einen die Hände emporstreckenden, auf dem rechten Knie ruhenden, in schwerer Arbeit begriffenen Mann. Sie nannten es den Ἐν γόνασιν (Engonasin), den auf den Knien liegenden. So Aratus und alle griechischen Astronomen… Wer der Arbeitende sey und welche Arbeit ihn beschäftigte, wußte Aratus nicht, daher er dies Bild εἴδωλον ἄιπευϑες oder 'αισον, das Unerforschte oder Unerkannte nennt.

Der erste, der es auf den Hercules deutete, war nach Avienus [4. Jahrh. n. Chr.] der Epiker Panyasis, von dem man ein Gedicht über die Thaten dieses Heros hatte. Nachher geschah es gewöhnlich, ohne daß man jedoch das Gestirn förmlich nach ihm benannte, welches erst in neuern Zeiten gebräuchlich geworden ist.«[13]

Das Sternbild birgt offensichtlich mehr in sich als nur die Heraklessage, aber diese kann uns dem Sternbild näher bringen. Die Sage bringt einen Aspekt des Bildes. Herakles vollbrachte eine Tat, die der Urgebärde dieses Sternbildes entsprach. Und zwar war dies die elfte der zwölf gewaltigen Taten, die Herakles im Dienste des Königs Eurystheus vollbringen mußte: Er sollte drei Äpfel vom Baum der Hesperiden holen.

Dieser Baum wurde einst Zeus und Hera zu ihrer feierlichen Vermählung von Gaia, der Erde, als Geschenk dargebracht, »sie ließ am Westgestade des großen Weltenmeeres einen ästereichen Baum voll goldener Äpfel hervorwachsen«.[14] Die Hesperiden, die Töchter der Nacht, waren Wärterinnen dieses Gartens, und der Drache Ladon bewachte den Baum. Von diesem nun die geforderten drei Äpfel zu brechen, konnte Herakles nur mit Hilfe des Titanen Atlas bewerkstelligen, der dort in der Nähe das Himmelsgewölbe auf seinen Schultern trug, indem er ihm zeitweilig die Last des Himmels abnahm. Atlas schläferte den Drachen ein, holte die drei Äpfel und brachte sie dem Herakles. Diesem gelang es dann nur mit List, den Himmel wieder Atlas aufzubürden, so daß er seine Tat vollenden und Eurystheus die Äpfel bringen konnte.

Dieser Apfelraub erinnert an den Sündenfall im Paradies. Es tauchen die gleichen Motive auf. Im Paradies umwindet die Schlange den Baum der Erkenntnis. In der Heraklessage bewacht der Drache Ladon den Baum mit den goldenen Äpfeln. Und am Himmel umlagert der Drache das Zentrum des Tierkreises, die Ekliptikachse, die wie ein Baum im Weltenall steht. Herakles kommt zu dem Titanen Atlas, auf dessen Schultern das Himmelsgewölbe ruht. Am Himmel umschlingt der Drachenschwanz den Nordpol, den Ruhepunkt des Firmamentes. Auch diese Motive entsprechen sich.

Tief unten im Süden des Skorpion-Gebietes weist noch ein kleines Sternbild auf den Gottesgarten hin, es klingt das Paradiesmotiv noch einmal an, wenn auch in einem Namen verborgen. Ein kleines unscheinbares Sternbild trägt dort den Namen des wundersamen, prächtigen Paradiesvogels.

Die Heraklessage birgt also ähnliche Bilder wie die Versuchungsgeschichte. Aber in dem griechischen Mythos folgt kein Sündenfall. Herakles hat die Tat anders im Griff. Er läßt sich nicht beschenken und verführen, er kniet nieder und arbeitet schwer. Er »erfaßt« und »begreift« das gesamte Himmelsgewölbe, dabei half ihm, nach der Überlieferung, unterstützend Athene, die dem Zeushaupt entsprungene Göttin der klaren Gedanken. Die Äpfel werden dann nicht gegessen, sondern der Göttin der Vernunft, der Athene geopfert und von dieser an ihren Ursprung, zu den Hesperiden, zurückgetragen.

Die Gestalt des Herkules, des Ἐν γόνασιν (Engonasin) drückt die spätere christliche Mönchsregel ora et labora, bete und arbeite, aus. Seine Knie sind wie anbetend gebeugt, doch ist er in schwerer Arbeit begriffen.

Mit dem Sternbild des Schlangenträgers, des Ophiochus, blieb das Bild einer Urgebärde bestehen, ohne daß diese eindeutig festgelegt wurde. Am Himmel sah man die große Gestalt eines stehenden Mannes, der mit beiden Armen eine mächtige Schlange erhebt. Auch er scheint eine gewaltige Kraftanstrengung zu leisten. »Die Alten stellen sich unter diesem Bilde gewöhnlich den Aesculap vor (S. Eratosthenes, 3. Jh. v. Chr.)«,[15] dessen griechischer Name Asklepios ist. Er war ein Sohn Apollons und wurde als Gott der Heilkunst verehrt. Noch heute sind die Stätten seiner Heiligtümer bekannt, die zugleich Heilstätten für Kranke waren. Dort wurden als heilig geltende Schlangen gehalten, deren Gift Asklepios oder Äskulap in Arznei zu verwandeln vermochte. Alte Darstellungen zeigen ihn mit einem Stab, der von einer aufrechten Schlange umwunden wird. Es ist das Zeichen der aufgerichteten Schlange.

Die sich im Haus des Skorpions vollziehende Wandlung ist an zwei außerhalb seiner Grenzen befindlichen Sternbildern abzulesen: die Bilder der Südlichen und der Nördlichen Krone erscheinen wie Zeichen des Anfangs und des Ergebnisses dieses Prozesses.

Betrachtet man in Äquatornähe am Himmel diese Kronen, dann leuchtet

41

es unmittelbar ein, daß die beiden etwas miteinander zu tun haben. In gleicher Größe stehen sie am Firmament, zwei erstaunlich ähnliche Sternbilder: die südliche, ein zarter Reif von kleinen gleichartigen Sternen, in der nördlichen strahlt der helle Stern Gemma. Die linke Krone liegt unter dem Schwanz der Schlange, die rechte steht über dem Schlangenkopf wie eine Krönung. Die gefallene Krone wird zur erhobenen, zur erhabenen Krone.

Zwischen den beiden Kronen steht der Ophiochus, der Schlangenträger. Er erhebt die Schlange und damit zugleich die gefallene Krone, die mit der wie ein Schmuckstück leuchtenden Gemma neu zu strahlen beginnt.

In der Wandlung der Kronenbilder klingt am Sternenhimmel das Gralsmotiv an. Nach alter Überlieferung fiel aus der Krone Luzifers durch seinen Sturz der leuchtendste Stein. Der wurde von Menschen sorgfältig bewahrt, bis Joseph von Arimathia das Blut des gekreuzigten Gottessohnes darin auffing. Dadurch verwandelte sich der Stein in die segenspendende Gralsschale:

> So höre von der Krone Pracht:
> Nach sechzigtausend Engel Wunsch ward sie gemacht,
> Die wollten Gott vom Himmelreiche drängen.
> Sieh, Luzifer, so ward sie dein!
> Wo irgend werthe, weise Meisterpfaffen sein,
> Die wüßten wohl, daß ich die Wahrheit sänge.
> Sankt Michael sah Gottes Zorn um solchen Hochmuths Prahlen.
> Die Krone brach sein Schwert im Saus
> Ihm von dem Haupte: seht da sprang ein Stein daraus,
> Der ward hernach auf Erden Parzivalen.
> *Aus dem »Sängerkrieg auf der Wartburg«, 13. Jahrhundert*[16]

Auch das Haus des Skorpions durchzieht ein einheitlicher Charakter: Bedrohung und Überwindung könnte man ihn nennen. Drache, Schlange und Skorpion stellen mächtige Gefahren dar, doch werden diese mit göttlicher Hilfe bezwungen und gewandelt. Durch die Halbgötter Herkules und Äskulap und durch den Altar, an dem durch Anbetung Wandlung geschieht, wird die göttliche Hilfe gewährt.

III. Das Haus der Waage

... Gellend heult Garm vor Gnipahellir:
es reißt die Fessel, es rennt der Wolf.
Vieles weiß ich, fernes schau ich:
der Rater Schicksal, der Schlachtgötter Sturz.

Seh aufsteigen zum andern Male
Land aus Fluten, frisch ergrünend:
Fälle schäumen; es schwebt der Aar,
der auf dem Felsen Fische weidet...

AUS DER »EDDA«

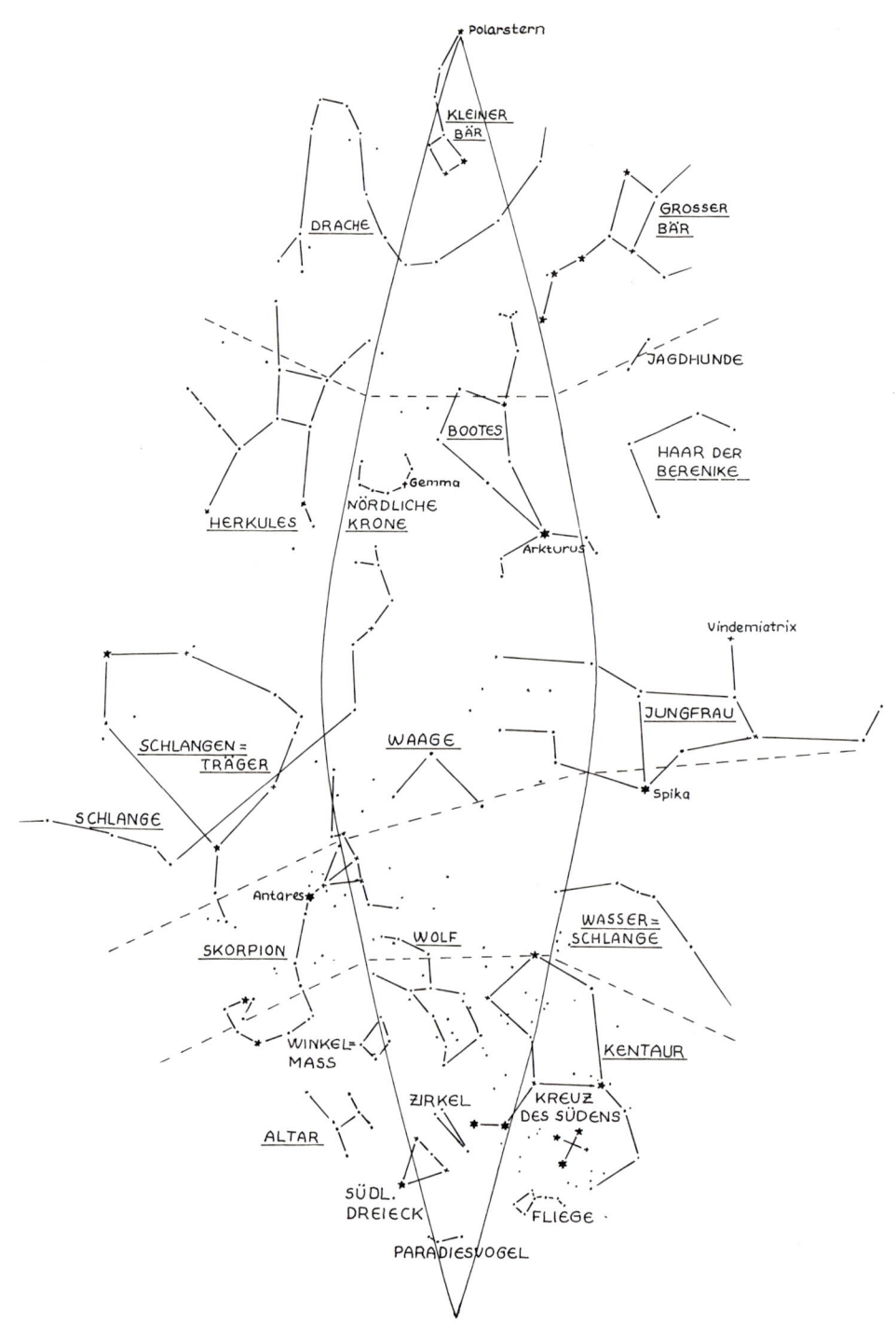

*D*ie Waage ist ein schlichtes, klares, mäßig helles Sternbild. Im Reigen der Tierkreisbilder ist sie das einzige Bild, das kein Lebewesen darstellt. Eine Waage ist ein mechanisches Instrument. Nördlich der Waage herrscht am Himmel Ordnung und Übersicht. Die wenigen Sternbilder sind klar gegliedert. Der Drache wirkt hier keineswegs bedrohlich. In großem, ebenmäßigem Bogen umschwingt er den Nordpol, und der Kleine Bär hängt harmonisch in diesen Bogen herein. Er wirkt darin gut aufgehoben. Darunter erhebt sich in Schrittstellung die große Gestalt des Bootes mit dem hellstrahlenden Stern Arkturus. Sein erhobener linker Arm weist zum Polarstern hinauf. Neben ihm steht die anmutige, zierliche Nördliche Krone mit der strahlenden Gemma, die das Schlangenhaupt zu krönen scheint. Klarheit, Ordnung, Harmonie und Ausgewogenheit herrschen im nördlichen Teil dieses Himmelshauses.

Völlig anders sieht es südlich der Waage aus. Eine verwirrend unübersichtliche Menge von mäßig hellen Sternen erfüllt das Gebiet. Kein Ort des Himmels ist so undurchschaubar wie dieses Sternbild. In diesem unruhig funkelnden, schwer erkennbaren Sternengewirr erblickten die Astronomen der Antike den Wolf.

Das Sternbild Waage steht somit zwischen zwei Gegensätzen, zwischen Klarheit und Verwirrung, zwischen Ordnung und Chaos. Der Südhimmel läßt die Waage erst als echte Waage erscheinen, die das eine gegen das andere abwägt.

Der Wolf gilt in der Mythologie als Urbild des Bösen. Er ist eine Bedrohung, eine tödliche Gefahr, wenn er nicht erkannt wird. Die Märchen der Brüder Grimm vom »Rotkäppchen« und »Der Wolf und die sieben jungen Geißlein« erzählen, daß der Wolf den Menschen, und zwar den kindlichen Menschen, von seinem Weg abbringen und verschlingen will. Als Rotkäppchen den Wolf bei der Begegnung im Wald mit seinem Namen anredete, tat er ihr nichts zu Leide. Erst durch die Vermummung mit Großmutters Kleidern wurde der Wolf unkenntlich und gefährlich. Ebenso geht es den sieben Geißenkindern. Solange sie ihn durch die Warnungen der Mutter erkannten, hatte der Wolf keinen Zugriff. Doch als sie sich täuschen ließen, war es um sie geschehen.

Entsprechendes erzählt die germanische Mythologie von dem gewaltigen Fenriswolf. Dieser Sohn Lokis nährte sich von der Angst und den Lügen der Menschen. Er war gestaltgewordene Lüge. Das einzige, was ihn eine Zeitlang bändigen und fesseln konnte, war vom gleichen Element wie er selber, ein Lügengespinst. Es war das zarte Band Gleipnir, das die Zwerge kunstvoll aus sechs erlogenen Dingen wirkten: aus dem Laut von Katzentritten, aus Weiberbart, Bergwurzeln, Bärensehnen, Fischatem und Vogelspeichel. Erst Odins Sohn Widar, der große Schweiger, dem keine Lüge über die Lippen kam, vermochte in dem großen Endkampf, in der Götterdämmerung Ragnarök, den Fenriswolf zu bezwingen, indem er ihm mit seinem großen Schuh in den Rachen trat.

Lüge, Täuschung und Unfaßbarkeit ist das Element, aus dem das mythische Wolfsbild gewoben ist. Und in gleicher Art erscheint der Wolf am Himmel. Er ist das Sternbild, das man nicht erkennt, das sich in verwirrender Unklarheit verbirgt.

Gleichgewicht suchend, steht die Waage zwischen dem Norden und dem Süden, wägend zwischen Krone und Wolf, zwischen Gut und Böse.

In diese Bildaussage fügen sich die Sternbilder des Waage-Hauses. Auch sie scheinen keinesfalls willkürlich beieinander zu stehen. Auf die unbeachtet gebliebenen südlichen Sternbilder Dreieck und Zirkel soll später noch eingegangen werden.

IV. Das Haus der Jungfrau

Die Erde bot ihm Nahrung dar
Und hieß doch Jungfrau noch mit Fug.
Als Adams Sohn den Bruder schlug
Um schnödes Gut erbarmungslos
Und als der Erde reinen Schoß
Befleckt das Blut aus Abels Haupt,
Da ward ihr Magdtum ihr geraubt.

WOLFRAM VON ESCHENBACH

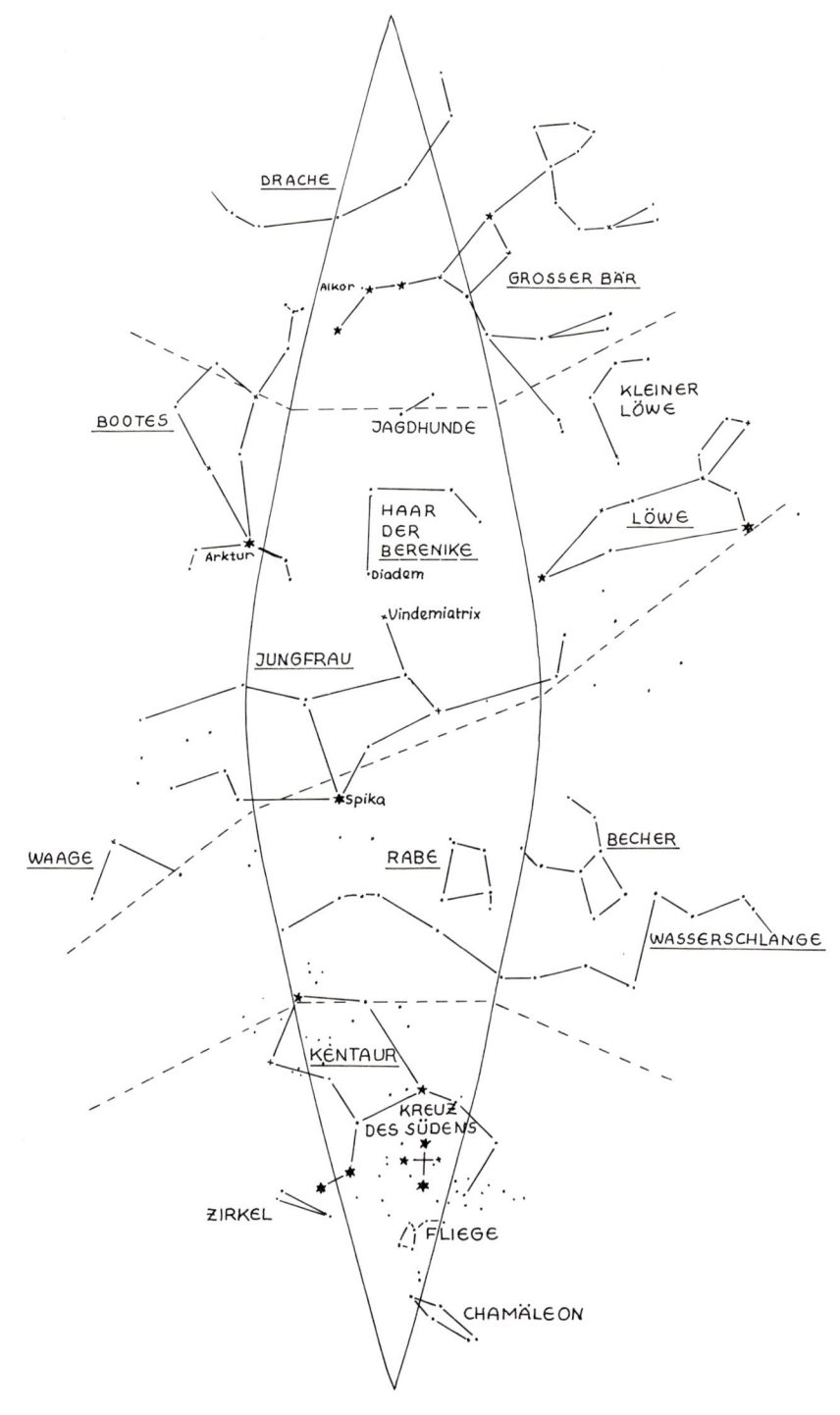

DRACHE

Alkor

GROSSER BÄR

KLEINER
LÖWE

BOOTES

JAGDHUNDE

HAAR
DER
BERENIKE
Diadem

LÖWE

Arktur

·Vindemiatrix

JUNGFRAU

Spika

WAAGE

RABE

BECHER

WASSERSCHLANGE

KENTAUR

KREUZ
DES SÜDENS

ZIRKEL

FLIEGE

CHAMÄLEON

Mit dem Gebiet der Jungfrau ist der zweite Quadrant am Firmament erreicht. Hier herrscht der Große Bär. Die drei Himmelssegmente gliedern das Bärenbild in drei Teile. Sein Kopf ragt in das Haus des Krebses, unter seinem Rumpf steht der Löwe, und der Bärenschwanz erstreckt sich über die Region der Jungfrau. Ihr Sternbild steht groß und ausgedehnt am Himmel. Die mäßig leuchtenden Sterne sind nicht leicht zusammenzufinden. Deutlich ist nur die strahlend helle Spica. Schaut man gen Süden, dann scheint die Jungfrau waagerecht am Himmel zu liegen. Sie wurde aber stets als aufrechte Menschengestalt empfunden. Und, nach Osten gewandt, kann man sie auch hoch aufgerichtet stehen sehen. Unter ihren Füßen hängt die Waage, mit ihrem Kopf stößt sie an den Löwen. Sie ist die größte Menschengestalt am Himmel und überragt nach beiden Seiten das ihr zugemessene Haus. Unter den Menschenwesen im Tierkreis ist sie die einzige, die bekleidet ist. Schütze, Zwillinge und Wassermann werden unbekleidet dargestellt.

So steht sie groß und mächtig am Himmel. Sie blickt uns an. Ihre rechte Hand trägt eine Weintraube, die linke hält gesenkt eine Kornähre. Die Jungfrau, das reine, unberührte Menschenwesen, ist hier mit einem Gewand verhüllt. Sie verbirgt ihr Inneres und schützt sich vor der Umgebung. Und was für eine seltsame Umgebung! Die hehre Gestalt ist von lauter Tierschwänzen umringt. Hoch im Norden windet sich der Drachenschwanz, darunter hängt in Gegenrichtung der Bärenschwanz.

Tief unter dem Bild der Jungfrau im Süden liegt der Schwanz der Wasserschlange. Diese riesige Hydra setzt den Schlangenweg am Himmel fort. Kaum ist die eine Schlange vom Schlangenträger bezwungen, taucht eine neue auf. Hier bei der Jungfrau hat sie ihren Ursprung, wie an der Schwanzspitze sichtbar ist. Doch nicht genug mit diesen drei langen Schwänzen, auch der Löwe streckt ihr seinen Schwanz entgegen, den die Jungfrau sogar mit ihrem Kopf berührt.

Unter dem Bärenschwanz steht das spätbenannte Sternbild der Jagdhunde. Auch diese fügen sich in die seltsame Eigenart des Hauses ein, denn der Hund hat ein besonderes Verhältnis zu seinem Schwanz. Er kann sich mit ihm äußern, das Wedeln ist Sprache für ihn. Darunter schwebt das Haar der Berenike. Wie paßt das dazu? Will es verhüllen helfen?

Diese rätselvolle Anhäufung von Schwänzen muß Fragen aufwerfen. Der Schwanz als Verlängerung der Wirbelsäule über den Rumpf hinaus ist in aller Verschiedenheit das Zeichen des Tieres. Oft ist der Schwanz der

Schmuck des Tieres, oder er ist sein Äußerungsmittel oder seine Fortbewegungshilfe. Und es gibt ein Tier, das eigentlich nur Schwanz ist, eine Wirbelsäule mit Kopf. Das ist die Schlange, das Tier schlechthin. Eine Schlange war es, der die Versuchung des Menschen im Paradies gelang; kein anderes Tier wäre in dieser Rolle zu denken. Die Schlange ist der Gegenspieler des Menschen, und die mächtigsten Schwänze, die das Sternbild der Jungfrau umgeben, gehören zu den Schlangenwesen Drache und Wasserschlange.

So ist also hier am Firmament das reine, hehre, unberührte Menschenbild umgeben von dem Zeichen des Tieres.

Unter dieser rätselhaften Komposition der Motive steht im Süden das sternenreiche, einprägsame Bild des Kentauren. Zu ihm gehört die auffälligste Sternfigur des Südhimmels, das Kreuz des Südens, seine vier strahlenden Sterne sind nach ptolemäischer Überlieferung Hinterbeine und Hufe des Tiermenschen. Das Sternbild Kentaur steht wie eine Antwort auf die Rätselfrage, die die nördlichen Sternbilder aufgeben. Wie bei den vorangehenden Himmelshäusern bringt auch hier der Südhimmel erst eine Erklärung in die Betrachtung der Bilder. Denn was am nördlichen Himmel nebeneinander zu finden ist, die Menschengestalt und das Zeichen des Tieres, das ist im Bild des Kentauren in ein Wesen zusammengewachsen. Diese mythische Gestalt hat einen Pferdeleib, aus dem sich der Oberkörper eines Menschen erhebt. Der Kentaur ist halb Mensch und halb Tier. Er hat die Leibeskräfte des Pferdes, denkt und handelt aber wie ein Mensch. Der edelste Vertreter dieser uralten Wesen war der weise Cheiron oder Chiron, bekannt als Lehrer, Musiker und Arzt. Die berühmtesten griechischen Helden wurden von ihm erzogen und belehrt. Auch die erwähnten Heroen Herakles und Asklepios waren seine Schüler. Diesen Cheiron sahen die Griechen in dem Sternbild Kentaur, und zwar im Kampf mit dem Wolf, bei dem er seltsamerweise ein Pflanzengebilde trägt. Nach einer Darstellung des Arabers Abdar-Rahman as-Sufi (903–986)[17] packt der Kentaur den Wolf mit der rechten Hand an den Hinterläufen. Dabei richtet sich der Wolf senkrecht auf. In der linken Hand hält der Kentaur das Abzeichen des Dionysos, den sogenannten Thyrsosstab, der am oberen Ende mit Pinienzapfen und mit Weinblättern oder Efeu verziert war. Auf anderen alten Bildern trägt er eine Weinrebe, manchmal zusammen mit einer Lanze.

Auch die Jungfrau trägt Pflanzen in ihren Händen. Zwei Sterne dieses Bildes haben besondere lateinische Namen. Der hellste Stern heißt Spica (= Kornähre), der nördlichste Stern heißt Vindemiatrix (= Winzerin). Alte Sternbilderkarten zeigen, wie die Jungfrau in der linken Hand eine

Kornähre gesenkt hält, während ihre rechte Hand eine Weintraube emporhebt.

So tragen zwei Gestalten in diesem Himmelsgebiet Früchte in ihren Händen, die Jungfrau und der Kentaur. Es sind die einzigen Pflanzen, die am Himmel in den Sternbildern zu finden sind. Was hat das zu bedeuten? Was sind das für Früchte? Das Bild des Kentaur weist in urferne Vergangenheit zurück, in die Zeiten der Menschwerdung. Dort ist auch der Ursprung der Nahrung zu suchen. Die Bibel berichtet, wie diese Frage eng mit der Schöpfungsgeschichte verknüpft ist.

Als Gott in den großen sieben Schöpfungstagen die Welt und zuletzt den Menschen geschaffen hatte, bestimmte er, welche Nahrung den Menschen und welche den Tieren zukommen sollte: »Und Gott sprach: Siehe, ich gebe euch alles Kraut, das Samen trägt, auf der ganzen Erde, und alle Bäume, an denen samenhaltige Früchte sind; das soll eure Speise sein. Aber allen Tieren der Erde und allen Vögeln des Himmels und allem was kriecht auf der Erde, was Lebensodem in sich hat, gebe ich alles Gras und Kraut zur Nahrung.« *(1. Mose 1, 29–30)*

Gras und Kraut für die Tiere, doch Samen, das heißt Früchte, als Speise für den Menschen. Und es wird eindeutig gesagt von »allen« Kräutern und von »allen« Bäumen, die Samen tragen.

Soweit der Bericht aus der ersten Schöpfung, die die Bibel schildert. Im zweiten Akt der Schöpfung, als Adam geschaffen wurde, klingt die Weisung ein wenig anders:

»Und Gott der Herr gebot dem Menschen und sprach: Von allen Bäumen im Garten darfst du essen; nur von dem Baum der Erkenntnis des Guten und des Bösen, von dem darfst du nicht essen.« *(1. Mose 2, 16–17)*

Auch jetzt werden ihm Früchte, die die Natur schenkt, als Nahrung angeboten, aber mit einer Einschränkung. Als aber der Mensch dieses einzige Gebot nicht achtete, verlor er das Paradies und damit auch die sorglose Ernährung: »Und zu Adam sprach er: Weil du auf deines Weibes Stimme gehört und von dem Baum gegessen hast, von dem ich dir gebot: du sollst nicht davon essen, so ist um deinetwillen der Erdboden verflucht. Mit Mühsal sollst du dich von ihm nähren dein Leben lang. Dornen und Disteln soll er dir tragen, und das Kraut des Feldes sollst du essen.« *(1. Mose 3, 17–18)*

Nun wird dem Menschen nichts mehr geschenkt. Er muß sich seine Nahrung erarbeiten. Er muß mitschaffen. Und er soll nun auch Kraut essen, wie die Tiere. Doch er tat nicht nur das, er aß die Tiere selber. Gott schien das zu billigen und sogar gut zu heißen. Warum hätte er sonst Abels Tieropfer ange-

nommen, Kains Ernte dagegen veschmäht? Und, als Kain seiner Enttäu-
schung über das abgelehnte Opfer nicht Herr wurde, und im Zorn seinen
Bruder erschlug, da wurde zum zweiten Mal ein Fluch über die Nahrung
ausgesprochen: »Wenn du den Acker bebauen wirst, soll er dir hinfort seinen Ertrag nicht mehr geben.« *(1. Mose 4, 12)* Der Sündenfall geht weiter
und ergreift die ganze Schöpfung.

Die Jungfrau am Himmel hält das verschmähte Kainsopfer, die Feld-
frucht, in ihrer linken Hand. Aber sie hält die Kornähre gesenkt, so wie der
Rauch von Kains Brandopfer nach unten zog. Eine ablehnende Gebärde.
Die Jungfrau ist umgeben vom Zeichen des Tieres, das wie ein Bild des Abel-
opfers scheint. Abel wurde wohlwollend angesehen. Sein Opfer war offenbar zeitgemäß. Kain brachte seiner Hände Werk dar, Pflanzen, die er mit
schuf. War Kains Opfer verfrüht?

Die rechte Hand der Jungfrau erhebt eine Weintraube, eine Frucht, die
wie das Korn nur durch Menschenhand gedieh. Auch der Kentaur trägt die
Weinrebe oder den Thyrsosstab, der auf den Dionysoskult hinweist. In der
Bibel ist der Wein mit dem Namen des Noah verknüpft. Er pflanzte die ersten
Reben *(1. Mose 9, 20)* und wurde der Urvater der neuen Menschheit, der dem
Zorn Gottes und der Sintflut entrann.

Kornähre und Weintraube, beides trägt die Jungfrau in ihren Händen –
Brot und Wein – ein zukünftiges Geheimnis leuchtet hier auf. Das Brot, das
abgelehnte Kainsopfer, wird dereinst die Speise, um die im Vaterunser gebetet wird. Will davon das Sternbild Rabe, das bisher unbeachtet blieb, künden? Weist er auf die Urnahrung hin, die einmal zum Sakrament geheiligt
werden wird? Schon in der Urgeschichte wird der Rabe im Zusammenhang
mit Brot erwähnt. In einer jüdischen Sage heißt es:

»Der Kasten ließ sich nieder am siebenten Monat auf dem Gebirge Ara-
rat, und das Gewässer verlief sich nach und nach von der Erde.

Und es geschah nach vierzig Tagen, da öffnete Noah das Fenster des Ka-
stens und ließ einen Raben ausfliegen, auf daß er erführe, was mit der Welt
sei; der Rabe flog aus und fand das Aas eines Menschen auf dem Gipfel eines
Berges; er ließ sich darauf nieder und richtete seine Botschaft nicht aus.

Da ließ Noah eine Taube ausfliegen, um zu erfahren, ob das Gewässer
gefallen wäre. Die Taube aber richtete die Botschaft aus und kehrte zu Noah
zurück zur Abendzeit, und siehe, ein Ölblatt trug sie in ihrem Schnabel…
Eine unwiderlegliche Antwort gab der Rabe Noah, als er ihn ausfliegen ließ,
er sprach: Dein Meister ist mir feind, und du bist mir feind; dein Meister ist
mir feind, denn siehe, er befahl dir, von den Reinen je sieben und sieben zu

nehmen, von den Unreinen aber je zwei, und du bist mir feind, denn siehe, von welchen du je sieben hast, die läßt du im Kasten sitzen, von welchen du aber je zwei hast, die schickst du aus; wenn mich nun schlägt der Fürst der Hitze oder der Fürst des Frostes, wird da nicht ein Geschöpf in der Welt fehlen? ... Noah antwortete: Was bedarf auch die Welt dein? Nicht als Speise noch als Opfer bist du zu gebrauchen.

Da sprach aber der Herr zu Noah: Behalte ihn, dereinst wird die Welt ihn noch brauchen. Noah fragte: Wann denn? Der Herr sprach: Dereinst wird ein Gerechter aufkommen, Elia der Thisbiter, der wird die Welt mit Dürre strafen, und ich werde ihn von Raben speisen lassen. So heißt es auch: Die Raben brachten Elia Brot und Fleisch des Morgens und Brot und Fleisch des Abends.«[18]

Dem Raben geht es wie Kain. Er protestiert, weil er sich als unreines Tier ungerecht behandelt und abgelehnt sieht. Hätte Noah nicht einen anderen Kundschafter, die Taube, hinterher geschickt, hätte er noch lange in seiner Arche warten und vielleicht verhungern können. So ist der Rabe in gewisser Weise verflucht, noch heute spricht man vom »Unglücksraben«. Er ist das Bild des ungerecht Behandelten. Und doch wartete – vielleicht gerade darum – in späterer Zeit eine wichtige Mission auf ihn. Damit leuchtet zweimal das Kains-Motiv im Gebiet der Jungfrau auf, durch die Kornähre und durch den Raben.

Das Motiv der Nahrung in Verbindung mit einem Sternbild dieses Himmelsgebietes ist noch aus ganz anderer Überlieferung zu erfahren. Ein Mythos der australischen Ureinwohner, der Aborigines,[19] berichtet davon:

DER MANN IM KREUZ DES SÜDENS

Baiame reiste einst durch das Land, das er geschaffen hatte. Da war er einsam, denn er fand keine Seele, zu der er hätte reden können. Er kratzte die rote Erde zusammen, nahm sie in die Hand und formte sie zur Gestalt menschlicher Wesen. Zwei Männer schuf er, doch nur für eine Frau war noch Erde geblieben. Das würde Ärger geben, aber Baiame kannte die Kinder seiner Schöpfung noch nicht so weit, um das zu wissen. So lebte er mit ihnen, lehrte sie, welche Pflanzen zu genießen waren, wie man die Wurzeln aus dem Boden gräbt und wo die besten Larven zu finden sind.

»Mit dem, was ich euch zur Nahrung gegeben habe und dem Wasser der Bäche zum Trinken, könnt ihr leben und eure Bäuche werden niemals leer sein«, sagte er.

53

Darauf verließ er sie und kehrte in seine Heimat im Himmel zurück. Für einige Zeit lebten die drei Menschen glücklich miteinander, bis eine schwere und lange Dürre ins Land kam. Die Pflanzen welkten; Wurzeln zu finden, wurde schwer, die Larven schienen ganz verschwunden zu sein.

»Wir müssen etwas zu essen finden, oder wir werden sterben«, sagte die Frau. »Aber nichts ist uns geblieben, nur Tiere sind noch da. Wir müssen sie jagen, und schon werden wir Fleisch zu essen haben und Blut zum Trinken.«

Voller Bestürzung blickten die Männer auf die Frau, die solche Worte sprach. »Der Vatergeist hat uns nicht erlaubt, die Tiere zu töten, die er geschaffen hat«, machten sie geltend.

»Aber er hat uns auch nicht verboten, sie zu töten«, entgegnete sie. »Er wird erwarten, daß wir für uns selber denken.«

Einer der Männer war überzeugt. Er pirschte ein kleines Känguruh an und erlegte es mit einem scharfen Stein.

»Was sollen wir nun machen?« fragte er.

»Das werde ich dir zeigen«, sagte die Frau.

Sie grub ein flaches Loch und brannte darin Holz ab, bis nur noch die Hitze von glühenden Kohlen und heißen Steinen am Grunde war. Sie sengte dem Känguruh das Fell und röstete das Fleisch.

»Nun sind wir soweit«, sagte sie. »Laßt uns unsere Bäuche füllen mit dieser guten Speise, die Baiame uns gegeben hat.« Der Jäger setzte sich neben sie, und tief gruben sich seine Zähne in das halbgekochte Fleisch.

»Ist das gut«, sagte der Mann, und seine Augen leuchteten genießend. »Komm und koste die neue Nahrung«, rief er seinem Gefährten zu.

»Das hat uns Baiame nicht gelehrt«, sprach der. »Zur Strafe wird Furchtbares über uns hereinbrechen. Ich will lieber sterben, als ein Kind Baiames töten und essen.« Nichts mehr konnte sein Gemüt verändern. Der Duft des gerösteten Fleisches ekelte ihn, und er lief fort über die Ebene, bis zum fernen Horizont, doch die beiden anderen folgten ihm in einiger Entfernung. Vor Hunger verließ ihn schließlich die Kraft, und er fiel am Fuße eines weißen Eukalyptus nieder und lag dort still.

Seine Gefährten blickten auf ihn mit Erstaunen, das sich in Furcht verwandelte, als ein dunkler Geist mit glühenden Augen sich aus den Zweigen des Baumes niederschwang. Er nahm den Leib ihres Freundes auf und warf ihn so, daß er in eine Asthöhle des Baumes fiel. Dann sprang er dem Körper nach. Zwei weiße Kakadus, von den Bewegungen des bösen Geistes gestört, kreischten und flogen auf und kreisten über alldem.

Der Baum ächzte, und die Erde wurde aufgewühlt, als sich seine Wurzeln aus dem Grunde rissen. Er erhob sich in die Luft, gefolgt von den Kakadus, und entschwand schließlich im unendlichen Raume des Himmels. Die Dunkelheit fiel nieder, und nichts war zu sehen, außer zwei weißen Flecken, das waren die Kakadus, und vier feurigen Augen, die aus dem hohlen Stamm hervorglühten. Es waren die Augen des Mannes und die des bösen Geistes.

Der Baum verschwand aus der Sicht, und die vier Lichtpunkte und die weißen Flügel der Kakadus erschienen am Himmel. Die Augen blieben dort im Innern des weißen Eukalyptus stehen, den man Yaraan-Do nennt und wurden die Sterne des Kreuzes des Südens, während die weißen Kakadus, die ihnen folgten, die Hühnerhunde sind.

Eine seltsame Geschichte. – Der Fleischverächter wird zur Unruhe, zur Flucht gezwungen, von einem bösen Geist erfaßt und wie ein Mahnmal als das auffallendste Sternbild des Südhimmels an das Firmament gesetzt. Die zwei Hühnerhunde, zu denen die Kakadus wurden, sind die Vorderbeinsterne des Sternbild Kentaur, sie werden heute Pointers genannt.

Sieht es nicht wie eine ungerechte Bestrafung aus, die der Mann, der die Fleischkost ablehnte, erleiden mußte? Er gleicht Kain, zu dem Gott strafend sprach: »Unstet und flüchtig sollst du sein auf Erden« *(1. Mose 4, 12)*, und der mit einem Zeichen, dem Kainsmal, zugleich gebrandmarkt und geschützt wurde: »Und der Herr machte ein Zeichen an Kain, daß ihn niemand erschlüge, wer ihn fände«. *(1. Mose 4, 15)*

So klingen in den Sternbildern des Jungfrau-Hauses Urfragen des Menschheitswerdens an.

v. Das Haus des Löwen

Einatmen das noch unbelebte,
ausatmen das eben noch lebende
Element, vereinen und wieder trennen,
bilden und wieder zersetzen, das sind
die ersten und letzten Äußerungen des
leiblichen Lebens . . .

GOTTHILF HEINRICH VON SCHUBERT

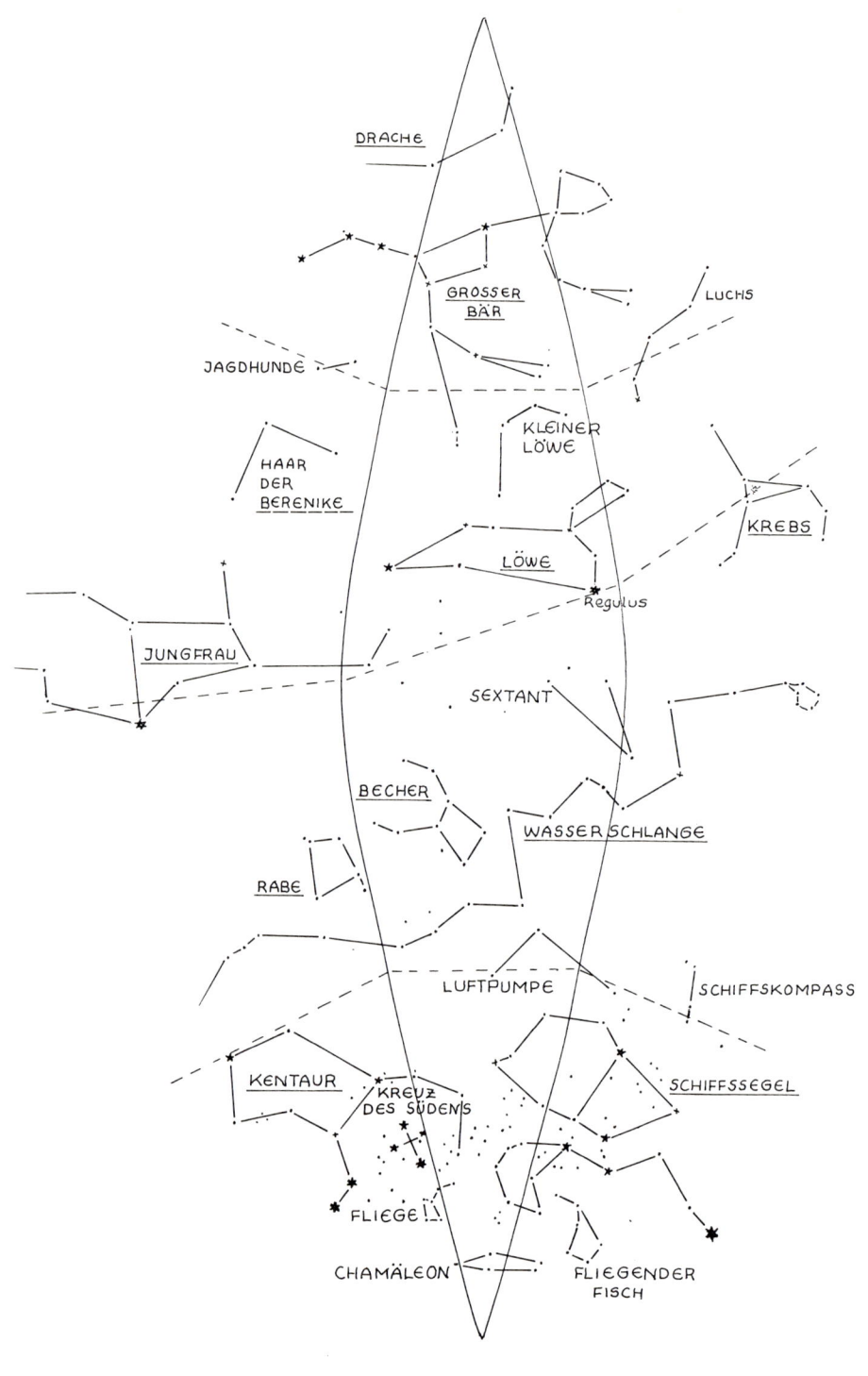

DRACHE

GROSSER
BÄR

LUCHS

JAGDHUNDE

KLEINER
LÖWE

HAAR
DER
BERENIKE

KREBS

LÖWE

Regulus

JUNGFRAU

SEXTANT

BECHER

WASSERSCHLANGE

RABE

LUFTPUMPE

SCHIFFSKOMPASS

KENTAUR

KREUZ
DES SÜDENS

SCHIFFSSEGEL

FLIEGE

CHAMÄLEON

FLIEGENDER
FISCH

*D*er Große Bär übergreift drei Tierkreisregionen. Das Gebiet des Löwen gehört zu seinem Rumpf, zum Mittelteil des Bärenbildes. Das Sternbild des Löwen liegt zu Füßen des Großen Bären. Die beiden Bilder ähneln sich, sie liegen parallel untereinander, und die zwei mächtigen Sternentiere schauen in die gleiche Richtung. Hat man am Himmel den Großen Bären gefunden, dann ist der Löwe leicht unter ihm zu entdecken. Südlich des Löwen windet sich die gewaltige Wasserschlange durch das Gebiet. Sie kommt aus dem Haus der Jungfrau und wird noch das Krebs-Gebiet durchkriechen. Hier bei dem Löwen lagert die Mitte des Schlangenleibes.

So ist das Haus des Löwen ein Übergangsgebiet zwischen dem Haus der Jungfrau und dem des Krebses. Es ist das Haus der Mitte zwischen Bärenschwanz und Bärenkopf wie auch zwischen Hydraschwanz und Hydrakopf. Noch ein weiteres Motiv der Mitte ist im Süden zu finden, allerdings ist es eine andere Art von Mitte.

Gehörten die bisher erkannten Mittelstücke jeweils zu einer Sternbildgestalt, zu der des Großen Bären und der der Wasserschlange, so ist tief im Süden eine Mitte zwischen zwei Bildern zu sehen. Der Kentaur und das Große Schiff stoßen aneinander. Die sternreichsten Bilder berühren sich hier. Das Löwe-Gebiet vermittelt zwischen Jungfrau und Krebs. Das Gebiet der Jungfrau ist durchzogen von Hinterteilen, ins Gebiet des Krebses ragen Köpfe. Unten im Süden stoßen diese beiden Extreme als Bilder aneinander. Der Schiffsbug berührt den Hinterleib des Kentaurs. Kentaur und Schiff stoßen im Löwe-Bereich aneinander, wie sich Leib und Kopf eines Lebewesens im Brustbereich begegnen.

Bei dem Menschen wird die Brust als Mitte seines Organismus angesehen. Dort schlägt sein Herz, dort kehrt der Atem unermüdlich ein und aus. Dort lebt der Rhythmus von Geben und Nehmen, der das Leben trägt und erhält. Der Kopf ermüdet, der Leib kann überlastet werden. Den Ausgleich schaffen die nimmermüden Brustorgane, in denen die Außenwelt an die Innenwelt brandet.

Daß dieser Körperbereich bei dem Löwen etwas Besonderes ist, darauf weist schon die mächtige Mähne, die Brust und Hals in einzigartig würdiger Weise umhüllt, hin. »Beim Löwen ist das so, daß eine Art von Gleichgewicht besteht zwischen dem Atmen und der Blutzirkulation. Allerdings, die Blutzirkulation wird auch beim Löwen schwergemacht, aber nicht so schwer wie, sagen wir bei dem Kamel oder bei dem Rind. Da ist die Verdauung etwas, was die Blutzirkulation ungemein belastet. Beim Löwen, der einen verhältnismäßig sehr kurzen Verdauungsapparat hat und der ganz so gebaut ist, daß die Verdauung auch möglichst schnell sich vollzieht, ist das so, daß die Verdauung keine starke Belastung ist für die Zirkulation. Dagegen ist es wiederum so, daß nach der anderen Seite im Löwenkopf eine solche Entfaltung des Kopfmäßigen ist, daß die Atmung im Gleichgewichte mit dem Zirkulationsrhythmus gehalten ist. Der Löwe ist dasjenige Tier, das am allermeisten einen inneren Rhythmus des Atmens und einen Rhythmus des Herzschlagens hat, die sich innerlich die Waage halten, die sich innerlich harmonisieren. Der Löwe hat deshalb auch, wenn wir, ich möchte sagen auf sein subjektives Leben eingehen, diese eigentümliche Art, mit einer schier unbegrenzten Gier seine Nahrung zu verschlingen, weil er eigentlich froh ist, wenn er sie drunten hat... er ist gierig auf die Nahrung, aber er ist nicht versessen darauf, ein besonderer Gourmand zu sein. Er ist gar nicht darauf versessen, viel zu schmecken, weil er ein Tier ist, das seine innere Befriedigung aus dem Gleichmaß von Atmung und Blutzirkulation hat. Erst wenn der Fraß beim Löwen übergegangen ist in das Blut, das den Herzschlag reguliert, und dieser Herzschlag in ein Wechselverhältnis kommt mit der Atmung, an der der Löwe wieder seine Freude hat, indem er den Atmungsstrom mit einer tiefen inneren Befriedigung in sich hereinnimmt, erst dann, wenn er in sich fühlt die Folge des Fraßes, dieses innere Gleichgewicht zwischen Atmung und Blutzirkulation, dann lebt der Löwe in seinem Element. Er lebt eigentlich ganz als Löwe, wenn er die tiefe innere Befriedigung hat, daß ihm sein Blut heraufschlägt, daß ihm seine Atmung hinunterpulsiert. Und in diesem gegenseitigen Berühren zweier Wellenschläge lebt der Löwe.

Sehen Sie sich ihn an, diesen Löwen, wie er läuft, wie er springt, wie er seinen Kopf hält, selbst wie er blickt, so werden Sie sehen, daß das alles zurückführt auf sein fortwährendes rhythmisches Wechselspiel von etwas Aus-dem-Gleichgewicht-Kommen und wieder Ins-Gleichgewicht-Kommen. Es gibt vielleicht kaum etwas, was so geheimnisvoll einen anmuten kann als dieser merkwürdige Löwenblick, der so viel aus sich herausschaut, der herausschaut aus sich etwas von innerlicher Bewältigung, von Bewältigung von entgegengesetzt Wirksamem. Das ist dasjenige, was der Löwenblick nach außen schaut: diese Bewältigung des Herzschlages durch den Atmungsrhythmus in einer schier ganz vollkommenen Weise...

Der Löwe ist eben ganz Brustorgan. Er ist wirklich das Tier, welches in seiner äußeren Gestalt, in seiner Lebensweise das rhythmische System ganz zum Ausdruck bringt. So daß wir wirklich sagen müssen: ...wenn wir am Menschen etwas suchen, was dem Löwen am ähnlichsten ist, so ist es die menschliche Brustgegend, da, wo die Rhythmen sich begegnen, die Rhythmen der Zirkulation und der Atmung.«[20]

Der Löwe ist das Tier der Mitte, weshalb er wohl auch als der König der Tiere angesehen wird. Und so stimmt es zu dem Wesen des Löwen, daß das Motiv der Mitte dieses Tierkreishaus, in dem sich die Ekliptik mit dem Sternbild Löwe auf mittlerer Höhe zwischen Nordpol und Äquator erhebt, durchzieht. In diesen Charakter fügen sich auch die bisher noch außer acht gelassenen Sternbilder ein: Der über der Mitte des Löwen liegende Kleine Löwe ist wie eine Betonung und Verstärkung der Löwenkraft. Über der Wasserschlange steht der Becher, auch Kelch genannt. In ihn wird ein Getränk eingefüllt, und er schenkt es wieder her. Seine Aufgabe ist, zu nehmen und zu geben, eine Mittler-, eine Mittefunktion. Der himmlische Becher neigt sich hinüber zum Sternbild Rabe und zur Jungfrau. Nimmt er den von Noah gekelterten Traubensaft auf – oder den Wein des Dionysos, dessen Zeichen das Sternbild Kentaur trägt?

In früher Zeit hatte der Heil und Unheil bringende Wein eine wichtige Mission für die Bewußtseinsentwicklung der Menschen; später wurden Brot und Wein zum segnenden Sakrament des Christentums. Hier stehen wie prophetische Zeichen dafür der Rabe und der Becher am Firmament. In südlichen Breiten, wo diese Bilder hoch am Himmel stehen, ist ihre Zusammengehörigkeit unverkennbar.

Das Sternbild Sextant, das vom Krebshaus hereinragt, soll später betrachtet werden. Doch das moderne Sternbild Luftpumpe gehört noch in den erkannten Charakter dieses Hauses. Nicolas Louis de La Caille hat es in der Mitte des 18. Jahrhunderts benannt. Hat da der Humor bei der Himmelsgestaltung mitgewirkt? – Die Luftpumpe ist ein technisches Gerät, das Luft einzieht und wieder abgibt. Es atmet gewissermaßen. Seine Funktion ist Nehmen und Geben. Es paßt dadurch vorzüglich an diese Stelle des Himmels, in das Löwehaus, das Haus der Mitte, es könnte nirgends treffender stehen.

VI. Das Haus des Krebses

*Der Riesenkrebs kam an den Himmel als
Zeichen im Tierkreis neben den Löwen. Dorthin
erhob ihn Hera. Es ist die Stelle, wo nach der
Lehre der Sterndeuter die Seelen der Menschen
in niedrigere Regionen hinuntersteigen.
Im Zeichen des Krebses beginnt die
unterweltliche Hälfte des Himmels.*

KARL KERÉNYI

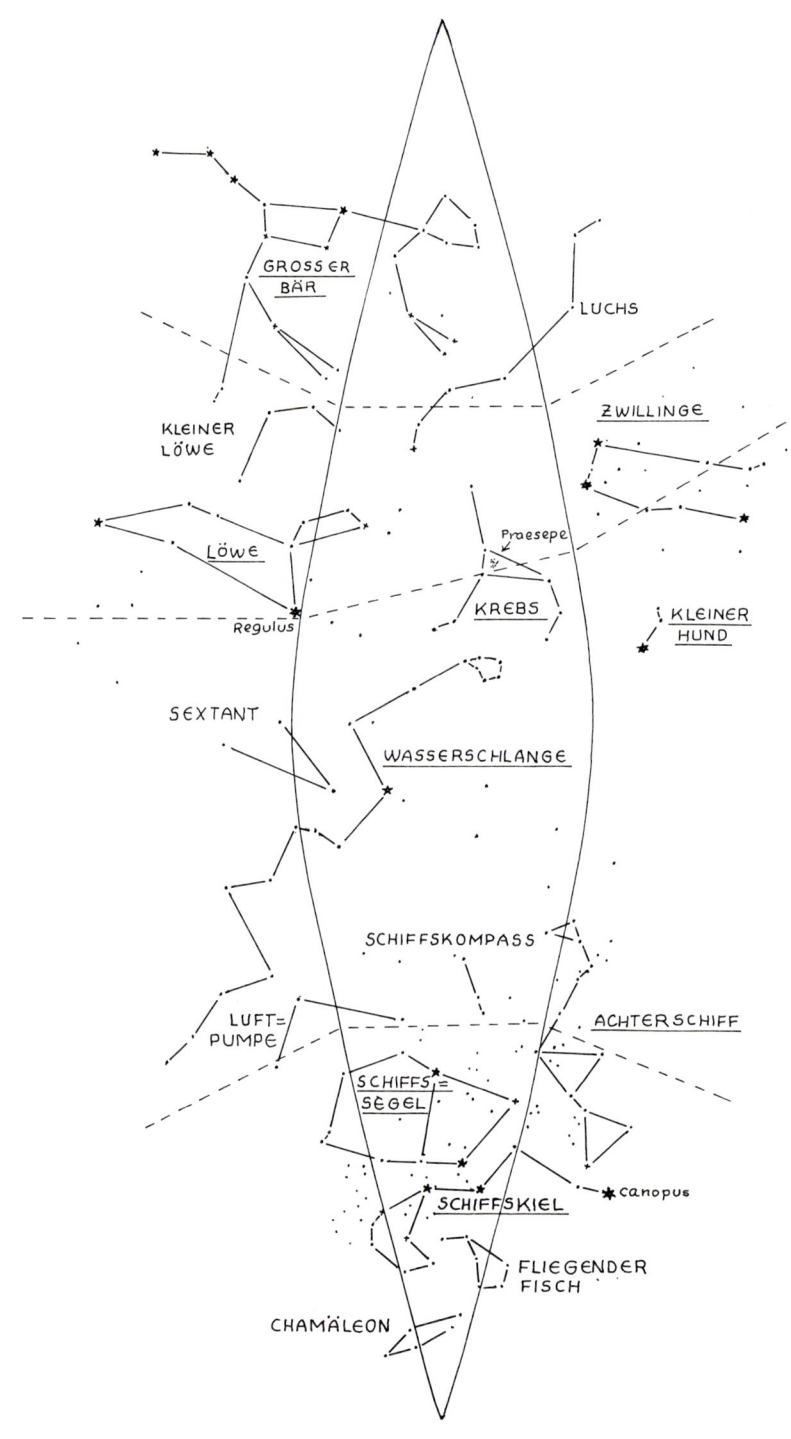

*N*ach den Ausblicken, die die beiden letzten Gebiete eröffneten, liegt es nahe, zu folgern, was im Krebs anzutreffen sein wird. Entsprachen Jungfrau- und Löwe-Region dem Schwanz- und Mittelteil des Großen Bären, so müßte sein Kopf im Haus des Krebses bestimmend sein, denn dieser steht, aus zarten Lichtpunkten gefügt, im Norden dieses Himmelshauses. Und wahrhaftig, es ist so.

Vier mächtige Tiere strecken ihre Köpfe vom Löwe-Gebiet aus herein, im Norden der Große Bär, darunter der Löwe, zwischen beiden der Kleine Löwe. Aus dem Süden reckt die Wasserschlange ihren Kopfteil empor. Und nach der griechischen Sage, die hinter diesem Sternbild steht, hat diese Schlange eine Vielzahl von Köpfen. Man sah hier am Himmel die vielköpfige Hydra von Lerna, die mit ihrem Bruder, dem Hadeshund Kerberos, die Unterwelt zu bewachen hatte. Sie zu bezwingen, war die zweite Tat, die Herakles als Auftrag des Eurystheus zu vollbringen hatte. Diese Aufgabe schien unmöglich, da jedesmal, wenn der Held ihr einen Kopf abschlug, zwei neue aus dem Stumpf herauswuchsen. Nur mit Hilfe seines Neffen Iolaos, der die Wunden der abgeschlagenen Köpfe gleich ausbrannte, konnte Herakles Herr über das Untier werden. Der Heros hatte also gegen wuchernde Köpfe, gegen ein Übermaß an Kopfkräften zu kämpfen. Überdies mußte er sich nebenbei noch eines von der Göttin Hera geschickten gefährlichen Riesenkrebses erwehren. So wird in der Sage ein Zusammenhang zwischen der köpfereichen Schlange und einem Krebs hergestellt.

Am Firmament steht das zierliche Tierkreisbild Krebs zwischen den hereinragenden, mächtigen Sternenköpfen, ihnen seine offenen Zangen entgegenstreckend. Er harmoniert durch seinen eigenen Kopfcharakter mit dieser kopfigen Umgebung, denn sein Inneres ist durch und durch weich und wird von einer harten Schale, seinem starren Panzer, umgeben, wie beim menschlichen Kopf das weiche Hirn durch die harten Knochenschalen geschützt wird. Betrachtet man einen Taschenkrebs (Cancer pagurus) mit seinem flachen, runden Körper auf den acht langen dünnen Beinen, kann man den Eindruck haben, einen Kopf mit Beinen zu sehen. Kopffüßler könnte man ihn nennen. Dieses runde Krebstier ist, mit dem lateinischen Namen Cancer, auf alten Darstellungen des Tierkreises zu finden.

Erst später wandelte sich das Bild des Krebses auf den Sternkarten in die langgestreckte Form des Flußkrebses (Astacus fluviatilis) (s. Dürer). Aber auch dieser hat durch seinen Panzer und zusätzlich noch durch seine sensiblen Wahrnehmungsorgane Kopfeigenschaften.

Das Haus des Krebses hat also durch seine Bilder Kopfcharakter. Und darein fügt sich in überdimensionaler Weise im Süden das Schiffsternbild mit seinen drei Teilen. Auch ein Schiff gleicht bildhaft einem Kopf. Das gerundete Schiff mit seiner harten Außenwand schwimmt auf den Wellen, wie der Kopf des Menschen ruhig auf den Schultern gehalten und durch die Welt getragen wird. So durchzieht das Kopfmotiv dieses ganze Himmelsgebiet.

Bevor die Sternbilder des Krebs-Hauses weiter angeschaut werden, sei eine Zwischenbetrachtung eingefügt, die für den Fortgang der Darstellung von Bedeutung ist. Wir sind bei unserer Wanderung einem künstlerischen Impuls gefolgt, indem wir uns die Richtung von der Gebärde bestimmter Sternbilder weisen ließen, dabei gingen wir der Bewegungsrichtung des Drachen und des Großen Bären nach, die zugleich auch die Richtung des wandernden Frühlingspunktes der Sonne ist. Dem Stand dieses Punktes, den die Astronomen »Widderpunkt« nennen, wird seit alten Zeiten große Bedeutung beigemessen. Die folgenden Ausführungen sollen das Besondere dieses Punktes erklären.

EXKURS: DER FRÜHLINGSPUNKT

Himmelsmechanisch ausgedrückt, ist der Frühlingspunkt der Schnittpunkt zwischen der Ekliptik, also der Tierkreisbahn, und dem Himmelsäquator. Dieser Schnittpunkt verlagert sich durch die Präzession der Erdachse längs der Ekliptik und umrundet diese in 25920 Jahren. Der Zeitraum wird »Platonisches Weltenjahr« genannt, weil schon Plato diese Verhältnisse erkannte und berechnete.[21] Aus der Präzession des Frühlingspunktes folgt, daß der Himmelsäquator und damit auch die Himmelspole ihre Lage zu den Sternen ständig gering ändern. Der Nordpol des Himmels beschreibt einen Kreis um den unter den Sternen nahezu festliegenden Pol der Ekliptik im Sternbild des Drachen.

Das klingt sehr klug, aber es ist schwer, wenn nicht gar unmöglich, das erlebnismäßig zu erfassen. Darum soll versucht werden, die Wanderung des Frühlingspunktes so darzustellen, wie sie sich der Wahrnehmung ergibt: Im Jahreslauf vollzieht sich ein Wechsel von Licht und Finsternis. Tag und Nacht ringen miteinander. Je nachdem, wo man sich auf der Erde befindet, ist dieser Kampf mehr oder weniger wahrzunehmen. Am Äquator sind die Gegensätze nahezu ausgewogen. An den Polen aber siegt zeitweise das Licht, andermal die Dunkelheit. Da gibt es Zeiten, die nur der Nacht gehören, und solche, in denen die Sonne gar nicht untergeht.

Zwei Tage gibt es jedoch im Jahr, an denen die kämpfenden Mächte überall gleich stark sind. Licht und Finsternis sind ausgewogen. Tag und Nacht sind dann für die ganze Erde gleich lang; es sind die Tag- und Nachtgleichen. Diese Tage liegen zu Beginn des Frühjahres und des Herbstes.

In den nördlichen Erdbreiten gewinnt das Licht im Frühjahr den Kampf und wird von dem Tag des Frühlingsbeginnes an stärker und stärker. Im Herbst dagegen hat die Finsternis so an Kraft zugenommen, daß nach dem Tag der Ausgewogenheit, vom »Herbstpunkt« an, die Nacht die Herrschaft immer mehr übernimmt.

Der »Frühlingspunkt« ist also der Moment im Jahr, in dem das Licht auf der nördlichen Erdhälfte seine Siegesbahn betritt. Der Tag überwiegt von diesem Zeitpunkt an mehr und mehr. Die Sonne übernimmt die Führung des Tageslaufes. Bei diesem Sieg steht die Sonne in irgendeinem Tierkreisbild. Ein Tierkreishaus bietet ihr jeweils Gastfreundschaft und Mitwirkung an diesem Geschehen an. Vor diesem Hintergrund erringt die Sonne ihren Sieg.

Was aber ist nun die Verschiebung des Frühlingspunktes am Himmel? Die Sonne durchwandert in einem Jahr den Tierkreis. Nach 365,25 Tagen steht sie wieder an derselben Stelle wie im Vorjahr. So hat es den Anschein. Doch es stimmt nicht ganz. Ihre Stellung zu den Fixsternen ist ein wenig verschoben. Was geschieht da?

Tag für Tag geht die Sonne im Osten auf und wandert gen Westen über den Himmel. Ebenso gehen die Sterne auf, auch das Tierkreisbild, in dem die Sonne gerade steht, nur bleibt es natürlich unsichtbar, weil es überstrahlt wird.

Der Sternenhimmel verändert sich im Laufe eines Jahres. Monat für Monat taucht zur gleichen Stunde ein anderes Tierkreisbild über dem Osthorizont auf. Es ist jeweils der Sonne enteilt. Die Sterne enteilen der Sonne in Richtung des Tageslaufs von Osten nach Westen. Die Sonne läßt sie an sich vorbeiziehen, sie geht, zurückbleibend, eigentlich rückwärts, von einem Himmelshaus zum anderen von Westen nach Osten. Alle zwölf Häuser besucht sie in einem Jahr. Dadurch entsteht der Jahreslauf.

Die Sonne bleibt jedoch nicht nur in dieser Zurückhaltung, sondern macht gleichzeitig Jahr für Jahr einen ganz kleinen Schritt vorwärts. Winzig klein sind diese Schritte. Sie sind so klein, daß sie 25920 Jahre braucht, um mit ihnen den Himmel zu umrunden. So sind drei Bewegungen der Sonne durch das Firmament zu erkennen:

Einmal ihr Tageslauf von Osten nach Westen.

Zum zweiten ihr Jahreslauf durch den Tierkreis von Westen nach Osten, eigentlich ein Rückwärtsgang.

Zum dritten wieder eine winzig kleine Vorwärtsbewegung in Richtung des Tageslaufs.

Die erste Bewegung schenkt den Tag. Die zweite, zurückhaltende Bewegung schenkt das Jahr. Die dritte Bewegung schenkt das schon erwähnte Platonische Weltenjahr.

Anhand jedes beliebigen Tages im Jahr könnte dieses allmähliche Vorrücken im Tierkreis aufgezeigt werden. Da jedoch dem Tag der Frühjahrs-Tag- und Nachtgleiche, jenem Zeitpunkt, an dem das Licht über die Finsternis siegt, eine besondere Bedeutung beigemessen wird, spricht man, stellvertretend für alle anderen Zeitpunkte, von der Wanderung des Frühlingspunktes. Dieser Punkt bewegt sich allmählich durch die Tierkreisbilder. Ein Himmelshaus nach dem anderen öffnet gastlich seine Tore und läßt die Sonne bei sich ihren Sieg im Frühling feiern. 2160 mal wiederholt sich dieser Tag in einem Tierkreisbild, dann wechselt die Sonne ins Nachbarhaus über, verbündet sich mit den dortigen Kräften und strahlt diese sieghaft der Erde zu. Auf eben diesem Weg befinden wir uns mit unserer Himmelswanderung.

Der Verschiebung des Frühlingspunktes wird so große Bedeutung beigemessen, daß ganze Zeitalter nach dem Stand dieses Punktes benannt werden. So leben wir heute im »Fischezeitalter«, denn der Frühlingspunkt liegt zur Zeit im Fische-Gebiet. In nicht ferner Zukunft wird das »Wassermannzeitalter« beginnen.

Es gab auch die früheren Tierkreisbild-Zeitalter; und diese stimmen zeitlich im großen und ganzen mit den großen Kulturepochen der Vergangenheit überein. Wechselte der Frühlingspunkt in ein neues Tierkreisbild über, dann bahnte sich auf Erden eine neue Kulturepoche an.

Aus dieser astronomisch-historischen Tatsache entsteht die Frage, ob eine Wechselbeziehung zwischen Himmelsgestaltung und Erdgeschichte besteht, ob die Kräfte und Stimmungen des jeweils gastlichen Himmelshauses gemeinsam mit den Siegeskräften der Sonne bildnerisch auf die Menschenkultur der Erde einwirken. Daraus ergeben sich zwei Fragen:

1. Ist mit den Sternbildern dem Firmament eine fortlaufende Himmelsgeschichte eingezeichnet?
2. Spiegelt sich diese Himmelsgeschichte in der Erdengeschichte? Wirkt diese in jene hinein?

Wieder im Haus des Krebses

Den schwachleuchtenden hereinragenden Sternenköpfen und dem zierlichen zartschimmernden Hausherrn Krebs im nördlichen Teil steht im Süden die funkelnde Pracht des großen Sternenschiffes gegenüber. Das Himmelsschiff tauchte schon im Löwe-Gebiet auf und ragt auf der anderen Seite zu den Zwillingen hinüber. Hier bei dem Krebs hat es aber seinen eigentlichen Ort. Es füllt die Region im Süden ganz aus mit seinen mächtigen Ausmaßen. Die Griechen und Römer sahen in ihm das Schiff Argo, jenes unter Anleitung der Göttin Athene gebaute wunderbare Fahrzeug, das sogar der Sprache mächtig war. Es trug die Argonauten, die herrlichsten griechischen Helden und Göttersöhne der vortrojanischen Zeit, durch viele Gefahren nach Kolchis, um aus jenseitigen mythischen Gefilden das Goldene Vlies heimzuholen. Der römische Dichter MANILIUS preist es hymnisch:

… Nobilis Argo,
In caelum subducta mari quod prima cucurrit,
Emerita, et magnis tandem defuncta periclis:
Servando dea facta deos.[22]

… Die erhabene Argo,
zu den Gestirnen entrückt vom Meer, das sie früher durcheilte,
ausgedient jetzt und endlich befreit von großen Gefahren:
Göttin geworden im Dienste der Götter.

Bei einem neuzeitlichen Versuch, die Sternbildernamen biblisch umzudeuten, wurde aus dem Himmelsschiff die Arche Noah. In der Mythologie verschiedener Völker taucht immer wieder das Bild des Schiffes, das eine neue Daseinsstufe ermöglicht, auf. Im Märchen ist es das Schiff, »das zu Land und zu Wasser fahren kann«. In den deutschen Volksmärchen der Brüder Grimm ist in den Märchen »Die goldene Gans« und »Der Vogel Greif« die Fertigstellung und Beherrschung eines solchen Schiffes die Bedingung, um die Königstochter zu gewinnen. Man kann also mit Recht von einem Urbild sprechen, das durch die folgende Deutung einer nordischen Mythe an Transparenz gewinnen soll.

Im hohen Norden gab es einst das Schiff Skidbladnir. Es gehörte dem Gott Freyr. Dieser stammte ursprünglich aus Wanenheim, dem Nachtbereich. Doch er wuchs als Friedensunterpfand bei den Asen, den Göttern des Lichtes auf. So war er ein Bürger zweier Welten, des Nachtbereiches und der Tageswelt. Der Mythos erzählt: »Freyr hat ein Schiff, Skidbladnir, das ihm die Zwerge gebaut haben. Ein besseres Schiff gibt es nicht, und es ist so groß, daß alle Asen mit Waffen und Rüstung auf ihm Platz finden könnten. Die Winde sind ihm immer günstig, wenn es in See sticht, und Freyr kann mit ihm segeln, wohin es ihn gelüstet, zu Land und zur See. Es ist aus vielen kleinen Teilen so kunstvoll gefertigt, daß er es zusammenfalten kann wie eine Decke und in die Tasche stecken.«[23]

Rudolf Steiner erklärt in einem 1910 in Norwegen gehaltenen Vortrag dieses mythische Bild: »Ein merkwürdiges, wunderbares Schiff steht... dem Freyr zur Verfügung. Ausgebreitet kann es werden ins Unermeßliche, und zusammengefaltet kann es werden, so, daß es in den kleinsten Kasten hineingeht. Was ist nun dieses Wunderschiff? Wenn Freyr die Macht hat, die hineinträgt die hellseherischen Kräfte in die Gebiete, die sich auf dem physischen Plan ausleben, dann muß es das sein, was ihm ganz besonders eigen ist: die Abwechslung zwischen Tagwachen und Nachtschlafen. Und wie die Menschenseele sich während des Schlafens bis zum Wiederaufwachen ausbreitet im Makrokosmos, so breitet sich das Wunderschiff aus und wird dann wieder zusammengefaltet in die Gehirnfalten, um dann während der Tageszeit in dem kleinsten Kasten – dem Menschenschädel – untergebracht zu werden. Das alles finden Sie in einer wunderbaren Weise in dieser nordisch-germanischen Mythologie, in diesen Bildercharakteren.«[24]

Diese Deutung scheint bildhaft in den Sternen des Krebs-Gebietes zu finden zu sein. Da steht das Schiff Skidbladnir in verschiedenen Stadien am Himmel; auseinandergebreitet in kosmischer Größe und zusammengefaltet in Kopfform. Bilder für Nachtschlafen und Tagwachen.

Als der Frühlingspunkt der Sonne ins Haus des Krebses eintrat (8740 v. Chr.), war auf Erden die große Wasserkatastrophe, die in den Mythen vieler Völker ihren Niederschlag fand, vorüber. Atlantis war untergegangen. Am Himmel steht das große Schiff. Auf Erden klärte sich die feucht-trübe Atmosphäre. Der Regenbogen leuchtete auf, der Noah zum Zeichen des neuen Gottesbundes wurde.

Entsprechend klärte und schied sich das träumend hellsehende Bewußtsein der Menschen in Schlafen und Wachen. Diese Entwicklung macht jedes Kind zu Beginn seines Erdenlebens durch. Der Säugling lebt noch im Schlaf- und Traumbewußtsein. Erst allmählich entwickelt sich im Kind der Wechsel von Wachen und Schlafen zugunsten des Tagesbewußtseins. Das kleine Kind sieht die Welt noch nicht so klar umrissen und gegenstandsgetreu wie der Erwachsene. Das verraten Kinderzeichnungen. Sehr früh wird der Mensch dargestellt. Aber wie sieht der aus?

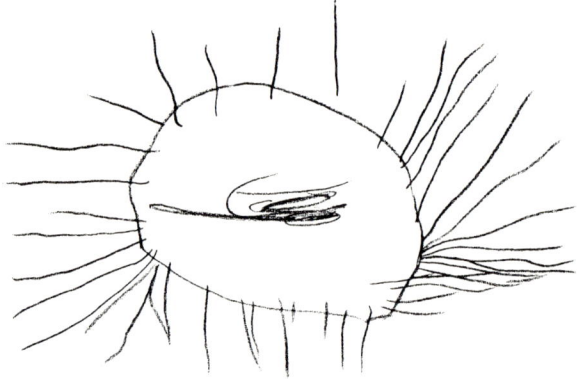

»Erst war es ein Mensch, jetzt ist es eine Sonne«, so kommentierte der kleine dreijährige Künstler sein Werk. Ob Mensch, ob Sonne, das blieb für den kleinen Maler eine Weile ein und dasselbe, bis sich seine Menschenbilder in die für Kinderzeichnungen allgemein üblichen zweibeinigen Kopffüßler wandelten. Überall auf der Welt malen Kinder auf diese Weise ihre Bilder. Sie entsprechen dem kindlichen Bewußtsein. Diesem Bewußtsein erscheint der Mensch als krebsähnlicher Kopffüßler.

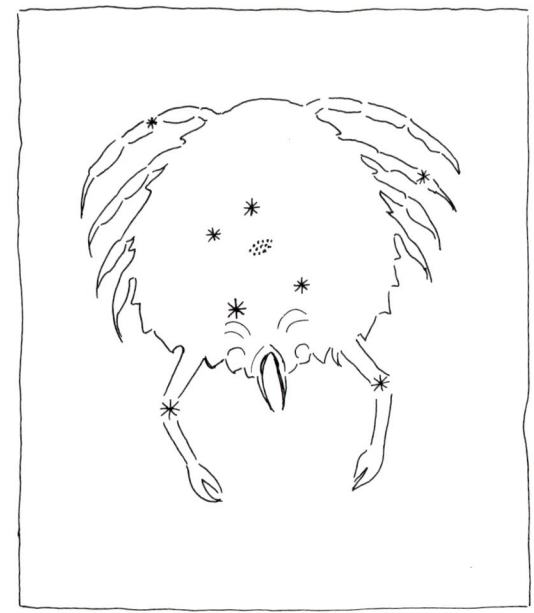

Krebs,
nach As Sufi

Andersherum ausgedrückt weist das Bild des Krebses auf einen frühkindlichen Zustand hin, der noch nahe an der Geburt des Menschen ist. Das bestätigt auf besondere Weise noch das Sternbild Krebs, in dem ein Geburtsmotiv eingezeichnet ist. Der kleine Sternhaufen inmitten des Bildes heißt Praesepe. Dieser lateinische Name ist allgemein bekannt und vertraut durch den Text eines alten Weihnachtsliedes:

> In dulci jubilo,
> nun singet und seid froh!
> Unsres Herzens Wonne
> leit in praesepio
> und leuchtet als die Sonne
> matris in gremio.
> Alpha es et O.

Praesepe, die Krippe, war das von den Engeln verkündete Zeichen, an dem die Hirten das neugeborene Gotteskind erkennen sollten: »Und das sei euch das Zeichen: Ihr werdet ein Kind finden, in Windeln gewickelt und in einer Krippe liegend.« *(Lukas 2, 12)* So steht mit dem Krebsbild eine kleine lichte Wiege am Himmel.

Auch Märchen sprechen die urbildhafte Verbindung zwischen Krebs und Geburt aus. In der Urfassung des deutschen Volksmärchens »Dornröschen« (Brüder Grimm) kündigt ein Krebs die Geburt der Königstochter an:

»Ein König und eine Königin kriegten gar keine Kinder, und hätten so gern eins gehabt. Einmal saß die Königin im Bade, da kroch ein Krebs aus dem Wasser ans Land und sprach: ›Dein Wunsch wird bald erfüllt werden und du wirst eine Tochter zur Welt bringen.‹ Das traf auch ein…«

Die Königin sieht den Krebs aus dem Wasser ans Land kriechen. In dieser Imagination schaut sie ihre zukünftige Tochter, die sie, wie es der Krebs ihr vorführte, zur Welt, das heißt, vom Wasser ans Land bringen wird. Jede Geburt ist ein Aus-dem-Wasser-ans-Land-Gehen, denn vor der Geburt lebt der Mensch im lebenspendenden, tragenden Fruchtwasser. »Da kroch ein Krebs aus dem Wasser ans Land…«[25]

Das ist die Situation, die mit dem Haus des Krebses dem Himmel eingezeichnet ist. Wo ein Schiff ist, da ist auch Wasser. Der Krebs jedoch ist offensichtlich an Land gegangen, denn er steht den Landtieren Bär und Löwe gegenüber. Das Schiff steht still, es scheint vor Anker gegangen zu sein. Und selbst ein Fisch versucht, sich aus seinem Element zu erheben. Das von Key-

ser benannte Sternbild Fliegender Fisch fügt sich sinnvoll in die Himmels-
szene ein.

Geburtsgeheimnisse leuchten aus diesem Himmelshaus. Ein Kind lebt
noch mehr im Himmel als auf der Erde. Seelennahrung ist ihm die Bildspra-
che der Märchen und Mythen aus uralter Zeit. Auch der Krebs am Himmel
scheint den Wesen der Vergangenheit zu lauschen. Er streckt ihnen seine
Zangen und Fühler weit geöffnet entgegen. Und drei Köpfe raunen ihm
etwas zu, oben der Bär, in der Mitte der Löwe und unten die Schlange. Die
drei Tiere urständen in den Gebieten, die die Sonne, bzw. ihr Frühlingspunkt, vorher durchzog.

Diesem himmlischen Urbild entspricht das physische Tier. Krebse haben
sensible Wahrnehmungsorgane. Zwei Fühlerpaare ragen aus dem Kopf
heraus und ertasten, ständig sich bewegend, die Umwelt. Die Facettenau-
gen sitzen auf beweglichen Stielen und können sich rundherum, sogar
nach hinten, wenden. So hat der Krebs ein umfassendes, aber sicher nicht
scharf konturiertes Blickfeld. Er ist beim Wahrnehmen eigentlich außer
sich. Er ist ein rückwärts orientiertes Tier. Der Flußkrebs hat zwar zarte
Beine zum Vorwärtslaufen, doch leisten die nicht viel. Will er forteilen, dann
bringen ihn starke, kopfwärts gerichtete Schläge mit dem Schwanz nach
hinten. Rückwärtsgehen hat eine andere Qualität als Vorwärtsschreiten.
Beim Ertasten der Welt hinter dem Rücken fühlt man seinen Kopf über sich
hinauswachsen, als würde man unsichtbare Antennen ausstrecken. Eine
besondere Art von Fühlen entwickelt man dabei, ein waches Träumen. Der
Krebs ist ein Bild dafür. Auch ein Kind ist mit seinem Bewußtsein noch
weitgehend außer sich. Das Insichsein muß es erst im Laufe seines Lebens
lernen.

Die urindische Kultur

Als der Frühlingspunkt der Sonne das Haus des Krebses erreichte, stand
auf der Erde die Wiege der Menschheit bereit, das fruchtbare, schöne Land
Indien. Und während die Frühlingssonne das Gebiet des Krebses durchzog,
erblühte die urindische Kulturepoche. Diese erste nachatlantische Kulturzeit hinterließ keine irdisch greifbaren Funde, doch die spätere Entwicklung
Indiens hat ihre Wurzeln in dieser uralten Kultur. Indiens Tempel und heilige Statuen bergen Zeugungs- und Geburtsmysterien, die Götterbilder haben viele Arme und mehrere Köpfe.

Arjuna sprach
Die Götter schau' ich all in deinem Leibe,
O Gott, so auch die Scharen aller Wesen,
Brahman, den Herrn, auf seinem Lotussitze,
Die Rishis alle und die Himmelsschlangen.
Mit vielen Armen, Bäuchen, Mündern, Augen,
Seh ich dich, – allerwärts endlos gestaltet;
Nicht Ende, Mitte, noch auch Anfang seh' ich
An dir, du Herr des Alls, du Allgestalt'ger!...

(11. Gesang 15–16)

Der Erhabene sprach
... Nur wer mich ganz allein verehrt, der kann
   mich schaun in solcher Form,
Kann mich erkennen ganz und gar und
   endlich eingehn auch in mir.
Wer handelt so, wie's mir gefällt, mich ehrt,
   mich liebt, die Welt verschmäht,
Und allen Wesen freundlich ist, der kommt
   zu mir, o Pându-Sohn!

(11. Gesang 54–55)

Diese Zeilen aus der »Bhagavadgita«, dem altindischen »Gesang des Erhabenen« drücken die Stimmung dieser Kultur aus. Die Welt war für die Menschen damals erfüllt von göttlichen Wesen in vielgestalteter Form. Das rein Irdische galt ihnen nichts, war Illusion, Maja. Ganz dem Einfluß göttlicher Mächte hingegeben, war ihr Leben gelenkt und getragen von der Sehnsucht nach der übersinnlichen Welt, die sie als ihren Ursprung kannten. Dorthin wollten die Menschen zurückkehren, wollten wieder in die Gottheit eingehen. So schauten sie in ihre geistige Vergangenheit zurück, um Impulse für ihr Leben zu erhalten. Sie lebten geistgetragen wie Kinder und nährten sich als Jäger und Sammler von dem, was die Erde schenkte.

Dem Himmel ist mit den Sternbildern des Krebsgebietes die gleiche Tendenz eingeprägt wie sie in dieser ersten Kulturepoche lebte: Die Menschheit war in ihrem kindhaften Zustand, am Himmel sind Kindheitsmotive zu finden. Die vielarmigen indischen Göttergestalten entsprechen dem Krebs mit seinen Beinen, Zangen und Fühlern. Die Vielköpfigkeit haben die Götterbilder mit der Wasserschlange gemeinsam. Die Rückwendung der Menschen in ihre geistige Vergangenheit zeigt am Himmel entsprechend der Krebs, der sich den Boten der Vergangenheit entgegen wendet. Auch das Schiff ist rückwärts gerichtet, es hat Kurs gen Osten, dorthin weist sein Schiffskiel, er wendet sich der astronomischen Vergangenheit zu.

Diese bisher gefundene Tendenz wird noch durch zwei weitere, bisher übergangene neuzeitliche Sternbilder unterstützt. Da ist zunächst der Sextant. Er ragt aus dem Krebs-Haus zum Löwen hinüber. Ein Sextant ist ein Instrument, das durch Anvisieren von Himmelslichtern, von Sternen, den Erdstandpunkt ermittelt. Der Himmel wird befragt für das Stehen auf der Erde. Das entspricht der religiösen Haltung des altindischen Menschen.

Das zweite moderne Sternbild ist der Schiffskompaß. Ein Kompaß reagiert auf eine geheimnisvolle, irdische, sinnlich nicht wahrnehmbare Kraft, den Magnetismus. Diesen undurchschaubaren Kräften der Erde vertraut man blindlings, wenn man seine Schritte nach der Kompaßnadel lenkt. So verhielt sich der altindische Mensch der Erde gegenüber, indem er vertrauensvoll sich von ihr beschenken ließ.

Muß man nicht staunen über die Bedeutung, die die neuzeitlichen Sternbilder durch ihre Stellung am Himmel bekommen? Sie stammen nicht aus alter Mysterienweisheit. Doch müssen ihre Benenner besondere Fähigkeiten gehabt haben.

VII. Das Haus der Zwillinge

. . . Ist es ein lebendig Wesen,
das sich in sich selbst getrennt;
sind es zwei, die sich erlesen,
daß man sie als eines kennt? . . .

JOHANN WOLFGANG VON GOETHE

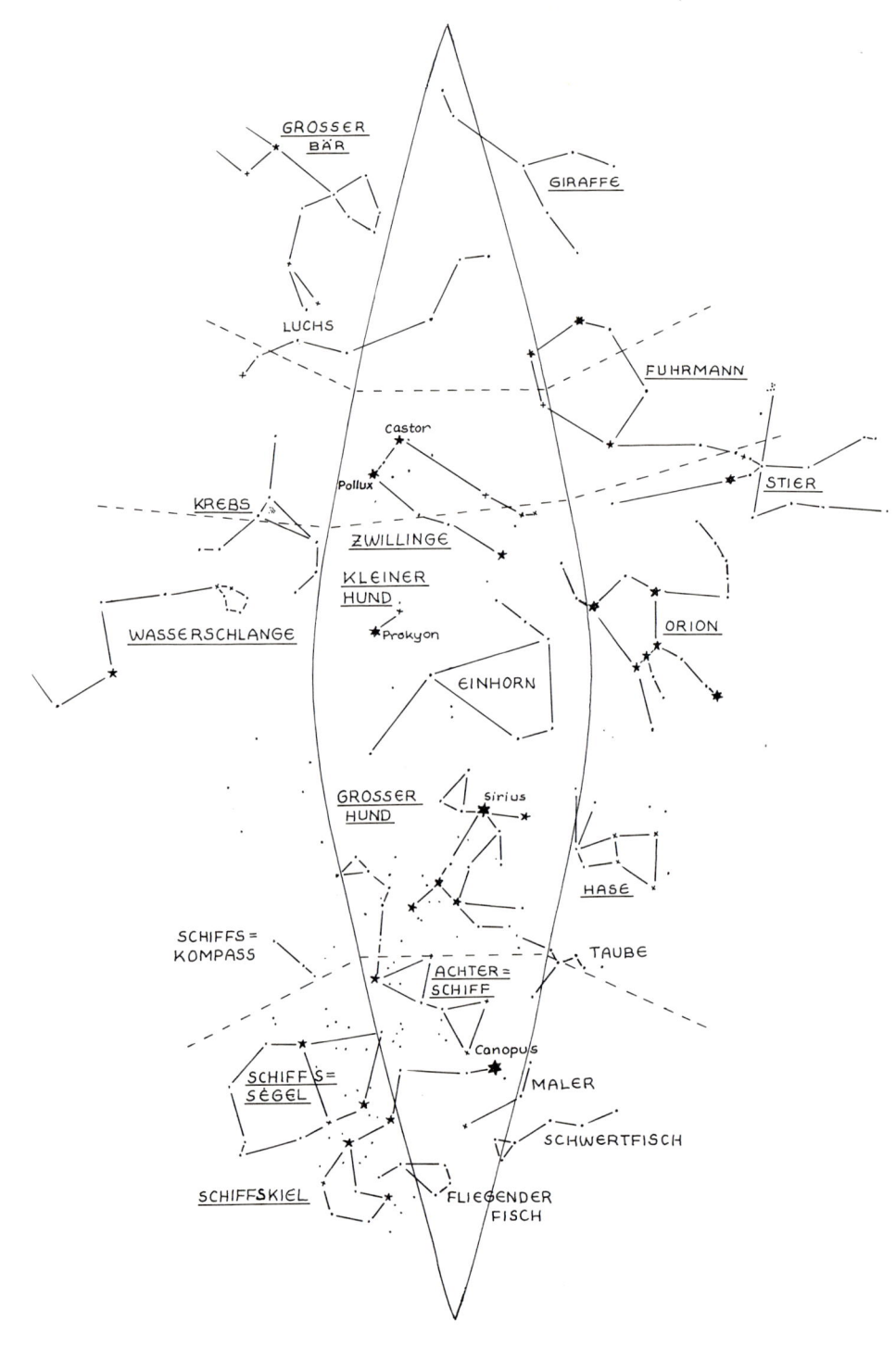

*Z*wei Himmelsquadranten sind inzwischen betrachtet worden, der Himmel ist halb umrundet. Nun führt der Weg in die zweite Hälfte des Firmamentes, in die Gebiete, deren Gegenüber bereits bekannt sind. Alle sechs bisher angeschauten Himmelshäuser wurden vom Drachen und von den zwei mächtigen Schlangen durchzogen. An der gegenüberliegenden Seite des Himmels sind weder Schlangen noch Drachen zu finden. Diese beginnt mit dem Gebiet der Zwillinge.

Dem Schützen gegenüber stehen die Zwillinge, die eng aneinandergelehnt als Knaben oder Jünglinge dargestellt werden. Eindeutige, zielgerichtete Bewegungen zeigte das Haus des Schützen. Der Charakter der Zwillinge ist dagegen zwei-deutig. Als Doppelgestalt treten sie auf, zwei gleichwertige und doch voneinander verschiedene Wesen. Aus der Einheit wird die Zweiheit. Der Große Hund und der Kleine Hund gehören zu ihnen, als Gegensätze durch ihre unterschiedliche Größe kenntlich. Zwischen den Hunden steht zart schimmernd das Einhorn. Es ist ein spätbenanntes Sternbild, doch voll geheimnisvoller Aussage. Und im Süden des Hauses prangt die funkelnde Pracht des Achterschiffes.

Die Zweiheit und Gegensätzlichkeit ist der Charakter dieses Himmelshauses. Von dieser Tendenz ist das ganze Gebiet durchdrungen. Die Zwillinge sind das Tierkreissternbild, das dem Polarstern räumlich am nächsten ist. Es ragt am weitesten nach Norden. Zu Häupten der Zwillinge sind kaum Sterne zu sehen, nur einzelne sehr lichtschwache. Kein anderes Tierkreishaus ist im Norden derart dunkel und sternenarm, ja man kann sagen, daß dies überhaupt der finsterste Winkel des Himmels ist. Im Süden dagegen, wie könnte es anders sein, strahlen die allerhellsten Sterne, die am Firmament zu finden sind: Der Sirius im Großen Hund und der Canopus im Schiff. Dem dunklen Norden steht der strahlende Süden gegenüber.

Und in diese Gegensätze des Hauses fügen sich die hauseigenen Sternbilder ein. Der Große Hund mit dem hellen Sirius steht im Süden, der Kleine Hund mit dem nicht ganz so hellen Prokyon hält sich nördlicher. Auch bei den Zwillingen steht der strahlende Pollux südlicher als der milder leuchtende Castor. Diese beiden Kopfsterne haben ihre Namen von den Dioskuren, dem berühmten griechischen Zwillingspaar. Obgleich sie Zwillinge waren, hatten sie verschiedene Väter. Castor war sterblich und Pollux, als Sohn des Zeus, unsterblich. Als Castor zu Tode kam, tröstete Zeus seinen Sohn Pollux mit dem Versprechen, daß beide gemeinsam abwechselnd einen Tag im Himmel und einen Tag im Reich der Schatten weilen dürfen, auf ewig vereint. Und endlich versetzte Zeus sie miteinander an den Himmel, Pollux der lichterfunkelnden und Castor der lichtarmen Seite zu.

Im Hause des Krebses waren Geburtsmotive und frühkindliche Stimmung zu finden. Die Zwillinge dagegen sind im Knabenalter. Bei den zwei Knaben sind die zwei Hunde. Der Hund stammt nicht aus freier Wildbahn. Er ist vom Menschen gezähmt und gezüchtet und zum Haustier geworden. So stehen gezüchtete Tiere hier am Himmel.

Und zwischen diesen beiden gezüchteten Tieren steht in der Mitte des Hauses zartschimmernd das Einhorn. Es ist ein Fabeltier, ein Urbild. Schreckliche Dinge werden von ihm erzählt, seine Wildheit bedroht den Menschen, wird es aber gezähmt, so ist es sanft und fromm, ein Bild der Reinheit. Wie dieses unheilstiftende Tier zu bändigen ist, erfahren wir aus dem Märchen »Das tapfere Schneiderlein«:

»Das Schneiderlein verlangte von dem König die versprochene Belohnung, den aber reute sein Versprechen, und er sann aufs neue, wie er sich den Helden vom Halse schaffen könnte. ›Ehe du meine Tochter und das halbe Reich erhältst‹, sprach er zu ihm, ›mußt du noch eine Heldentat vollbringen. In dem Wald läuft ein Einhorn, das großen Schaden anrichtet, das mußt du erst einfangen.‹ ›Vor dem Einhorn fürchte ich mich noch weniger als vor zwei Riesen; siebene auf einen Streich, das ist meine Sache.‹ Er nahm sich einen Strick und eine Axt mit, ging hinaus in den Wald und ließ abermals die, welche ihm zugeordnet waren, außen warten. Er brauchte nicht lange zu suchen, das Einhorn kam bald daher und sprang geradezu auf den Schneider los, als wollte es ihn ohne Umstände aufspießen. ›Sachte, sachte‹, sprach er, ›so geschwind geht das nicht‹, blieb stehen und wartete, bis das Tier ganz nahe war, dann sprang er behendiglich hinter den Baum. Das Einhorn rannte mit aller Kraft gegen den Baum und spießte sein Horn so fest in den Stamm, daß es nicht Kraft genug hatte, es wieder herauszuziehen, und so war es gefangen. ›Jetzt hab ich das Vöglein‹, sagte der Schneider, kam hinter dem Baum hervor, legte dem Einhorn den Strick erst um den Hals, dann hieb er mit der Axt das Horn aus dem Baum, und als alles in Ordnung war, führte er das Tier ab und brachte es dem König.«

»Und als alles in Ordnung war...«, heißt es. Dem Einhorn ist äußerlich nichts geschehen. Sogar sein Horn wird ihm erhalten, es wird aus dem Baum wieder herausgehauen. Offenbar läßt es sich aber nach der Prozedur willig zum König führen. Es ist gezähmt. Die schadenstiftende Wildheit ist »in Ordnung gebracht«. Mit dieser Tierzähmung kommt das Schneiderlein der Königstochter, der begehrten Jungfrau, einen Schritt näher.

Seit alter Zeit wird das Einhorn in Verbindung mit einer Jungfrau gesehen. Die Menschenseele, die in dem Bild der Jungfrau erscheint, ist es, von der es sich zähmen läßt.

Der »Physiologus«, das antike Naturkundebuch aus dem zweiten nachchristlichen Jahrhundert, in dem Fabeltiere genauso »wissenschaftlich« wie alle anderen Tiere beschrieben werden, schildert das Einhorn folgendermaßen:

»Es ist ein kleines Tier wie ein Böckchen, friedlich ist es und ganz sanft, doch der Jäger kann ihm nicht nahe kommen, weil es gar so stark ist. Ein Horn hat es mitten auf der Stirn. Wie jagt man es nun? Eine reine Jungfrau setzt man ihm in den Weg, und es springt ihr in den Schoß, und sie streichelt das Tier und führt es in den Palast des Königs.«[26] Die eigene Seele ist es demnach, die die Wandlung der Tierheit bewirkt. So ist das Einhorn das Urbild der Zähmung und paßt zu den Hunden, den Zuchttieren, die am Himmel stehen.

Die Zähmung und Züchtung der Tiere ist eine Fortsetzung der Schöpfung durch den Menschen. Der Mensch wird zum Mitschöpfer und bringt die Welt »in Ordnung«. Er wird in gewisser Weise dem Schöpfergott ebenbürtig und macht sich die Erde untertan.

Die urpersische Kulturepoche

Während der Frühlingspunkt der Sonne bei den Zwillingen weilte, begann sich auf Erden die urpersische Kulturepoche zu entfalten. Auch von dieser Kultur blieben aus ihrer Blütezeit keine Zeugnisse erhalten, doch lebt die Menschheit heute noch von den Früchten dieser Zeit. Die spätere persische Religion, deren Lehre in den Gathas des Zarathustra (um 600 v. Chr.) in dem Avesta überliefert wurde, hatte ihre geistigen Wurzeln und Quellen in dieser uralten Epoche. Diese Gesänge künden von dem Geist, der die alte Kultur beseelte:

Und ich will reden
Von den beiden Geistern
Im Urbeginn der Welt;
Von denen der Heilige
Also sprach zum Argen:
Nicht stimmen unsere Lehren,

Unsere Willensentschlüsse,
Unsere Seelen in irgendeiner
Harmonie zusammen,
Nicht unsere Worte,
Nicht unsere Taten,
Nicht all unsere Weisheiten.
Und immer arbeitet
Mir entgegen der Urverderber.
Doch seine bösen Absichten
Suche ich wieder gut zu machen
Durch die Kraft der Wahrheit,
O Ahura Mazda!
Gerechter Ausgleich komme zu mir,
Sei mir Stütze und Halt,
Bestimme jenem den Untergang
Durch den Geist des Guten.[27]

Die Menschheit kam der Erde näher. Die Menschen nahmen die äußere Welt nicht nur ernst, sie ergriffen und gestalteten sie. Ihnen standen noch magische Kräfte aus der geistverbundenen Vergangenheit zur Verfügung, die verwandelnd in die Natur einwirken konnten. Die alten Perser verehrten das hohe Sonnengottwesen Ahura Mazda oder Ormuzd, als dessen Kleid sie die äußere Natur ansahen. Ihm zu dienen und ihn zu verehren, hieß, die Natur zu pflegen und zu verwandeln. Aus Wildgewächsen wurden damals Nahrungspflanzen gezüchtet; auch unser Getreide stammt aus dieser Zeit. Wilde Tiere wurden zu Haustieren gezähmt und neue Arten entwickelten sich. Doch mit dem Eintauchen in die Erdenwelt begegneten die Menschen auch den Widersachermächten.

Dem Lichtgott Ahura Mazda stand der Gott der Finsternis Angra Manju oder Ahriman, der Urverderber entgegen. Die Menschen erlebten sich im Kraftfeld von Gegenmächten. Sie lernten die Zweiheit, die Gegensätze, kennen, wie es die erwähnte 10. Gatha ausspricht.

Ein Spruch,[28] der als altpersisch gilt, bringt die Stimmung jener Kulturströmung, die die zweite nachatlantische Kulturepoche auf der Erde entstehen ließ, zum Ausdruck:

Trage die Sonne auf die Erde.
Du Mensch bist zwischen Licht
Und Finsternis gestellt.
Sei ein Kämpfer des Lichtes,
Liebe die Erde
Wie einen leuchtenden Edelstein.
Verwandle die Pflanzen,
Verwandle die Tiere,
Verwandle dich selbst.

Was auf der Erde in der urpersischen Kulturepoche lebte und wirkte, das ist
mit den Sternbildern des Zwilling-Hauses dem Firmament eingeschrieben:
Der Mensch wird aus der Führung des Himmels, in den Schlangen und Drachen gehören, entlassen und betritt bewußt die Erde. Er beginnt, die Erde zu
pflegen, aber er rechnet noch mit den Kräften, die ihm vom Kosmos zuströ-
men. Das Schiff am Himmel ist noch in Sichtweite. Als die Frühlingssonne
bei den Hunden am Himmel stand, erblickten auf Erden die ersten Hunde
das Tageslicht.

Die Gegensätze von Licht und Finsternis, von Gut und Böse, mit denen
die Menschen zu ringen haben, sind dem Himmel eingezeichnet durch Sternenpracht im Süden und Sternenmangel im Norden. Dazwischen stehen die
Zwillinge, die Knaben, die den Kleinkindjahren entwachsen sind und tat-
kräftig sich der Welt zuwenden können. Sie sind in dem lernfähigsten Alter,
wie das urpersische Volk, dem die Weltenführung einen großen Lehrer
sandte.

»Der Führer der urpersischen Geisteskultur, der von jenem Hüter des
Sonnenorakels dem in Rede stehenden Volke gegeben wurde, kann mit
demselben Namen bezeichnet werden, welchen die Geschichte als Zarathustra oder Zoroaster kennt. Nur muß betont werden, daß die hier gemeinte
Persönlichkeit einer viel früheren Zeit angehört, als die ist, in welche die
Geschichte den Träger dieses Namens setzt. Doch kommt es hier nicht auf
die äußere geschichtliche Forschung, sondern auf Geisteswissenschaft an.
Und wer an eine spätere Zeit bei dem Träger des Zarathustra-Namens denken muß, der mag den Einklang mit der Geisteswissenschaft darin suchen,

daß er sich einen Nachfolger des ersten großen Zarathustra vorstellt, der dessen Namen angenommen hat und im Sinne von dessen Lehre wirkte.«[29]

Dieses Zitat Rudolf Steiners macht die Problematik deutlich, wie es überhaupt möglich ist, Kenntnisse von diesen frühen Kulturepochen zu erlangen. Rudolf Steiner hatte als Geistesforscher Erkenntnismöglichkeiten, die nicht jeder nachvollziehen kann. Doch es ist wahrzunehmen, daß in dem Land und in dem Volk, wo einmal die gewaltigen Urimpulse einer Menschenkultur ergriffen wurden, diese Tendenz durch die Jahrtausende die Stimmung und Lebenshaltung der Menschen weitertrug.

Ein Gotama Buddha konnte nur in einem Land, in dem einst die urindische Kultur blühte, seine Lehre verwirklichen. Andrerseits ist der Buddhismus für den heutigen Forscher eine Möglichkeit, Zugang zu der Geisteshaltung der Urinder zu finden. Entsprechend wurzelte die Lehre des der Geschichte bekannten Zarathustra in dem Geistesboden, den der nur in der Legende zu findende Vorgänger einst bereitete.

Er war der Urlehrer, der die »schulfähig« gewordene Menschheit in der urpersischen Kulturzeit zur Erdentüchtigkeit und Gottergebenheit erzog. Dieser Impuls ist in den Lehren des geschichtlichen Zarathustra wiederzufinden und kann wiederum den Blick öffnen für die Geisteshaltung der urpersischen Kulturträger.

Eine weitere Möglichkeit, Zugang zu dieser frühen Geschichte der Menschheit zu finden, sehe ich in den Bildern des Sternenhimmels, mit denen offenbar die Menschenentwicklung dem Firmament eingezeichnet ist.

Diese Hypothese ist wohl noch einigermaßen akzeptabel, solange es um die ptolemäischen, aus alter Mysterienweisheit stammenden Sternbilder geht. Fragwürdig bleiben die in der Neuzeit hinzugefügten Bilder.

Doch auch in dem Haus der Zwillinge fügt sich das von Nicolas Louis de La Caille benannte Sternbild Maler, das einen Menschen zeigt, der den Pinsel ergreift und eine neue Welt schafft, der Mitschöpfer ist, frappierend passend in die Umgebung ein.

VIII. Das Haus des Stieres

Wer Lebendiges will verstehen,
muß ins Land des Todes gehen.
CHRISTIAN MORGENSTERN

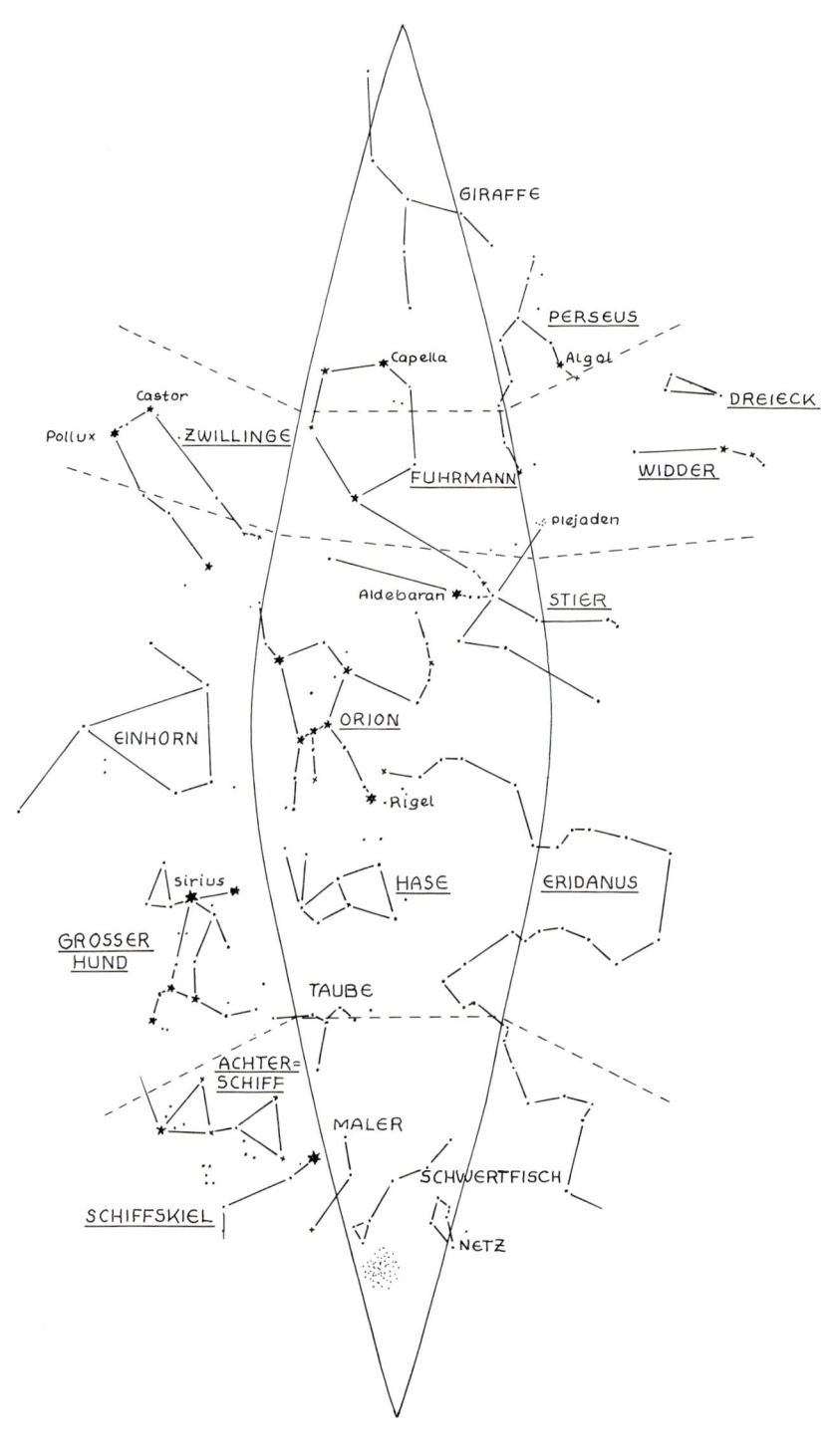

GIRAFFE

PERSEUS

Capella · Algol

DREIECK

Castor

Pollux · ZWILLINGE

WIDDER

FUHRMANN

Plejaden

Aldebaran · STIER

ORION

EINHORN

Rigel

HASE · ERIDANUS

Sirius

GROSSER HUND

TAUBE

ACHTER= SCHIFF

MALER

SCHWERTFISCH

SCHIFFSKIEL

NETZ

*D*as Haus des Stiers steht dem des Skorpions gegenüber. Waren es dort die giftspeienden Drachen- und Schlangenwesen und der lichtscheue, aus dem Versteck mit tödlichem Gift wirkende Skorpion, so ist es hier der blutvolle, ungebärdige Stier, dessen Kraft und Stärke bezwungen werden muß. Todeskräfte drohen im Haus des Skorpions, in dem des Stiers dagegen werden überschäumende Lebenskräfte zur Gefahr. Doch sind auch hier zwei Helden zur Stelle, die die Gefahr zu bannen scheinen: Orion, der strahlende Himmelsjäger, und Fuhrmann, der Wagenlenker.

Standen auf der anderen Himmelsseite die Helden eng beieinander, Kopf auf Kopf, und wurden durch die Tiere von außen her bedrängt, so verhält es sich hier genau umgekehrt. In der Mitte des Hauses schnaubt der wilde Stier und von außen her halten ihn die beiden Bezwinger im Zaum. Die beiden himmlischen Antipoden-Gebiete verhalten sich zueinander fast wie Spiegelbilder. Die aus Sternen geformten Heldengestalten entsprechen sich überkreuz. So stehen sich einerseits Orion und Herkules, andererseits Fuhrmann und Schlangenträger gegenüber.

Der Fuhrmann, auch Zügelhalter genannt, heißt im Griechischen Heniochos (henia – Zügel), Ophiochos (ophis – Schlange) der Schlangenträger. Lautlich erklingt hier ein deutliches gemeinsames Element, das ebenso in der verblüffenden Ähnlichkeit der Sternbilder-Form sichtbar wird; diese ist jeweils als ein geschlossenes Viereck gebildet, in dem nicht leicht eine Menschengestalt zu erkennen ist. Der Schlangenträger mit seinen schwachleuchtenden und schwer zu entdeckenden Sternen ist weit ausgedehnt, der Fuhrmann dagegen ist konzentrierter, mit hellen, gut erkennbaren Sternen.

Ganz analog verhalten sich die beiden anderen Heldenfiguren. Hellstrahlend und prächtig fällt der Orion mit seinen drei Gürtelsternen schnell ins Auge, während die zarten Lichtpunkte des Herkules immer wieder neu zusammengesucht werden müssen. Beide Gestalten werden kniend gesehen, der Fuhrmann aus nördlicher Sicht richtig herum, Herkules kopfüber. Beide erheben den rechten Arm und halten mit der ausgestreckten linken Hand etwas von sich weg. Ihre Sternenanordnungen ähneln sich erstaunlich. Die himmlischen Heldenfiguren schauen sich jeweils an. Dabei steigen sie im Laufe des Jahres am Firmament abwechselnd auf und nieder. Steht der Orion hoch oben, dann verweilt Herkules unter dem Horizont. Ist Herkules in Höchststellung, bleibt Orion verborgen. Dazwischen halten sich beide nahe am Horizont die Waage. Mit ihnen heben und senken sich Schlangenträger und Fuhrmann. Immer bleiben sie sich zugewandt. Ihre Blicke durch-

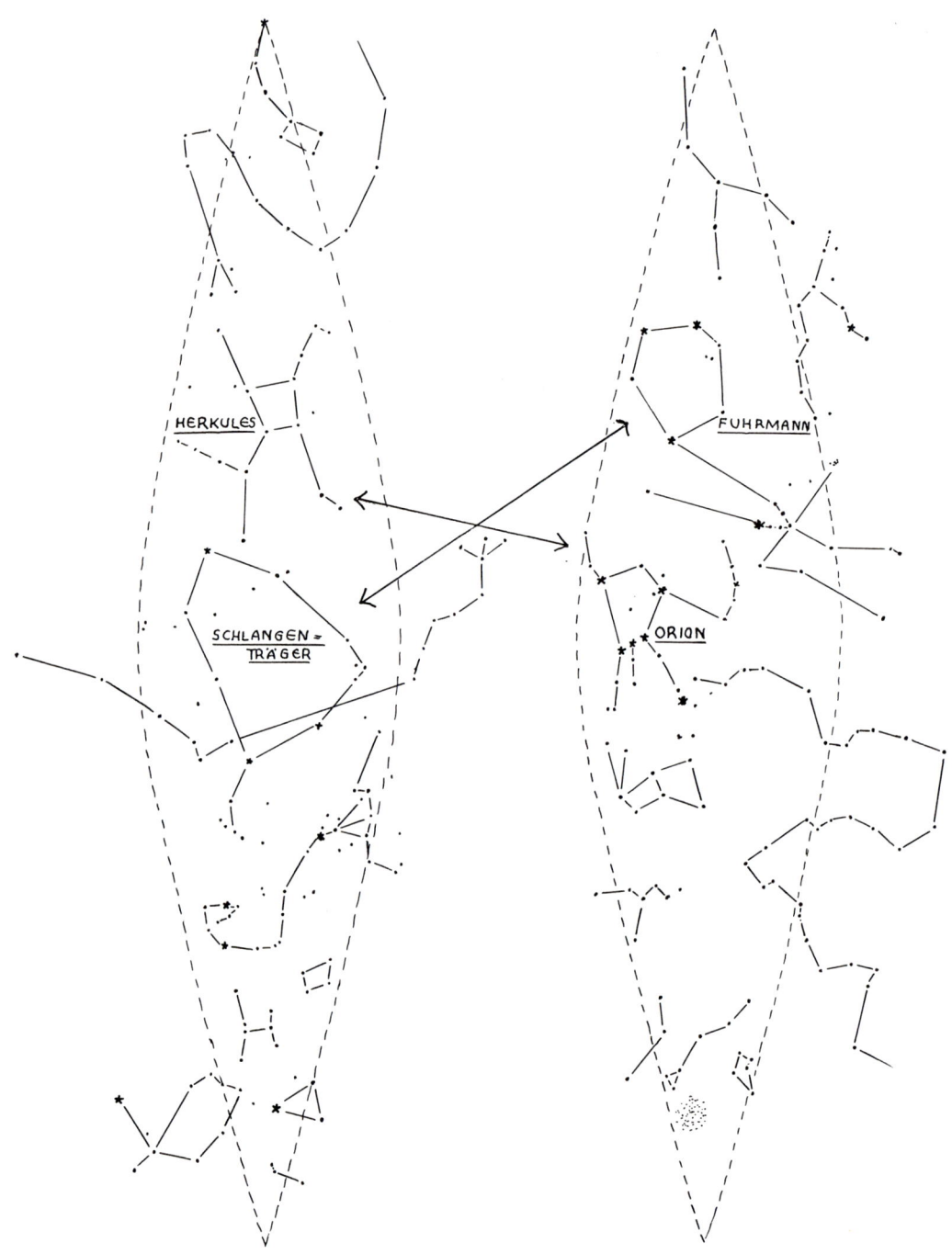

kreuzen den ganzen Himmelsraum. Die kreuzweise Spiegelbildlichkeit des Stier- und Skorpion-Gebietes zeigt sich überdies auch noch in den Sternbildern des Gift und Verderben speienden Drachens und des Eridanus, des Leben und Fruchtbarkeit spendenden Himmelsflusses. Beide Sternenfigurationen winden sich, grob gesehen, in gleichen Wendungen, aber in entgegengesetzter Richtung durch den Himmel. Der Eridanus beginnt zartschimmernd dort, wo entsprechend das Drachenhaupt mit seinen hellen Sternen zum Stillstand gekommen ist, und mündet mit einem strahlenden Stern an dem Ort, an dem das schwachleuchtende Drachenschwanzende den Ursprung des Untieres zeigt. Es sieht so aus, als ob der himmlische Wasserstrom die Drachenspur, vom bedrohenden Drachenmaul an bis zu seinem Ursprung rückwirkend, wegspülen könnte.

Drei hellstrahlende Sternbilder stehen im Haus des Stieres beieinander, Stier, Orion und Fuhrmann, von denen die beiden Heroengestalten die leuchtendsten am Himmel sind. Sie scheinen von Leben und Kraft zu strotzen.

In uralten Zeiten wurde das Sternbild Orion »der Riese« oder »der Held« genannt. Erst die Griechen sahen in ihm ihren sagenumwobenen Orion, dessen Geschichte etwas über das Sternbild auszusagen vermag:

»Die Herkunft und Geburt des Orion sind in ein rätselhaftes Bild gehüllt: König Hyrieus von Boiotien war kinderlos. Er pflegte aber Umgang mit den Göttern und eines Tages besuchten ihn Zeus, Poseidon und Hermes. Er bewirtete sie und zum Dank fragten sie ihn nach einem Wunsch, den sie ihm erfüllen wollten. Sein größter Wunsch war ein Sohn, und das sagte er den Göttern. Sie erfüllten seinen Wunsch auf sonderbare Weise: In die Haut eines Stieres ließen sie ihr Wasser und befahlen dem Hyrieus, die Haut für zehn Monate in der Erde zu vergraben. Dies tat er und am Ende der angegebenen Zeit wuchs aus der Erde ein starker Knabe heraus, dem Hyrieus zur Erinnerung an die Tat der Götter den Namen Orion gab. Orion wurde nach dieser Legende also von drei Göttern und Gäa, der Erde, gezeugt.«[30]

Orion wurde ein starker, schöner Mann, bekannt als gewaltiger Jäger, aber auch von mancherlei Liebesabenteuern, die ihm zuletzt zum Verhängnis wurden, weiß schon Homer zu berichten: Als er sich einst der Jagdgöttin Artemis näherte und zudringlich wurde, ließ diese einen Skorpion aus der Erde kommen, der ihn in den Fuß stach. Er sank sterbend in die Knie. In dieser Stellung versetzte Zeus ihn an den Himmel, ihm gegenüber den Skorpion als warnendes Beispiel. Die Sage weist auf die intime Beziehung zwischen Orion und dem Stier hin. Der Stier mußte seine Haut hergeben, er mußte geopfert werden, um Orions Geburt zu ermöglichen, den das Sternbild als sterbenden Helden zeigt.

Ähnliches ist auch über das Sternbild Fuhrmann zu erfahren. In ihm sahen die Griechen verschiedene berühmte Wagenlenker. Als ersten erkannten sie den Erichthonius, der ein Sohn der Gäa und des Schmiedegottes Hephaistos war. Athene nahm sich des Knaben an und lehrte ihn, wilde Pferde zu bändigen und vor Wagen zu spannen. Er wurde als erster Wagenlenker berühmt und zur Belohnung an den Himmel gesetzt.

Quem primum curru volitantem Juppiter alto
Quadriingis conspexit equis caeloque sacravit.

Welchen Jupiter sah als ersten vier Rosse zügeln,
Und ihn darum zum Lohn mit dem hohen Himmel geheiligt.[31]

MANILIUS

Ein zweiter Wagenlenker war Myrtilos, ein Sohn des Gottes Hermes. Er war in Diensten des Königs Oinomaos, der seine Tochter Hippodameia nur dem Freier geben wollte, der ihn im Wagenrennen besiegte. Keinem konnte das gelingen, denn der König hatte von seinem Vater Ares zwei vom Winde gezeugte Stuten geschenkt bekommen, die noch schneller als der Nordwind waren. Dies bedeutete für die Freier jeweils den Tod. Doch durch eine List half Myrtilos dem Freier Pelops, das Rennen zu gewinnen. Dieser jedoch fürchtete ihn als Nebenbuhler und stürzte ihn von einer hohen Klippe ins Meer. Sein Vater Hermes bewirkte daraufhin, daß er im Bilde des Fuhrmanns unter die Sterne versetzt wurde. So wird durch den Wagenlenker Myrtilos mit dem Sternbild Fuhrmann ein tragischer Tod verbunden.

Der dritte und für das Sternbild wohl maßgeblichste Wagenlenker war Phaeton, der Sohn des Sonnengottes Helios, der von seinem göttlichen Vater einen Wunsch freigestellt bekam. Zum Entsetzen des Vaters erbat sich der Knabe, den Sonnenwagen einen Tag über den Himmel führen zu dürfen. Voller Verzweiflung, weil er wußte, daß sein Sohn an der unmöglichen Aufgabe scheitern würde, hielt Helios sein Wort. Es kam wie gefürchtet, Phaeton verlor die Zügel, der Sonnenwagen geriet von seiner Bahn, brachte die Sterne durcheinander und versengte die Erde. »In ihrer Not rief da die Erde zu Zeus: ›Wenn die Meere vergeh'n und die Erde verbrennt, schleudert es uns in das uralte Chaos. Entreiße den Flammen, was uns noch verbleibt, und errette das Weltall!‹ Da donnerte Zeus mächtig. Gewaltig holte er mit seiner Rechten aus und schleuderte jäh auf den Lenker den Blitz. Phaeton rollte kopfüber und stürzte, wie ein fallender Stern, vom Himmel. Da nahm ihn der große Fluß Eridanus auf und wusch ihm das rauchende Antlitz. Die Najaden begruben seinen Leib und setzten ihm einen Stein mit der Aufschrift: Phaeton ruht allhier, der den Wagen des Vaters regierte. Meistern konnt' er ihn nicht, doch groß war sein Wagnis!« Um seinen Sohn vor dem Schattenreich zu bewahren, bat Helios den Göttervater, ihm einen Platz am Sternenhimmel zu geben. Zeus erfüllte den Wunsch, indem er ihn als Fuhrmann an das Firmament setzte. Auch dieser Mythos spricht vom tragischen Hintergrund dieses Sternbildes.

Der hellste Stern des Sternbildes Fuhrmann ist die Capella (Capella ist das lateinische Wort für Ziege). Eine Ziege wird mitsammen ihrer Böckchen, die als kleine Zwillingssterne innerhalb des Sternbildes leuchten, vom Fuhrmann auf der linken Schulter getragen. Die Griechen sahen in dieser Ziege »Amaltheia«, die als Ziege oder Nymphe gesehen wurde. Als Nymphe galt sie als Tochter des Okeanos. Amaltheia nährte auf Kreta den eben geborenen Zeus, der vor seinem Vater Kronos versteckt gehalten werden mußte. Ein Horn der Amaltheia, mit Segenskraft gefüllt, brachte späteren Besitzern Wohlstand und Überfluß. Zeus versetzte sie aus Dankbarkeit an den Sternenhimmel. Das besang Ovid später:

> Nascitur Olemiae signum pluviale Capellae:
> Illa dati caelum praemia lactis habet.

> Es entsteht das regnerische Zeichen der archäischen Ziege:
> Jene hat als Belohnung den Himmel für die geschenkte Milch.

Ovids Preisung der Capella als das »regnerische Zeichen« weist auf ihre segen- und lebenspendende Eigenschaft hin, wodurch dem Sternbild des Fuhrmanns neben dem Todesmotiv auch ein Zeichen des Lebens gegeben ist. Die gleichen Motive sprechen auch aus dem Bild des Hasen, der unter den Füßen des Orion am Himmel hockt. Denn der Hase beweist einerseits mit seiner zahlreichen Nachkommenschaft starke Lebenskraft, andererseits ist ihm als meistgejagtem Tier der Tod ständig auf den Fersen.

Leben und Tod sind die Motive, die in diesem Sternenhaus zu finden sind. In diesen Charakter fügen sich auch die noch übrigen Bilder ein. Tief im Süden schwimmt der Schwertfisch, ein bewehrter Fisch, er könnte als besonders stark und unangreifbar gelten, doch das todbringende Netz ist in gefährlicher Nähe daneben. Ähnlich geht es der Giraffe, die als Sternbild hoch oben im Norden steht. Die Giraffe ist das größte auf der Erde lebende Tier, doch gerade die Länge ihrer Beine macht sie labil und angreifbar.

Zwei Sternbilder bleiben noch zu erwähnen, die beide die dritte Eigenschaft des Stier-Hauses, das Hoffnungs- und Zukunftsmotiv, versinnbildlichen: Hinter dem Südlichen Schiff fliegt die Taube auf. Sie war es, die Noah den Ölbaumzweig als Zeichen neuer Lebensmöglichkeit zurückbrachte. Eine Taube gab den Argonauten bei der Rückkehr von ihrer Orkusfahrt die Zuversicht, die Durchfahrt durch die Symplegaden, die zusammenprallenden Felsen, wagen zu können. Und bei der Jordantaufe senkte sich der Geist wie eine Taube auf Jesus herab. Im Bild der Taube wird der Heilige Geist, der Zukunftsaspekt der göttlichen Dreieinigkeit, gesehen.

Das zweite große Sinnbild ist der Eridanus, der große Himmelsstrom. Ein Fluß ist das Bild der Hoffnung und Prophetie schlechthin. Er entspringt einer Quelle und fließt dann unaufhörlich einem fernen, unbekannten Ziel zu, wie die Zeit der Zukunft zuströmt. Am Firmament entspringt der Eridanus bei der leuchtenden Fußwunde des Orion, fließt nach Westen, wendet sich und verschwindet dorthin, wohin die Frühlingssonne weiterwandert. Der »vielbeweinte Eridanus« ist ein mythischer Begriff, bekannt durch die Fabel des Phaeton. In vorgriechischer Zeit wurde dieser Himmelsstrom schlicht Fluß genannt. Später wurde er den verschiedensten Erdflüssen zugeordnet. Der griechische Gelehrte Eratosthenes (3. Jh. v. Chr.) aus Alexandria sagt: »Aratus nennt den Fluß Eridanus, ohne sich weiter darüber zu erklären. Andere geben ihm richtiger den Namen Nil; denn dieser allein ströhmt vom Mittage her.«[32]

Die Erwähnung des Nils ist ein wichtiger Hinweis auf die Entsprechung von Erde und Himmel, die den Menschen damals selbstverständlich war. Doch vor der Betrachtung der irdischen Verhältnisse soll noch einmal ein Überblick über dieses bilderreiche Himmelshaus gegeben werden.

Der Stier, der Herr des Hauses, ist ein starkes Tier voller ungestümer Lebenskraft. Als Sternbild ist er jedoch nur halb dargestellt. Lebensfülle und Stärke sprechen auch die anderen Bilder aus, doch sind sie alle mit dem Tod verstrickt, selbst der erquickende Eridanus, weil er den Leib des gestürzten Phaeton aufnahm.

Das Licht, das funkelnd den Süden der bisherigen Sternenhäuser erhellte, ist schlagartig fast verloschen. Die Taube fliegt dort auf wie ein Hoffnungszeichen. Die beiden strahlenden todgeweihten Helden sind Erdgeborene, Söhne der Gäa. Und sie erleiden Erdenschicksale. Sie sind im kräftigsten Jünglingsalter. Im Vergleich zu den Knaben im Zwillingsbild haben sie die Erdenreife erreicht. Rechnet man mit den Sieben-Jahre-Entwicklungs-schritten, dann befinden sie sich in dem dritten Jahrsiebt. Es ist das Lebensalter des Menschen, in dem die stärkste körperliche Kraft zur Verfügung steht und die Intelligenz in ihrem vollen Umfang ausgebildet ist. In diesem Alter zwischen 14 und 21 Jahren werden aber auch die dunkelsten Todesahnungen durchlitten.

Ein nochmaliger Vergleich des Stier-Gebietes mit dem gegenüberliegenden Skorpion-Gebiet zeigt, daß die Gegensätzlichkeit durchgängig ist. Dort wurde tödliches Gift mit göttlicher Hilfe zur lebenspendenden Arznei umgewandelt, hier erleiden strahlende, lebenvolle Wesen den tragischen Tod.

Die dritten Kulturepochen

Als der Frühlingspunkt der Sonne das Haus des Stiers durchzog, waren zwei Völker zugleich aufgerufen, neue Kulturen auf der Erde entstehen zu lassen. Die Länder, in denen diese Kulturen erblühten, waren das vom Nil durchströmte Ägypten und Mesopotamien, das von verschiedenen Volksstämmen, den Babyloniern, Sumerern, Akkadern und Assyrern bewohnte Zweistromland, das die chaldäische Kultur hervorbrachte.

Die beiden Kulturströmungen waren durchaus verschieden, ja sogar gegensätzlich in ihrer Erscheinung, dennoch sind sie auch von gleichen Merkmalen getragen. Gemeinsam war ihnen die Abhängigkeit von den das Land durchziehenden Wasserströmen. Die chaldäische Kultur konnte in Mesopotamien Fuß fassen, sobald die Flüsse Euphrat und Tigris in ihren Ufern gehalten und beherrscht werden konnten. Der Nil brachte mit seiner jährlichen Überschwemmung Leben und Fruchtbarkeit ins Land. Beide Kulturen schufen so gewaltige Bauwerke, wie sie weder vor noch nach dieser Zeit je entstanden. Gleichzeitig wurde zum ersten Mal in der Menschheit die lebendige, tönende Sprache in stille, starre Zeichen eingefangen. Bei den Chaldäern entstand die Keilschrift; »chal« heißt »Keil«, chaled heißt »einschneiden«, das gab dieser Kultur den Namen, die chaldäische Kultur ist die Keilschrift-Kultur. Die Ägypter prägten ihre Sprache in Bilder, es entstand die aus Hieroglyphen bestehende Bilderschrift.

Die babylonisch-chaldäische Kultur

Aus der Blütezeit dieser Kultur gibt es ein Zeugnis, das uns einen Zugang zu den Wurzeln dieser großen Menschheitsepoche zu finden hilft, das damals auf Tontafeln mit Keilschrift eingeprägte Epos von Gilgamesch und seinem Freund Enkidu. Es ist die früheste überlieferte große Dichtung der Menschheit, von der im folgenden in erzählender, zusammengefaßter Form ein Eindruck gegeben werden soll.

»Gilgamesch, Sohn des Gottes und Hirten Dumuzi, Enkel des Gottes und Fischers Lugalbanda, ließ eine Mauer um seine Stadt bauen, um sie vor Angriffen sicher zu machen. Die Zinnen der Mauer glänzten wie Erz. Ihre Außenwand war mit Urgestein gepanzert, jeder Ziegel im Feuer gehärtet. Das Volk von Uruk stöhnte unter der Last des Mauerbaues, denn Gilgamesch trieb es unerbittlich an. Er glich dem Wildstier an Kraft. Zu zwei Dritteln war er Gott, zu einem Drittel Mensch. Die Trommeln, die zur Arbeit riefen, ließ er ohne Unterlaß schlagen. So hatte der Sohn keine Zeit für den Vater, der Geliebte nicht für die Geliebte. Und das Volk beklagte sich bei Anu, dem Himmelsgott, daß Gilgamesch das Volk zu sehr bedrücke, da er keinen Gegner habe, stark wie er selbst. Da erschuf Anu einen Menschen von gleicher Kraft wie Gilgamesch, den wilden Enkidu. Enkidus Leib war mit einem Fell überzogen. Das Haar auf seinem Kopf war lang wie Weizen. Er lebte in der Steppe mit den Tieren zusammen und war ihnen ein Freund. Ein Jäger aus Uruk erblickte Enkidu, als er mit den Tieren an eine Tränke kam, und dachte sogleich: Dies ist der Mann für Gilgamesch. Der Jäger beriet sich mit seinem Vater, und der Vater sagte: ›Ich weiß, wie man den Steppenmenschen in die Stadt locken kann. Nimm aus dem Tempel ein Mädchen mit an die Tränke; das Mädchen soll diesen wilden Mann verführen und ihm beibringen, daß er kein Tier ist, sondern ein Mensch, für den es besser ist, mit Menschen zu leben.‹

Als das Mädchen an der Tränke ihre Kleider vor Enkidu abwarf, entbrannte er in Liebe. Das Mädchen wurde sein Weib. Und nun wurde Enkidu den Tieren der Steppe ein Fremder. Die Gazellen und alle anderen Tiere der Wildnis liefen vor ihm davon. Enkidu sah sich um und hatte nur noch sein Weib. Mit ihm ging er nach Uruk. Sein Weib sprach zu ihm: ›Nun bist du weise geworden, fast wie ein Gott. In Uruk wirst du Gilgamesch begegnen und deine Kraft an seiner Stärke erproben.‹

›Der Starke bin ich!‹ rief Enkidu. ›Sieh ihn dir an, diesen Frohmenschen, diesen Wehmenschen Gilgamesch!‹ sagte das Weib.

Gilgamesch aber wurde von Träumen heimgesucht, weil er die Ankunft Enkidus spürte.

In Uruk wurde Enkidu mit den Bräuchen der Menschen vertraut. Er aß Brot, wie es Menschen essen, er trank Wein, den Menschen trinken. Er wusch seinen Leib und kleidete sich wie andere Menschen. Und er wurde zum Hüter von Herden, erschlug Wölfe und verjagte Löwen – er wurde zu einem Wächter, ein wacher Mensch. Da kam einer aus Uruk zu Enkidu und sprach: ›Ein Fest wird heute gefeiert. Einer will Hochzeit halten. Aber Gilgamesch, der König, will ihm die Braut nehmen, ehe er sie als seine Frau heimführt.‹

Enkidu hörte es und erbleichte vor Zorn. Er stellte sich auf den Marktplatz von Uruk, um Gilgamesch aufzuhalten. Er war kleiner an Wuchs als der König, aber ihm gleich an Stärke; denn er hatte in der Steppe von den Kräutern des Frühlings gelebt und sich von der Milch der wilden Herden genährt. Als Gilgamesch herankam, um die Braut für eine Nacht zu entführen, trat ihm Enkidu in den Weg. Einer packte den andern, und als sie kämpften, wurden Türpfosten zerschmettert und Wände zersprengt. Wie Stiere stießen sie zusammen. Als einer den andern in die Knie gezwungen hatte, verflog ihr Zorn, und sie gaben den Kampf auf. Enkidu staunte über die Kraft des Gilgamesch, und er sagte: ›Dein Haupt ist erhöht über alle Männer. Zu Recht hat dir Enlil den Thron bestimmt.‹

Die beiden umarmten einander und wurden Freunde. Gilgamesch führte Enkidu zu seiner Mutter Ninßun und sprach: ›Hier ist dein anderer Sohn. Ihm hält niemand stand. Er hat weder Vater noch Mutter. In der Steppe ist er geboren.‹

Und zu Enkidu sprach er: ›Du und ich wollen nun ausziehen, um das Ungeheuer Chumbaba zu töten, das im Zedernwald haust. Alles Böse wollen wir aus dem Lande tilgen!‹

Enkidu erschrak und sagte: ›Als ich noch mit den Tieren den Zedernwald durchstreifte, sah ich Chumbaba. Sein Brüllen ist Sintflut, sein Rachen ist Feuer, sein Hauch ist Tod. Niemand kann ihn bezwingen. Warum willst du für dich den sicheren Tod?‹

Da sagte Gilgamesch: ›Nichts wird mich davon abhalten, in den Wald Chumbabas einzudringen und die höchste Zeder zu fällen. Bleib du nur hier! Eine Axt wird mich begleiten, mehr brauche ich nicht.‹

Noch einmal beschwor Enkidu Gilgamesch: ›Enlil selbst hat Chumbaba aufgetragen, die Zeder zu bewachen. Und wer in den Wald eindringt, wird von Schrecken gelähmt, er muß in die Erde.‹

Gilgamesch erwiderte: ›Wer von uns könnte zum Himmel aufsteigen? Er ist für die Götter, sie thronen dort ewig. Die Menschen sind nur ein Wind, der verweht. Aber sollen wir deshalb dem Tod ausweichen und die Gefahr scheuen? Ich werde den Kampf mit Chumbaba aufnehmen und die Zeder fällen, die sein Stolz ist. Und wenn ich falle – mein Name wird dauern. Einen Namen will ich mir machen.‹

Da wollte auch Enkidu nicht zurückstehen. Und die Waffenschmiede gossen gewaltige Beile. Sie schmiedeten Schwerter mit Griffen zu dreißig Pfund. Dann zogen Gilgamesch und Enkidu vor das Tor mit den sieben Riegeln. Das ganze Volk war versammelt, und die Ältesten von Uruk beschworen den König, vom Kampf abzulassen. ›Weil du jung ist‹, sagten sie, ›hat dich dein Herz so weit getrieben, Gilgamesch! Du weißt nicht, was dir bevorsteht.‹ Als sie sahen, daß sie seinen Sinn nicht ändern konnten, rieten sie ihm: ›Laß Enkidu vorausgehen, er kennt den Weg. Er kennt die Zugänge, seine Augen sind erleuchtet.‹

›Ich höre euren Rat‹, sagte Gilgamesch. ›Aber nun wollen wir zu meiner Mutter gehen.‹ Hand in Hand mit Enkidu ging er zum Palast seiner Mutter Ninßun und bat sie, vom Sonnengott Hilfe zu erflehen, damit es gelänge, die große Zeder zu fällen.

Ninßun zog das Opfergewand an, sprengte Wasser auf Erde und Staub, erstieg das Dach des Palastes, hob ihre Arme und sprach zum Sonnengott: ›Warum hast du meinem Sohn ein Herz ohne Ruhe gegeben? Warum hast du in ihm den Wunsch geweckt, Chumbaba zu töten? Denn er tut ja deinen Willen, wenn er aus dem Lande das Böse tilgt, das dir verhaßt ist! Daher blicke du am Tage herab auf die Wege, die Gilgamesch zieht, und nachts laß die Wächter der Nacht, die Sterne, herabsehn und abends den Mondgott!‹

Nach diesem Opfer brachen Gilgamesch und Enkidu in den Zedernwald auf. An seinem Rande stießen sie auf einen Wächter und erschlugen ihn im Kampf, obgleich er in einen der sieben Mäntel gehüllt war, die Schwerthiebe abhalten. Sie drangen bis zum grünen Berg vor – auf den Spuren Chumbabas. Vor der Höhe der Zedern verstummten sie. Sie standen vor Dornbüschen, dicht wie eine Mauer. Und Chumbaba trat nicht hervor.

Da sagte Enkidu: ›Da Chumbaba sich nicht sehen läßt, wollen wir ihn mit Träumen herziehen zu uns. Dreifach mögen die Träume sein!‹

Sie legten sich schlafen, und Gilgamesch träumte, daß er Wildstiere in der Steppe niederwarf. Wach geworden, erzählte er Enkidu seinen Traum, und Enkidu sagte: ›In Gestalt der Wildstiere ist Chumbaba gekommen, du hast ihn niedergeworfen.‹

96

Sie zogen einen Tag weiter bis zur nächsten Rast. In der Mitte der Nacht fiel der Schlaf zum zweitenmal von Gilgamesch ab, er fuhr auf und sprach zu Enkidu: ›Hast du mich geweckt, oder war es der Traum? Hör zu, was ich träumte! Ein Berg stürzte über mich und begrub mich bis zur Hüfte. Da erschien einer, der aus Licht war, zog mich unter den Trümmern hervor, erquickte mich mit frischem Wasser und gab mir Boden unter die Füße.‹ Voll Freude sprach Enkidu: ›Der Berg war Chumbaba. Er muß weichen, wir werden ihn überwinden.‹

Wieder zogen sie einen Tag weiter, bis sie zur großen Zeder gelangten. Sie gruben Wasser aus der Erde und brachten ein Opfer. Das Dach der Zeder schützte sie vor Regen. Gilgamesch blieb sitzen, das Kinn auf den Knien, um wach zu bleiben, denn er fürchtete sich davor, noch einmal zu träumen. Aber er schlief ein, und zum drittenmal fuhr er aus einem Traum auf und sagte zu Enkidu: ›Hast du mich angestoßen? Warum bin ich entsetzt, warum schaudert es mich in allen Gliedern? Ging ein Gott hier vorbei? Hör meinen Traum! Die Himmel schrien, Finsternis kam aus ihnen, von Blitzen zerrissen. Es regnete Tod. Plötzlich wurde alles Feuer zu Asche.‹

›Ein gutes Vorzeichen ist dein Traum!‹ sagte Enkidu. ›Chumbaba ist zu Asche geworden. Nun laß uns die Zeder fällen!‹ Das taten sie. Als die Zeder niederbrach, kam Chumbaba gerannt und schrie: ›Wer schändet die Zeder? Wer fällt den Sohn der Berge?‹

Gilgamesch und Enkidu erschraken vor Chumbaba und seinem Zorn. Da hörten sie aus dem Himmel den Sonnengott rufen: ›Tretet an gegen ihn! Füchtet euch nicht!‹

Acht große Winde griffen Chumbaba an, der Großwind, Nordwind, Wirbelwind, Sandwind, Sturmwind, Frostwind, Wetterwind und Glutwind. Sie schlugen ihm gegen die Augen und hinderten ihn, vorwärts oder rückwärts zu gehen, und als Gilgamesch Chumbaba angriff, rief der wilde Wächter: ›Halt ein, Gilgamesch! Du sollst mein Herr sein, Häuser will ich dir aus den Zedern der Berge bauen!‹

Doch Enkidu sprach: ›Wir dürfen Chumbaba nicht schonen!‹

Und die beiden warfen das Kampfnetz über das Ungeheuer Chumbaba und töteten es. Dann wuschen sie allen Schmutz von sich ab, und Gilgamesch zog den Königsmantel an. Strahlend stand er da nach dem Sieg. So erblickte ihn Inanna. Sie sagte zu ihm: ›Werde mein Mann, so wird dein Land blühen!‹

Aber Gilgamesch gedachte des Königs Dumuzi, den Inanna an die Unterwelt ausgeliefert hatte, und schmähte die Göttin: ›Welchem Mann hieltest du die Treue? Du bist eine unfertige Tür, die den Wind nicht abhält, du bist Erdpech, das den Träger beschmutzt, du bist ein Edelstein, der Feinde ins Land lockt!‹ Von solchen Worten gekränkt, trat Inanna mit Tränen vor Anu, ihren Vater, und sprach zu ihm: ›Leih mir den Himmelsstier, auf daß er die Stadt des Gilgamesch verheere!‹

Als sie drohte, sie werde die Dämonen der Unterwelt rufen, ließ ihr der Himmelsgott ihren Willen, und der Himmelsstier griff Uruk an. Von seinem Schnauben taten sich Gruben auf, viele Männer stürzten hinein und wurden zerstampft. Aber Gilgamesch und Enkidu wurden auch des Himmelsstiers Herr. Sie trafen ihn zwischen Hörner und Nacken, rissen sein Herz heraus, und Enkidu schlug eine Keule ab und warf sie Inanna vor die Füße. So wurde die Göttin auf unerhörte Weise gekränkt. Sie trat vor die Götter und verlangte, daß Enkidu seiner Freveltat wegen sterben sollte. Enkidu wurde von schwerer Krankheit niedergeworfen und verwünschte im Fieberwahn sein Geschick, ehe er starb.

Sieben Tage und sieben Nächte klagte Gilgamesch an der Leiche seines Freundes, und als Enkidu begraben war, rief Gilgamesch Enki um Hilfe an. Der weise Gott fand auch für Gilgamesch einen Trost. Enki ließ ein Fenster in die Unterwelt brechen. Enkidu durfte noch einmal ins Licht herauf und Gilgamesch umarmen. Aus dem Totenreich hatte Enkidu nur Schreckliches zu berichten. Von Grauen erfüllt, blieb Gilgamesch auf der Erde zurück, als Enkidu wieder hinabstieg. Mit der Haut eines Löwen angetan, rannte Gilgamesch in die Steppe hinaus. Angst ergriff ihn. Er sah sich tot daliegen wie seinen Freund. Und er beschloß, zu Utnapischtim, seinem Ahn, zu ziehen und ihn, den Unsterblichen, nach dem Geheimnis des Überlebens zu fragen.

Über Gebirge und Finsternisse suchte sich Gilgamesch einen Weg. Zwölf Doppelstunden weit tappte er durch Dunkel, Nordwind peitschte ihn. Dann wurde es hell. Am Rande des festen Landes stand eine Schankwirtin, und sie fragte Gilgamesch: ›Wohin rennst du? Das Leben, das du suchst, wirst du nicht finden. Es ist für die Götter. Den Menschen ist der Tod zugeteilt. Drum nutze den Tag! Es gibt keinen Übergang zur Paradieses-Insel, auf der Utnapischtim lebt.‹

Aber Gilgamesch gab nicht auf. Am Meeresufer fand er den Schiffer, den Utnapischtim mit in die Arche genommen hatte, und der Schiffer brachte ihn auf einer Fähre mit zweimal sechzig Ruderschlägen hinüber zur Insel jenseits des Todes.

Utnapischtim fragte Gilgamesch: ›Warum bist du gekommen? Warum ist dein Antlitz verfärbt?‹

›Enkidu, mein Freund, ist tot‹, sagte Gilgamesch. ›Mir graute vor meinem Freund, als er da lag. Ich erschrak vor der Verwesung. Was muß ich tun, damit ich nicht sterbe? Du mußt es wissen!‹

Utnapischtim antwortete: ›Der Tod ist unerbittlich.‹

Gilgamesch hielt ihm vor: ›Aber du lebst für immer — bin ich nicht wie du?‹

Da eröffnete ihm Utnapischtim das Geheimnis von der Sintflut. ›Mir allein haben die Götter Unsterblichkeit verliehen, weil durch mich das Menschengeschlecht überdauert hat‹, sagte Utnapischtim.

›Du mußt ein Mittel finden, daß ich nicht sterbe!‹ verlangte Gilgamesch.

Utnapischtim gab ihm den Rat, sechs Tage und sieben Nächte den Schlaf abzuwehren. Doch der Schlaf legte sich wie dichter Nebel auf Gilgamesch, daß es die Frau des Utnapischtim erbarmte. Sie weckte ihn und buk ihm sieben Brote für seinen Heimweg. Gilgamesch klagte: ›Schon hat der Tod nach meinem Herzen gegriffen. In meinem Schlafgemach hockt der Tod. Wohin ich den Fuß setze — überall wartet auf mich der Tod.‹

Und nun verriet Utnapischtim ihm ein Geheimnis, um das nur er wußte. Er sprach: ›Auf dem Grunde des Meeres wächst ein Kraut, dessen Name ist *Jung wird der Mensch als Greis.* Du kannst es dir holen.‹

Gilgamesch band schwere Steine an seine Füße, tauchte bald bis auf den Grund des Meeres und holte das Kraut herauf. Die Flut warf ihn ans Ufer. Voll Freude hielt Gilgamesch das Kraut der Erneuerung in der Hand und trat den Heimweg nach Uruk an. Der Schiffer aus der Arche begleitete ihn.

Nach dreißig Doppelstunden wollte Gilgamesch sich erfrischen und badete in einem Brunnen. Da witterte eine Schlange den Duft des Krautes, das am Brunnenrand lag, und schlang es in sich hinein. Dann streifte sie ihre Haut ab und verschwand. Als Gilgamesch aufging, was geschehen war, flossen Tränen über sein Antlitz, und er schrie: ›Für wen habe ich mich nun abgemüht? Für wen wird mein Herzblut verströmen? Nicht für mich, für die Schlange holte ich das Kraut der Erneuerung! Nichts holte ich mir vom Grunde des Meeres!‹

›Laß uns nach Uruk gehen‹, sagte der Schiffer, ›dort wirst du Trost finden.‹

Und sie kamen nach Uruk. Gilgamesch sah die Mauer leuchten, die nach seinem Willen um die Stadt erbaut war. Er sah sie voll Stolz und sprach zum Schiffer: ›Steig auf diese Mauer! Prüfe ihr Ziegelwerk! Sie umschließt Palmgärten, die Niederung und das Tempelgebiet. Die sieben Weisen legten den Grund für meine Mauer.‹«[33]

99

Gewaltige Bauten aus dieser Zeit wurden seit dem vorigen Jahrhundert in Mesopotamien ausgegraben, Mauern, Grundrisse von Städten und Tempel, die von kunstfertiger Beherrschung des Handwerks und gewaltiger Kraft ihrer Erbauer zeugen; vor allem aber abertausende von gebrannten Schrifttafeln. Ganze »Bibliotheken« wurden entdeckt, aus denen viel über das Leben der damaligen Menschen zu erfahren ist, auch die 11 Tontafeln mit dem Gilgamesch-Epos wurden dabei gefunden. Wie bedeutsam und aufschlußreich diese Dichtung ist, konnte erst in jüngster Zeit durch die Entschlüsselung einer besonderen babylonischen Keilschrift-Tontafel von einem Münchner Wissenschaftler im ganzen Umfang verdeutlicht werden. [34] Er wies nach, daß die Chaldäer über ein astronomisches Wissen verfügten, das alle späteren Erkenntnisse, einschließlich der heutigen, in den Schatten stellt. Sowohl das geozentrische wie das heliozentrische Weltbild waren bekannt und konnten genau berechnet werden. Den Chaldäern stand also ein exaktes mathematisches Denken zur Verfügung. Daneben rechneten die Menschen damals jedoch ebenso real mit der Anwesenheit und Wirksamkeit göttlicher Wesen. So waren die berechenbaren Gestirne für sie zugleich Göttergestalten, wenn ihnen auch wahrnehmbar war, daß sich ihnen die Götterwelt mehr und mehr verschloß und unzugänglicher wurde, weshalb ihnen ihre Könige als Vermittler zwischen der Menschen- und Götterwelt galten und von daher als gottähnlich angesehen wurden. Entsprechend heißt es ja von Gilgamesch, dem berühmten König von Uruk, er sei zu zwei Dritteln Gott und zu einem Drittel Mensch gewesen. Und was damals erlebt und erlitten wurde, welche übermäßigen Kräfte in Bewegung gesetzt und den Untertanen abgefordert wurden, um die gewaltigen Bauwerke zu errichten, das ist heute noch durch diese Dichtung gegenwärtig.

Gilgamesch war Mensch und Gott, seine Geschichte Mythos und Wirklichkeit. Die ausgegrabenen Mauern von Uruk bestätigen seine irdische Existenz. Das Aufregende der jüngsten Forschungen des Münchner Wissenschaftlers, Werner Papke, ist jedoch die Erkenntnis, daß sich Gilgameschs Suche nach der Unsterblichkeit nicht nur auf der Erde abspielte, sondern auch am Himmel zu finden ist. Die Wanderung und Taten des Gilgamesch und Enkidu sind in den Planetenbewegungen zwischen den Fixsternen wiederzufinden. Das Sternbild des Orion ist ein Teil des himmlischen Gilgamesch. Gleichzeitig gehört der Planet Merkur zu ihm. Der schreckliche Chumbaba ist das Sternbild Löwe, das damals an der höchsten Stelle der Ekliptik stand. Der Wächter mit den sieben Mänteln, in anderen Übersetzungen wird von sieben Panzern gesprochen, ist das Sternbild Krebs. Der

Himmelsstier ist eindeutig. Als der Mond sein Licht verlor, wurde Enkidu krank, mit dem Neumond starb er. So ist das Geschehen Bild für Bild am Himmel wiederzufinden. Die Handlung des Epos ist eine astronomische Situation mit exakt aufgezeigten Planetenbewegungen, was bedeutet, daß der Zeitpunkt der Handlung astronomisch zu errechnen ist. Danach ereignete sie sich im Jahr 2340 v.Chr. (Die Bedeutung, die dieses Jahr dadurch gewinnt, läßt Folgerungen zu, die den Rahmen dieser Ausführungen überschreiten würden.) Für uns ist diese Geschichte wichtig als Hinweis auf die Weltanschauung der Babylonier in dieser Zeit. Sie lebten mit dem Himmel wie mit der Erde. Was auf Erden geschah, erblickten sie auch am Firmament. Und was sie am Himmel erschauten, das brachten sie auf die Erde herunter.

Die Menschen erlebten, daß sich ihnen die spirituelle Welt verschloß, daß die Geistwelt verdämmerte. Der irdische Tod stand ihnen vor Augen und ängstigte sie, so daß sie nun gewissermaßen den Himmel stürmten, um die Götter und damit die Unsterblichkeit zu erreichen. Sie durchforschten den errechenbaren Himmel und prägten die gefundenen Maße und Gesetze den irdischen Verhältnissen ein. So fanden sie das Maß, um die Erde zu messen. Das Verhältnis zwischen Menschenschritt und Sonnenlauf erbrachte das Grundmaß ihrer Bauten. Und sie bauten ihre Tempel, die mächtigen Sikkurats, die keinen Innenraum besaßen, den Göttern entgegen, höher und höher, um sie auf äußere Weise zu erreichen. Gewaltige Treppen führten hinauf, große offene Tore waren zu durchschreiten, immer höher hinauf, bis endlich auf der obersten Plattform des Stufenturmes, im Allerheiligsten, der Stadtgottheit eine Stätte bereitet war. Vom Scheitern dieses Strebens berichtet die alttestamentliche Schilderung vom Turmbau zu Babel.

So walteten, entsprechend wie in den Sternengestalten am Himmel, gewaltige Lebenskräfte in der babylonischen Kultur. Das Todesmotiv, das hinter den Himmelshelden steht, war eine Triebfeder der chaldäischen Kulturströmung. Und auch die dritte Tendenz des Stier-Hauses, der prophetische Hoffnungsaspekt, ist in der babylonisch-chaldäischen Kultur zu finden. Mehr als wir gemeinhin ahnen, hat unsere heutige Kultur und Wissenschaft ihre Wurzeln in der damaligen.

Am Sternenhimmel verlischt das Licht im tiefen Süden, doch das Hoffnungsbild der Taube erscheint. Entsprechend verdämmerte für die Babylonier ihre Götterwelt, doch neue Kräfte wurden ergriffen.

»So wurden die Babylonier heruntergewiesen aus der spirituellen Welt auf unsere Erde; da war ihre Mission, da war ihre Aufgabe… Der äußeren babylonischen Kultur lag zugrunde eine chaldäische Mysterienkultur, die esoterisch blieb, die aber doch in ganz bestimmter Weise einfloß in die äußere Kultur. Und daher sehen wir überall noch die uralte Weisheit durchschimmern in dem, was die Babylonier als Maßnahmen treffen konnten. Aber sie mußten das so tun, daß es nicht mit ihnen hinaufstieg in die spirituellen Regionen, sondern daß sie es anwendeten auf unsere Erde. Und was in dieser Art in der Mission der Babylonier lag, das hat sich einverleibt der Kultur und ist bis in unsere Zeiten heruntergekommen…

Wir müssen Respekt bekommen vor der tiefen Himmelskunde der Babylonier und vor ihrer gewaltigen Mission, die darin bestand, aus dem, was der Menschheit durch die spirituelle Welt bekannt war, aus den Maßen des Himmels, alles das herauszuholen, was für das äußere praktische Leben notwendig der menschlichen Kultur einverleibt werden mußte. Aber sie hatten zu gleicher Zeit die Mission, alles auf den Menschen zu beziehen. Und da ist es interessant, daß gewisse Vorstellungen bis in unsere Zeiten herein gelebt haben, die gleichsam ein Nachklang jener eigentümlichen Gefühle waren, die die Babylonier noch lebendig empfanden: Gefühle von einem Hereinfließen des ganzen Makrokosmos in den Menschen, von einer menschlichen Gesetzmäßigkeit des irdischen persönlichen Menschen, der nachbildet die große Himmelsgesetzmäßigkeit. So gab es im alten Babylonien einen Spruch, der da sagt:

›Sieh dir an den Menschen, der da geht,
nicht wie ein Greis und nicht wie ein Kind,
der da geht als ein Gesunder
und nicht als ein Kranker,
der da nicht zu schnell läuft
und nicht zu langsam schreitet,
und du wirst sehen das Maß des Sonnenganges.‹

Ein merkwürdiger Ausspruch, der uns aber tief, tief hineinweisen kann in die Seelen der alten Babylonier. Denn sie stellten sich vor, daß ein Mensch mit einem guten gesunden Schritt… wenn er nicht zu schnell und nicht zu langsam um die Erde herumgehen würde, zu einem solchen Rundgange 365 ¼ Tage brauchen würde – und das stimmt ungefähr, vorausgesetzt, daß er Tag und Nacht ununterbrochen wanderte. Und so sagten sie sich: Das ist die Zeit, in der ein gesunder Mensch die Erde umkreisen könnte, und auch die gleiche Zeit…, in welcher die Sonne herumgeht um die Erde. Gehst du also als ein gesunder Mensch, nicht zu schnell, nicht zu langsam um die Erde herum, so hältst du das Tempo ein des Sonnenganges um die Erde. Das heißt: ›Mensch, es ist deiner Gesundheit eingepflanzt, den Gang der Sonne um die Erde nachzugehen.‹

Das ist allerdings etwas, was uns Respekt einflößen kann vor der gewaltigen kosmischen Anschauung dieses babylonischen Volkes. Denn davon ausgehend haben sie dann geschaffen eine Einteilung dieses Umzuges des Menschen um die Erde. Sie haben nach gewissen Teilmaßen gerechnet und haben dann etwas herausbekommen, was ungefähr der Weg ist, den der Mensch zurücklegt, wenn er zwei Wegstunden weit geht; dies aber kommt einer Meile gleich. Am gesunden Gang rechneten sie dieses Maß heraus und nahmen es als eine Art Normalmaß, um den Boden zu messen in größerem Maßstab. Und dieses Maß ... ist vorhanden geblieben bis vor kurzer Zeit — wo in der Menschenentwicklung alles ins Abstrakte gegangen ist — in der deutschen Meile, die man ungefähr in zwei Stunden zurücklegen kann. So hat sich bis ins 19. Jahrhundert herein etwas erhalten, was herstammt aus der Mission der alten Babylonier, die sich das vom Kosmos heruntergeholt, die es dem Laufe der Sonne nachgerechnet hatten.«[35]

An einem konkreten Beispiel zeigt hier Rudolf Steiner die zukunftstragende Tendenz der babylonischen Kultur und weist darauf hin, daß der einzelne, der persönliche Mensch damals maßgeblich wurde. Eine weitere zukunfsträchtige historische Tatsache ist, daß Abraham, der Stammvater des auserwählten Volkes, in dem einst der Messias geboren werden sollte, aus der Stadt Ur in Babylonien, genau in Sumer, stammte. Hier nahm der Strom der Gottesverheißung seinen Anfang. Und verfolgt man das wechselvolle Schicksal Abrahams und seines Volkes, wie es zwischen den alten Kulturländern und dem heiligen Land hin- und herschwang, so kommt man ungefähr auf die Wendungen, die mit dem Himmelsfluß Eridanus dem Firmament eingezeichnet sind.

Die ägyptische Kultur

Die Sonne und der Nil waren die Paten der altägyptischen Kultur. In großen Windungen durchlief der Nil das Land von Süden nach Norden. Jahr für Jahr trat er über die Ufer und brachte dem Land mit seinem Schlamm neue Fruchtbarkeit. Soweit das Nilwasser reichte, war reiches, fruchtbares Land, jenseits der Grenze begann im Westen wie im Osten schlagartig die Wüste. So stießen in der ägyptischen Landschaft Leben und Tod ohne Übergang direkt aufeinander.

Die Sonne wurde als Gottheit mit verschiedenen Namen angerufen. Diese wandelten sich mit dem Stand der Sonne. In der aufgehenden Sonne wurde der neugeborene Horusknabe, Sohn der Isis und des Osiris, begrüßt, die Mittagssonne wurde als Re verehrt, in der untergehenden Sonne wurde als alternder Gott Atum gesehen und die untergegangene, unsichtbare Sonne wurde dem Gott Osiris gleichgesetzt. Im Sonnenlauf erlebten die Ägypter täglich den Wechsel von Leben und Tod. Dabei galt dem Gott Osiris, der den Tod der Sonne zur neuen Geburt wandelte, die höchste Verehrung. Der Osirismythos kann ein Licht auf die altägyptische Kultur und ihre Religion werfen.

Osiris, seine Schwester Isis und der jüngere Bruder Seth-Typhon waren Kinder der Himmelsgöttin Nut und des Erdgottes Geb. Osiris und Isis vermählten sich, Seth wurde ihr mißgünstiger Gegenspieler. Als König von Ägypten brachte Osiris eine neue Kultur ins Land. Er zeigte den Menschen den Anbau von Feldfrüchten, gab ihnen Gesetze für Recht und Ordnung und lehrte sie, die Götter zu verehren. Musik und Gesang wurden gepflegt. Diese blühende Kultur wollte er auch anderen Völkern bringen. Darum verließ er das Land und übergab arglos seinem Bruder Seth die Regierung. Dieser bereitete während seiner Abwesenheit einen Anschlag vor, mit dem er Osiris beseitigen und die Herrschaft ganz an sich reißen wollte.

Mit Hilfe der ahnungslosen Isis verschaffte er sich die genauen Körpermaße von Osiris und ließ nach seiner Größe eine reichgeschmückte Lade herstellen. Zur Rückkunft des Osiris ließ Seth ein prächtiges Gelage ausrichten. Höhepunkt des Festes war das Spiel, das jeder Gast sich in den kostbaren Schrein hinein legen solle, und er versprach ihn dem zum Geschenk, der ihn völlig ausfüllen würde. Keinem war er angemessen; als letzter war auch Osiris bereit, den Scherz mitzumachen. Er legte sich in den Schrein. Auf den verabredeten Ruf »Osiris paßt der Schrein, ihm soll er gehören« liefen die Verschwörer herbei, warfen den Deckel zu, verschlossen die Lade von außen mit Nägeln und gossen heißes Blei darüber. Dann trugen sie sie zum Fluß hinaus und ließen sie den Nil hinabtreiben.

Voller Trauer machte Isis sich auf, ihren Gemahl zu suchen. Nach langer Irrfahrt gelangte sie bis Byblos. Dort entdeckte sie den Sarg, der inzwischen von einem Ereike-Baum umwachsen war. Durch Dienste bei dem dortigen König gelang es ihr, endlich den Schrein zu gewinnen. Sie brachte ihn zurück nach Ägypten. Dort öffnete sie am Nilufer den Sarg, schmiegte ihr Angesicht an das der Leiche, küßte sie und weinte. Doch Seth beobachtete sie aus einem Versteck im Sumpfschilf. Weil er fürchtete, daß Isis durch ihre magischen Künste den Leichnam des Osiris wieder zum Leben erwecken würde, lockte er sie durch Hilferufe vom Sarg fort, bemächtigte sich des Leichnams, zerstückelte ihn in vierzehn Teile und verstreute diese den ganzen Nil entlang. Als Isis das entdeckte, begab sie sich wieder auf die Suche und fand die einzelnen Stücke. Sie fügte sie zusammen, und mit der Hilfe noch anderer Götter erweckte sie ihn nach dem Ritus des Einbalsamierens wieder zum Leben. Doch nur im Jenseits war dieses neue Leben möglich, Osiris regierte fortan als König und Richter in der Unterwelt.

Den irdischen Thron übernahm ihr Sohn Horus, der ihn weiterhin gegen Seth verteidigen mußte. Nach vielen Kämpfen überwand Horus den Seth und ließ ihn gefesselt vorführen. Doch Isis erbarmte sich des Verräters, löste seine Fesseln und ließ ihn frei. Das ertrug Horus nicht mit Gleichmut, er legte Hand an seine Mutter und riß ihr die Krone vom Haupt. Aber der Gott Thot setzte ihr dafür einen kuhköpfigen Helm auf.

Eine merkwürdige Handlung wird da an Isis vollzogen, doch nicht, wie manche Kommentatoren meinen, um sie für ihre törichte Handlung der Lächerlichkeit preiszugeben. Der ihr vom Gott Thot verliehene Kopfschmuck weist auf ihre segnenden Kräfte hin, die das Leben eines jeden erhalten wollen. Isis wird mit dem Kuhgehörn gekrönt. Kuh- oder Stierhörner sind zugleich Zeichen des Todes und des Lebens. Sie sind einerseits abgestorbene, verfestigte Hautorgane, die jedoch andrerseits von einem intensiven Blutstrom durchpulst und von empfindlichen Nerven durchzogen sind.

Zu dem »kuhköpfigen Helm« gehörte noch die Sonnenscheibe zwischen den Hörnern und die Uräusschlange, die sich inmitten der Hörner nach vorne schauend über die Stirn erhob. Über die Entstehung der Uräusschlange wird berichtet: »Eines Tages verlor Re-Atum seine Kinder Schu und Tefnut in der düsteren Wasserwüste von Nun. Er schickte sein Auge, das sich von ihm trennen konnte, aus, um sie zu suchen. Als sein Auge mit Schu und Tefnut zurückkehrte, hatte er ein anderes an dessen Stelle gesetzt. Um den Zorn des ersten Auges zu besänftigen, gab er ihm einen Platz auf seiner Stirn, von wo es die ganze Welt regieren konnte. Dies glühende Auge, das Zeichen der brennenden Sonne, wurde mit der unterägyptischen Kobra-Göttin Buto verbunden, der Beschützerin des Reiches; sie wird dargestellt als sich an der Stirn des Pharao aufbäumende Uräus-Schlange.«[36] Durch die aufgerichtete Schlange wird dieses dritte Auge zugleich ein Symbol der Wandlung des Schauens.

So symbolisiert der göttliche Kopfschmuck, bestehend aus Kuhhörnern, Sonnenscheibe und Uräusschlange die Herrschaft über Leben und Tod.

Diesen Kopfschmuck trägt außer der Göttin Isis ebenso die Göttin Hathor und der Apisstier, der als Verkörperung des Schöpfergottes Ptah angebetet wurde.

Die Göttin Hathor wurde auch in Kuhgestalt verehrt. Von ihr wird neben anderen lebenspendenden Taten berichtet, daß sie Horus, nachdem er von Seth geblendet worden war, neue Augen schenkte. Als Kuh säugte sie die Seelen der Verstorbenen bei Eintritt in die Unterwelt.

Apisstier

Hathor

Die Kultur des alten Ägypten begann mit ihrem Höhepunkt. Ohne erkennbare Vorbereitung wurden die gewaltigen Kulturdenkmäler und Kunstwerke gleich vollkommen in die Welt gestellt. Die folgenden Zeiten waren Nachklänge des ersten Paukenschlages. Wie gleichzeitig in Babylonien war auch hier der Impuls, der die Kulturströmung beseelte und initiierte, das Ringen um Unsterblichkeit.

Auch die Ägypter erlebten das Verdämmern der Götterwelt. Sie erfuhren die Sterblichkeit des Menschen. Der Mythos erzählt das Sterben des Osiris. Aber ihre Suche nach der Unsterblichkeit ging in eine andere Richtung als bei den Babyloniern. Stiegen jene in die Höhe und Weite, um den Göttern nahe zu kommen, und ging Gilgamesch bis in die atlantische Vergangenheit zu Utnapischtim zurück, so wiesen die ägyptischen Eingeweihten den Weg in die Enge und Erdentiefe bis in den Sarg und den mumifizierten Körper hinein. Sie suchten das Leben im Sterben. Sie wollten dem Tod das Leben

abringen. Stellvertretend für alle wurden zunächst die Könige, die Pharao-
nen, vor der Verwesung bewahrt, um ihnen ein ewiges Leben zu ermöglichen. Der Pharao begab sich mit dem Tod auf den Weg, zum Sohn des Osiris
zu werden. Von dem, was ihm im Jenseits widerfuhr, berichten die Hierogly-
phen-Niederschriften an den Grabkammerwänden, die in dem sogenannten Ägyptischen Totenbuch zusammengefaßt sind. Diese Aufzeichnungen
gehören zu den ersten Schriftstücken der Menschheit. Diese Hierogly-
phen-Bilderschrift entstand gleichzeitig mit der Keilschrift in Babylon. Damit geschah in dieser Zeit etwas Einschneidendes mit der bis dahin nur lebendig tönenden Sprache. Das Gleiche, was Osiris durchlitt, geschah der
Sprache, sie wurde in Bilder und Silben zerstückelt und wieder in Worte
wie in Mumien zusammengesetzt. So eingesargt überdauerte sie Jahrtausende, bis sie durch Entziffern zu neuem Leben erweckt werden konnte. So
ermöglichte der Todesprozeß, den sie durchmachte, der Sprache das Über-
leben.

In Babylonien verlief dieser Todesprozeß der dortigen in die Weite stre-
benden Tendenz entsprechend. Die Sprache wurde einerseits bis in einzelne
Laute, die in Keilzeichen festgehalten wurden, zergliedert. Zum anderen
zerteilte sie sich durch die Sprachverwirrung beim Turmbau zu Babel in
zahlreiche einzelne Sprachen (1. Mose 11, 1–9). Die Ursprache starb, und
viele neue Sprachen, die in alle Welt gingen, lebten auf.

Die Entstehung der ersten Schriften der Welt geschah demnach in der
Stierepoche. Darauf, daß der Stier eine besondere Beziehung zum Laut und
damit zur Sprache hat, weist die griechische Sprache hin, indem boós = der
Stier und boáo = brüllen, rufen, dieselbe Sprachwurzel haben. »Brüllen wie
ein Stier«, sagt man, so eine Redensart spricht stets Wesentliches aus.

Das Zusammenklingen von Menschheitsgeschichte und Himmelsgestaltung ist auch für die ägyptische Kulturepoche deutlich zu erkennen. Der
stimmgewaltige, lebensvolle Stier ist am Himmel als Sternbild »hemitomoi«, halbdurchgeschnitten, sein Hinterleib löst sich auf den Darstellungen
in Wolken auf. Er wird nicht in seiner vollen Kraft gezeigt. Auf Erden lebte
der Stierkult. Der Stier war Opfertier. Er wurde »durchgeschnitten«. Sein
Tod diente im Gottesdienst einem höheren Leben.

Als die Frühlingssonne zwischen den Hörnern des Stiersternbildes stand,
wurden auf Erden die Göttinnen Isis und Hathor und der Apisstier mit der
Sonnenscheibe zwischen Kuh- und Stierhörnern gekrönt, verehrt.

Hieroglyphentexte in den Pyramiden weisen auf das Sternbild Orion hin:
»... Ich finde Orion am Wege stehend mit dem Szepter in der Hand. Ich

richte das Szepter auf und ergreife es, damit ich dadurch göttlich werde. Er gibt mir das Szepter, das in seiner Hand ist, und sagt: ›Komm zu mir, mein Sohn! Der Aufgang (des Gestirnes) findet in Frieden statt. Deine Mumie sei bei meinem Platze; Du bist mein Sohn, der Sohn, der Herr meines Hauses.‹«[37] Wie Gilgamesch seinen Weg in Babylonien sowohl auf Erden wie am Himmel durchwandert, so liegt der Pharao als Mumie im Erdendunkel verborgen und wandert zugleich durch den Himmel. Der schmerzgeprüfte Orion ist identisch mit dem Leidensmann Osiris.

Am Himmel steht als Sternbild Fuhrmann der Wagenlenker Phaeton, der Sohn des Sonnengottes Helios. In Ägypten ist der Pharao auf dem Weg, der Sohn des Sonnengottes Osiris zu werden.

Ein direkter Bezug ist auch zu dem Sternbild Eridanus zu finden. Der schon erwähnte Ausspruch des Eratosthenes besagte ja, daß das Sternbild »richtiger« Nil heißen solle. Eine Strophe des Sonnenhymnos des ECHNATON[38] bestätigt das:

Du schufst den Nil in der Unterwelt,
Du führtest ihn herauf nach deinem Belieben,
Um die Menschen am Leben zu erhalten,
Wie du sie dir gemacht hast,
Du, ihrer aller Herr!
Du Tagessonne, die Furcht jedes fernen Landes,
Du schaffst (auch) ihr Leben.
Du hast einen Nil an den Himmel gesetzt,
Damit er für sie herabfalle
Und Wellen schlage auf den Bergen wie das Meer
Und ihre Felder bewässere in ihren Städten.
Wie herrlich sind deine Pläne, du Herr der Ewigkeit!
Der Nil am Himmel ist für die Fremdländer
Und für das Wild der Wüste, das auf seinen Füßen geht;
Der (wirkliche) Nil aber quillt aus der Unterwelt hervor für Ägypten.
So ernähren Deine Strahlen jeden Garten,
Wenn du dich erhebst, so leben sie und wachsen für dich.

Damit ist neben den Motiven von Leben und Tod, die aus den Bildern des Stier-Hauses sprechen und gleichzeitig die altägyptische Kultur impulsierend durchzogen, auch das dritte Motiv des Sternenhauses, die Hoffnung und Prophetie dieser Kultur einverwoben. Am Himmel hatten die zwei vorhergehenden Himmelshäuser, besonders das des Krebses, aber auch noch das der Zwillinge, durch das Schiff eine Rückwendung zur Vergangenheit. Das Schiff fuhr gen Osten. Die Menschen holten sich bis in die persische Kulturepoche hinein ihre Weisungen und Impulse aus der lichten Vergangenheit, aus der spirituellen Welt. Im Haus des Stiers wendet sich die Richtung. Das Licht im Süden ist bis auf wenige schwache Sterne verloschen, dafür gibt der Eridanus eine neue Richtung an. Er entspringt bei der Fußwunde des Orion, anders gesagt, bei dem durch den Zerstückelungstod gegangenen Osiris, und fließt gen Westen in Richtung des fortschreitenden Frühlingspunktes der Sonne. Die ägyptische Religion wies den gleichen Weg: Dafür wurden die mächtigen Pyramiden gebaut. Einst mit hellgleißenden glatten Steinen und goldener Spitze, dem Pyramidion, verkleidet, stehen sie »immer im Westen des Niltals, oft auf einem erhöhten Plateau, weit über das Land hin sichtbar. Dort ist der Bereich der untergehenden Sonne, der sterbenden Sonne, des Todes. Dort ist die Welt des Unwandelbaren, Ewigen. Und nur von Sand, Wüste, Stein und Licht sind diese Bauten umgeben. Am Rand des Landes, wo Gewässer fließen, Gräser grünen, Blumen blühen, Frucht gedeiht, liegt ein Torbau, der sogenannte Taltempel. Er steht an der Grenze zum Lebensbereich. Von hier führt ein langer gedeckter Weg, der sogenannte Aufweg, zu einer Tempelanlage hinauf, die der Pyramide direkt vorgelagert ist, dem sogenannten Totentempel.«[39] Vom Lebensbereich durch immer enger und dunkler werdende Kammern, Tore und Gänge mußte der Einzuweihende schreiten. Was dabei erlebt wurde, blieb Mysteriengeheimnis. Überwältigend muß das Erlebnis gewesen sein, wenn am Ende des hindernisreichen Weges nach dem Durchschreiten des Totentempels plötzlich die strahlende, gewaltige Pyramide wie ein neues Leben nach dem dunklen Tod aufleuchtete. Der Adept ging seinen Einweihungsweg von Osten nach Westen, vom Leben durch den Tod zu einem erhofften neuen Leben. Aber dieses neue Leben war damals nur im Jenseits zu finden. Osiris herrschte im Totenreich. Doch die Bilder des Pharaos als Gottessohn und der madonnengleichen Isis mit dem Horusknaben auf dem Schoß hatten prophetischen Charakter.

So ergeben sich aus dieser Hochkultur die Worte des großen ägyptischen Mysterienlehrers HERMES TRISMEGISTOS[40]:

So wie es oben ist,
So ist es auch unten,
Denn das Abbild dessen,
Was in dem Firmamente,
Das ist hier auf Erden.

IX. Das Haus des Widders

Wolle die Wandlung. O sei für die Flamme begeistert,
drin sich ein Ding dir entzieht, das mit Verwandlung prunkt;
jener entwerfende Geist, welcher das Irdische meistert,
liebt in dem Schwung der Figur nichts
                    wie den wendenden Punkt.

RAINER MARIA RILKE

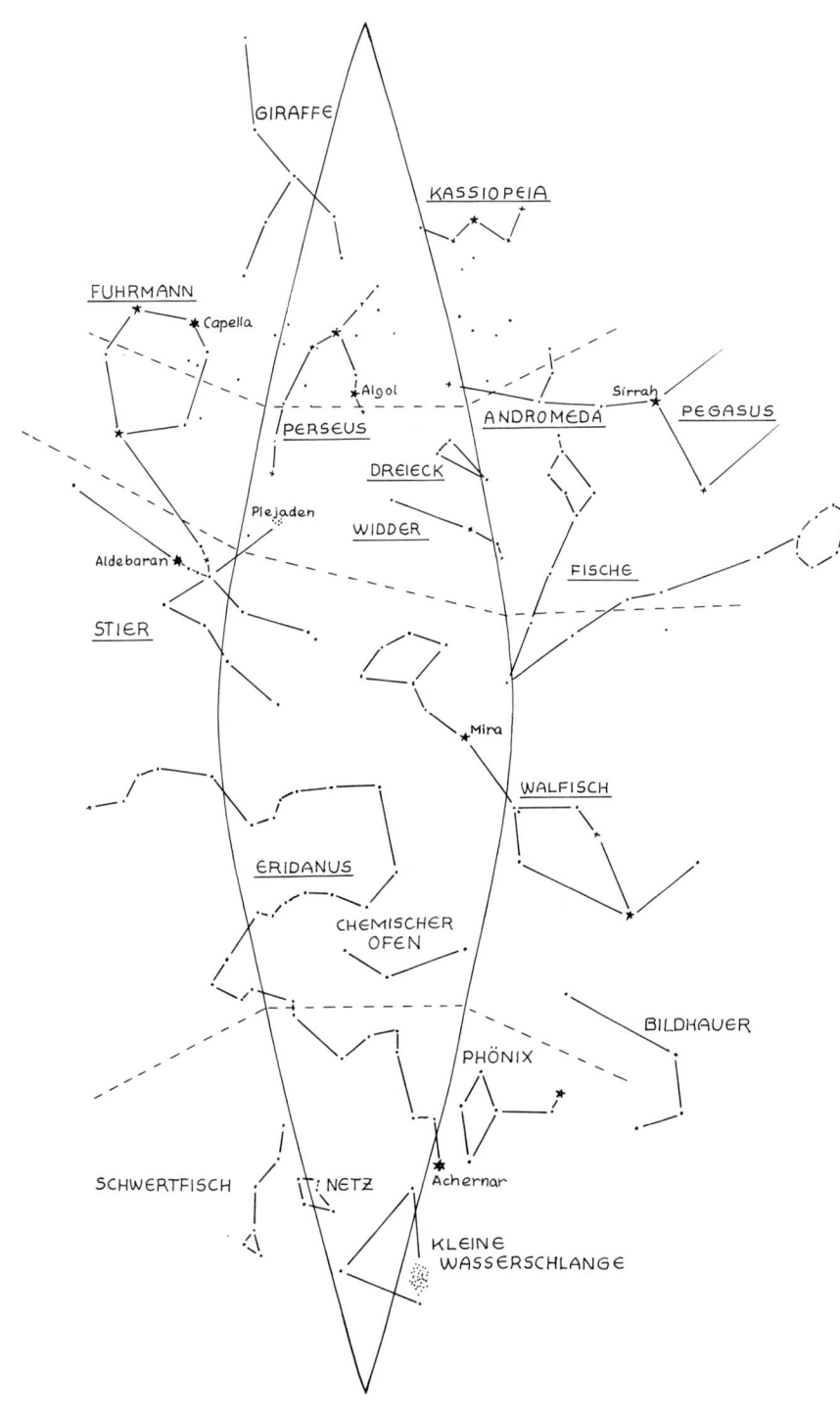

GIRAFFE

KASSIOPEIA

FUHRMANN

★ Capella

PERSEUS
★ Algol

ANDROMEDA
Sirrah ★

PEGASUS

DREIECK

WIDDER

Plejaden

FISCHE

Aldebaran ★

STIER

Mira

WALFISCH

ERIDANUS

CHEMISCHER
OFEN

BILDHAUER

PHÖNIX

★

SCHWERTFISCH

NETZ

★ Achernar

KLEINE
WASSERSCHLANGE

*D*as Gebiet des Widders ist ein Übergangsfeld, denn die meisten Stern-bilder ragen in dieses herein oder heraus oder sie durchziehen es. Selbst der Widder, der zierliche Herr des Hauses, übertritt die eigene Hausgrenze zu den Fischen hin. Dieses Himmelshaus scheint nach beiden Seiten offene Türen zu haben. Nur zwei Sternbilder beschränken sich allein auf den Raum innerhalb des Hauses. Es ist der Perseus im Norden und der Chemische Ofen im Süden. Das erste Bild stammt aus der griechischen Mythologie, das zweite aus der modernen Technik.

Der Südhimmel bringt ein Sternbild dazu, das im Widerspruch zu der Erkenntnis zu stehen scheint, daß die diesseitige Himmelshälfte frei von Schlangenwesen ist, denn dieses neuzeitliche Sternzeichen, das der Steuermann Keyser am Ende des 16. Jahrhunderts benannte, hat den Namen Kleine Wasserschlange. Die Sternkarte des Südhimmels (Seite 194) zeigt, wie dieses Sternbild im ganzen Himmelsrund steht. Es sitzt genau auf der Mittellinie gegenüber dem Drachen- und Schlangenhimmel. Und so präzise wie seine Stellung ist auch seine Form, ein exaktes Dreieck. Wie ist darin eine Schlange zu entdecken? Da ist keine Schlangenwindung zu sehen, son-dern das Bild hat eine klare, kristalline Form, wie ein Edelstein. Dieser Ver-gleich erinnert an die Verwandlung und Opferung der grünen Schlange in Goethes »Märchen«.[41] Die Schlange, die dort anfangs das zweifelhafte Weisheitsgold spendete, spannte sich am Ende in festgefügter Form über den trennenden Fluß. Auf seine erstaunte Frage über dieses Wunder bekam der Jüngling von dem Mann mit der Lampe die Antwort: »Gedenke der Schlange in Ehren... du bist ihr das Leben, deine Völker sind ihr die Brücke schuldig, wodurch diese nachbarlichen Ufer erst zu Ländern belebt und ver-bunden werden. Jene schimmernden und leuchtenden Edelsteine, die Re-ste ihres aufgeopferten Körpers, sind Grundpfeiler dieser herrlichen Brücke; auf ihnen hat sie sich selbst erbaut und wird sich selbst erhalten.«

Man kann in dem steilen Dreieckswinkel des Sternbildes Kleine Wasser-schlange eine hohe Brücke sehen, die die zwei benachbarten Himmelshäu-ser verbindet. Wandlung und Aufopferung stehen dann mit diesem Bild als Motiv hier am Himmel.

Das zweite neuzeitliche Sternbild des Widder-Hauses ist der Chemische Ofen. Auf den ersten Blick scheint es absurd und lachhaft, einen so techni-schen Begriff am Himmel zu finden. Doch die modernen Sternbilder lehrten schon mehrfach das Staunen, so soll auch dieses Bild unbefangen nach sei-ner Aussage befragt werden. Was ist ein chemischer Ofen? – Im Lexikon ist nur das Sternbild angegeben. In der Technik gibt es diesen Begriff so nicht. Jeder Ofen ist eigentlich ein chemischer Ofen, denn bei jeder Verbrennung geschehen chemische Umwandlungen. Auf manchen Sternkarten heißt dieses Bild auch nur Ofen oder aber Chymischer Ofen. Umwandlungen gehen in einem Ofen vor sich, Stoffe setzen sich um und Wärme wird frei. So steht auch mit diesem Sternbild das Motiv der Wandlung am Himmel.

Neben dem Chemischen Ofen ist der Perseus das zweite hauseigene Sternbild, das keine Grenze überragt. Es ist ein bewegtes, nicht leicht erkennbares Bild. Sein hellster Stern hat den arabischen Namen Algol, das bedeutet Teufelskopf, in ihm wird nach griechischer Überlieferung das schreckliche Medusenhaupt gesehen, das Perseus abschlug und heimwärts trug. Da der Anblick des erschreckenden Hauptes jeden zu Stein erstarren läßt, trägt Perseus es mit abgewandtem Kopf. In dieser Haltung wurde er als Sternbild an den Himmel gesetzt. So trägt dieses Sternbild das Motiv der Wendung in sich.

Das Sternbild Widder wird seit altersher als liegendes männliches Schaf mit nach hinten umgewandtem Kopf dargestellt. Also drückt auch dieses Bild Wandlung aus.

Ein ganz offensichtliches Bild der Windungen und Wendungen, der Wandlung, ist der Eridanus, der hier sein Hauptflußbett hat. Er kommt aus dem Stier-Gebiet, wendet sich, verschwindet wieder in der Vergangenheit, taucht wieder auf, wendet sich hin und her und entströmt in die Zukunft zu den Fischen. Der Walfisch, der aus dem Fische-Gebiet herüberragt, trägt ebenso Wandlungscharakter in sich, sogar auf ganz besondere Weise. Dieses Sternbild wird jedoch erst später ausführlich betrachtet werden. So drücken fast alle Bilder des Widder-Hauses das Motiv der Wandlung aus.

Ein Sternbild bringt noch eine neue Nuance herein. Es ist das Dreieck. So fein und zart es ist, ist es doch ein äußerst bedeutsames Zeichen. Von ihm wird gesagt, daß der Göttervater Zeus es als sein Monogramm hier dem Himmel eingeschrieben habe. Das Dreieck hat die Form des griechischen Buchstaben Delta. Dieses Delta heiße hier »dious«, und das heißt »göttlich«. Die Sage sagt: Zeus habe sein Zeichen an dieser Stelle dem Firmament eingeprägt, um zu bekunden, daß für alle Zeiten hier der Himmel seinen Anfang habe. Eine denkwürdige Überlieferung. Und die Astrologen richten sich tatsächlich bis heute nach der Anweisung des Olympiers. Sie lassen den Jahreslauf immer bei dem Sternzeichen Widder beginnen.

Zu der griechischen Sage, die hinter dem Sternbild Perseus steht, gehören noch vier weitere Himmelsbilder aus den Nachbarhäusern. Es sind die neben dem Tierkreisbild Jungfrau einzigen weiblichen Sternbilder Kassiopeia und Andromeda, außerdem der griechische König Kepheus, und das Meeresungeheuer Walfisch oder Ketos. So nimmt diese Sage einen großen Raum am Firmament ein. Das weist auf die weltgeschichtliche Bedeutung dieses Mythos hin.

DER PERSEUSMYTHOS

Perseus war ein Sohn der Danae. Geheimnisvoll ist die Geschichte seiner Geburt und voller sprechender Bilder sein Leben: Akrisios, König von Argos, hatte nur eine Tochter, Danae genannt. »Daher befragte er das Orakel von Delphi nach einem Sohn. Der Gott antwortete ihm, daß er keinen Sohn haben werde, wohl aber eine Tochter, und daß der Tochtersohn ihm zum Verhängnis gereichen solle. Aus Delphi heimgekehrt, ließ Akrisios im Hof seines Palastes ein ehernes Gemach anlegen, unterirdisch wie ein Grab. Da schloß er die Tochter mit ihrer Amme ein. Vom himmlischen Licht mußte Danae Abschied nehmen. In Dunkelheit war sie für immer begraben, damit sie keinen Sohn gebäre. Es war indessen der Götterkönig selbst, den es nach dem Danaermädchen verlangte. In goldenen Regen vewandelt, floß Zeus durch das Dach des unterirdischen Gemachs. Die Jungfrau fing ihn auf in ihrem Gewand. Aus dem Regen trat der Herr des Himmels. Das Grab wurde zur Hochzeitskammer. Ein Sohn des Zeus wurde geboren.«[42] Das war der kleine Perseus. Danae nährte das Kind mit Hilfe der Amme im Geheimen. Eines Tages jedoch hörte Akrisios die Stimme des spielenden Kindes. Der König ließ Danae aus dem ehernen Grab holen. Ihrer Aussage, daß Zeus der Vater des Kindes sei, schenkte er keinen Glauben, sondern er »ließ das Kind und die Mutter in eine Truhe sperren, in eine geschlossene Arche, und auf das Meer aussetzen. So schwammen sie beide, dem Tode geweiht, auf den Fluten.«[43] Der Kasten schwamm bis zu der Insel Seriphos, wo ihn der Fischer Diktys an das Land zog. Er nahm Mutter und Kind liebevoll in sein Haus auf. Doch sein Bruder Polydektes, der König dieser Insel, wollte Danae trotz ihrer Weigerung haben. Damit drohte ihr die dritte Einkerkerung. Perseus beschützte die Mutter vor ihm. Zu einem Gastmahl des Polydektes sollten alle geladenen Gäste, auch Perseus, ein Pferd als Gastgeschenk bringen. Damit hoffte der König, den Perseus, der als Fischersohn kein Pferd besaß, beschämen und vertreiben zu können. Perseus aber sagte trotzig, er werde ihm das Haupt der Gorgo, das Medusenhaupt bringen. Polydektes war einverstanden.

Auf den ersten Blick scheint hier ein Mißverständnis vorzuliegen. Warum bietet Perseus ein menschenähnliches Haupt an, wenn ein Pferd gefordert wird, und wie konnte Polydektes damit zufrieden sein? Der Mythenforscher Karl Kerényi erklärt diesen Widerspruch: »Die Gorgo Medusa hat auf einer alten Darstellung den Leib eines Pferdes. Nach den ältesten Erzählungen war sie eine Stute, Braut des Poseidon bei einer der Hochzeiten, die er in Hengstgestalt beging. So versprach Perseus doch nichts anderes als die gewünschte Gabe: ein Roß, aber ein viel seltereres, schwierigeres, scheinbar unmögliches Tier. Die Stute, die er anbot, trug das Gorgogesicht, dessen Anblick einen jeden zu Tode erstarren ließ. Eben daran mochte auch Polydektes gedacht haben, als er das Anerbieten des Helden annahm.«[44] Für den Pferdecharakter der Medusa spricht auch, daß nach ihrer Enthauptung ihrem Rumpf das Dichterroß Pegasos als Sohn entsprang.

Die Medusa war eine der drei Gorgonenschwestern. Sie allein war sterblich. Schrecklich waren diese Gorgotöchter, »ihre Häupter waren mit Drachenschuppen übersät, mit Schlangen statt Haaren bedeckt, große Hauzähne hatten sie wie Schweine, eherne Hände und goldene Flügel, mit denen sie flogen. Jeden, der sie ansah, verwandelte dieser Blick in Stein.«[45]

Um diese Tat vollbringen zu können, mußte Perseus in urferne mythische Vergangenheit, ins »Land der Finsternis, in dem alle Himmelslichter verschwinden«, gelangen (s. Kerényi). Zunächst mußte er zu den uralten Phorkyaden, die gemeinsam nur ein Auge und einen einzigen Zahn besaßen, die sie untereinander austauschten. Perseus nutzte diesen Tausch aus und raubte das Auge. Damit erzwang er von den Phorkystöchtern die Kunde von dem Wohnort der Gorgonen. Der war in einer Höhle jenseits des Okeanos, bei den Gärten der Hesperiden, wo der Bereich der Nacht beginnt.

Fähig wurde Perseus für dieses unmöglich scheinende Abenteuer durch göttliche Hilfe. Hermes und Athene standen ihm bei. Sie verschafften ihm drei Wundergaben der Najaden: Flügelschuhe für die Füße, die Hadeskappe aus Hundefell, die unsichtbar machte und Finsternis verbreitete, und einen Schubsack, Kibisis genannt, für das Gorgohaupt. Athene schenkte ihm zudem einen blanken, ehernen Schild und ein Sichelschwert, das von den Titanen stammte. Mit dem Schild fing Perseus das Spiegelbild der schlafenden Gorgonen auf, er erkannte die Medusa und schlug ihr mit abgewandtem Blick das Haupt ab. Dieses steckte er in den Schubsack, hing ihn sich auf den Rücken und entfloh. Nur mit Hilfe der Flügelschuhe und der Tarnkappe gelang es ihm, den wütenden Gorgonen und Phorkyaden zu entkommen.

116

»Bald war Perseus jenseits des Bereiches, in dem die Gorgonen hausten und der an die Länder all der Völker grenzte, die selbst schon angeblich jenseits der Länder der gewöhnlichen Sterblichen wohnten. Bei den Hyperboreern schmauste er im Norden. Im Süden flog er über das Land der Aithiopen und erblickte an einer felsigen Küste – man sagt, es sei in Palästina bei Jaffa gewesen – eine schöne Jungfrau. Sie war dort ausgesetzt und angebunden.«[46]

Ins Heilige Land kommt der rettende Held, um die gefesselte Menschentochter zu erlösen. Das ist ein prophetisches Bild. In der Perseussage heißt diese Jungfrau Andromeda. Ihr Vater ist Kepheus, König vom Aithiopenland. Seine Gattin Kassiopeia rühmte sich einst in einem Schönheitsstreit, schöner als die Nereiden, die Meerestöchter zu sein. Die beklagten sich darüber bei Poseidon, der daraufhin das Land mit Überschwemmung strafte. Nach einem Orakelspruch gab es nur Hilfe, wenn die Königstochter am Felsen angeschmiedet dem Meeresungeheuer Ketos geopfert würde. Vor diesem schrecklichen Schicksal bewahrte sie der durch die Luft herzueilende Perseus. Sie wurde seine Gattin, und sie kehrten heim auf die Insel Seriphos. Dort versteinerte der Anblick des Medusenhauptes Polydektes und seine Mannen. »Seitdem gehörte Seriphos zu den felsigsten Felseninseln des Archipelagus… Das Gorgohaupt weihte der Heros der Göttin Athene. Seitdem trägt sie es an der Brust. Kibisis, Flügelschuhe und Hadeskappe gab er den Nymphen zurück. Diktys wurde zum König von Seriphos. Perseus aber verließ die Insel und zog mit Danae und Andromeda heim, nach Argos.«[47]

Es gelang ihm, Akrisios zu versöhnen. Doch das Schicksal nahm dennoch seinen Lauf. Bei der Friedensfeier spielte Perseus mit anderen Jünglingen mit dem Diskus. »Die sonnengleiche Scheibe nahm er in die Hand… und ließ sie fliegen. Der Diskus flog durch die Luft, und er traf Akrisios. Er traf ihn nur am Fuße, es war aber eine tödliche Verwundung. Der Großvater starb durch den Enkel. Der Glanz um den Heros ging in tödliche Dunkelheit über.«[48]

Was sagen die Bilder des Perseus-Mythos aus? Mit wem hat der Heros zu ringen und welche Hilfen ermöglichen den Sieg? Die Gorgonen, diese Schreckensgestalten, haben goldene Flügel. Es müssen hohe Wesen sein. Sie leben weit hinter der Welt der Menschen. Perseus muß in die Vergangenheit zurückdringen, in die spirituelle Welt. Schlangen entsprießen den Häuptern der Gorgonen, so wie dem Menschen seine Gedanken erwachsen. Die

Schlangenkräfte gehören einer verflossenen Periode an. Sie sind Zeichen der alten Geistigkeit. In der ersten Hälfte des Sternenhimmels waren Schlangenwesen beherrschend. Dann begann etwas Neues. Der Mensch wandte sich mehr und mehr der Erde zu. Im Stier-Gebiet leben Söhne der Göttin Gäa, der Erde. Beim Widder führt der Weg noch tiefer, bis in die Erde hinein. Im dunklen Verließ unter der Erde wurde Perseus geboren. Ein Tiefpunkt ist erreicht. Perseus bekommt mit göttlicher Hilfe die Möglichkeit, neue Kräfte zu entwickeln und die alten zu überwinden. Das drücken die Gaben der Najaden bildhaft aus. Die Flügelschuhe, die vielleicht auch von Hermes zur Verfügung gestellt wurden, verleihen die Fähigkeit, die angeborenen Schwerekräfte, die bis in die Erde hineinzogen, zu überwinden und sogar Höhenflüge zu unternehmen, eine Wendung nach oben.

Die Hadeskappe macht unsichtbar. Ihr Träger nimmt sich zurück, er macht eine Wendung nach innen. Er will nicht beachtet werden, beobachtet selber aber die Umwelt, er wird selbstlos. Dazu ist Selbsterkenntnis vonnöten. Diese ist zu erlangen, wenn den Spuren der eigenen Taten nachgegangen wird, darum stammt vom Hund, dem Spurensucher, das Fell, aus dem die Hadeskappe gefertigt ist.

Die Kibisis, der Schubsack, gibt die Möglichkeit, das Medusenhaupt aufzunehmen und sicher zu bergen, denn die mächtige Geisteskraft der alten Weisheit muß, ist sie von ihrem Ursprung getrennt, bewahrt und behütet werden, sonst richtet sie tödliches Unheil an.

Dem Haupt des Zeus entwuchsen keine Schlangen, sondern eine menschengestaltete Tochter, die Göttin Athene. Sie ermöglichte Perseus mit ihrem spiegelnden Schild den Sieg über die Medusa. Im Reflektieren wird das alte Wissen ergriffen. Das Denken ist die neue Kraft, die es sich untertan machen kann. Perseus behält die alten Weisheitskräfte nicht für sich, er opfert sie der Göttin der Weisheit, der Athene. So künden die Bilder des Perseusmythos von einer Wandlung. Etwas Neues muß kommen. Neue Kräfte keimen, die den Geist der alten Zeit ablösen und umgestalten.

Die vierte Kulturepoche

Während die Frühlingssonne das Widder-Gebiet durchzog, entstand auf der Erde die griechisch-lateinische Kulturepoche. Am Himmel ragt der Stier noch weit ins Widder-Gebiet herein. Gleichermaßen sind auf der Erde zunächst die Stierkräfte noch gestaltend wirksam. Die vor der griechischen

Kultur erblühte reiche kretische war ein deutlicher Nachklang der Stierepoche. Davon berichtet die Sage vom Raub der Europa: In Gestalt eines Stieres entführte der Göttervater Zeus die Jungfrau Europa, die Tochter des Königs Agenor, der in Tyros und Sidon, also in Asien, herrschte. Der Gott brachte das Mädchen nach Kreta und schenkte ihr dort Glück und Reichtum – die glanzvolle kretische Kultur entstand. Ihr Sohn, König Minos, beherrschte lange Zeit das Land. Um Zweiflern seine göttliche Abkunft zu beweisen, erbat er eines Tages von Poseidon als Zeichen seiner Herkunft einen Stier, den er wieder zu opfern versprach, und schon stieg ein kraftvoller Stier aus dem Meer empor. Die Spötter waren zum Schweigen gebracht, doch wollte Minos nun den schönen Stier nicht hergeben und opferte einen anderen. Darüber zürnte Poseidon und bewirkte, daß Minos' Gattin ein Ungeheuer mit dem Körper eines Menschen und dem Kopf eines Stieres, der Menschenopfer zur Nahrung forderte, zur Welt brachte. Erschrocken versteckte Minos diesen ungestalten, schrecklichen Sohn hinter sicheren Mauern, damit er kein Unheil stiftete.

Der Mythos läßt erkennen, daß es zunächst ein Stier war, der den Erdteil Europa namhaft machte und ihm den Kulturimpuls einpflanzte. Aber die Menschen konnten mit den Stierkräften nicht mehr richtig umgehen, Minos veruntreute sie. Die Stiermacht pervertierte, der Stier wurde zum Ungeheuer, von dem Verderben drohte.

Die Sage berichtet weiter, durch welche neuen Impulse und Fähigkeiten diese unzeitgemäß gewordenen Stierkräfte überwunden wurden. Der Held Theseus war der Retter, der hier an der Wende einer neuen Zeit stand. Das ist seine Geschichte:

Theseus, Sohn des Königs Aigeus von Athen, wuchs fern vom Hofe seines Vaters auf und verließ, als er herangewachsen war, seine Mutter, um nach Athen zu gelangen. Auf dem Weg dorthin hatte er manche Gefahr zu bestehen und befreite durch Mut und List die Menschen von grausamen Riesen und wilden Tieren, die dort ihr Unwesen trieben. Am Hofe seines Vaters angekommen, erfuhr er von dem schweren Los der Athener. Bei ihnen war vor Jahren der Sohn des mächtigen Königs Minos von Kreta ums Leben gekommen. Minos, selbst ein Sohn des Zeus, nahm furchtbare Rache. Nach langem Leiden unter kriegerischen Angriffen mußten die unterlegenen Athener sich verpflichten, alle neun Jahre sieben Knaben und sieben Mädchen in halbwüchsigem Alter als Tribut nach Kreta zu senden. Minos warf sie dort dem Minotaurus zum Fraße vor, diesem menschenähnlichen Ungeheuer mit einem Stierkopf. Es hauste in einem Labyrinth, dessen verschlungene Gänge der große Erfinder Daidalos geschaffen hatte; kein Mensch, der in diese Gänge hineingeraten war, hatte je wieder aus ihnen herausgefunden. Theseus empfand Mitleid mit den Kindern und entschloß sich, mit ihnen nach Kreta zu fahren und sie zu retten. Nach dem Rat des Orakels spendete er zuvor ein besonderes Opfer Aphrodite, der Göttin der Liebe. Auf der Fahrt über das Meer hatte Theseus ein Abenteuer zu bestehen, das ihn bis auf den Grund des Meeres vor den Thron des Meeresgottes Poseidon führte, der ihn reich beschenkt wieder entließ. Bei der Landung des Schiffes auf Kreta begegnete er Ariadne, der Tochter des Minos, die sogleich in Liebe für ihn erglühte. Als er sich anschickte, mit den Kindern das Labyrinth zu betreten, gab sie ihm ein Knäuel mit Faden, der unzerreißbar war. Diesen befestigte er auf ihren Rat am Eingang des Wunderbaues und wickelte das Knäuel nach und nach ab, während er ins Innere vordrang. Grauenvoll dröhnte ihm und den Opfern das Gebrüll des Untieres entgegen. In der Mitte des Baues stand Theseus dem Minotaurus gegenüber und stellte sich dem Kampf. Lange rangen die beiden. Der Held mußte alle Kraft und alle List aufbieten, um seinen Gegner schließlich zu bezwingen. Zusammen mit den geretteten Kindern folgte er dem Faden zurück zum Ausgang des Labyrinths, wo sie von Ariadne mit Bangen erwartet wurden. König Minos anerkannte, daß mit dieser Tat die Blutschuld der Athener gesühnt sei, und gewährte Theseus, Ariadne als Gemahlin heimzuführen. Voll Freude traten sie gemeinsam die Heimfahrt an. Zuerst landeten sie auf der Insel Delos. Hier spendete Theseus dem Apollo die ersten Dankopfer. Gemeinsam mit den geretteten Kindern schuf er zu Ehren des Gottes einen Reigentanz, der in seinen Formen den Windungen des Labyrinths nachgebildet war. Nach den hüpfenden Bewegungen der Tänzer wurde er Kranichtanz genannt.

Auf der Heimreise mußte das Schiff wegen eines aufkommenden Sturmes auf der Insel Naxos landen. Dort erschien dem Theseus des Nachts der Gott Dionysos und befahl ihm, ohne Ariadne weiterzufahren, denn sie sei nicht für ihn bestimmt. Aus Furcht vor dem Gotte segelte der Held stillschweigend mit den Kindern davon, die Geliebte zurücklassend. In seiner Trauer über den schweren Verlust vergaß er, das weiße Segel zu setzen, das seinem Vater schon von weitem den glücklichen Ausgang des Abenteuers verkünden sollte. König Aigeus, hoch auf einer Klippe stehend, erblickte das schwarze Segel und stürzte sich aus Kummer über den vermeintlichen Tod seines Sohnes ins Meer, das fortan Ägäisches Meer genannt wurde.

120

So wie Eva einst Adam den Apfel vom Baum der Erkenntnis gab, so überreichte Ariadne Theseus den Knäuel, der die Möglichkeit einer neuen Orientierung in sich barg. Der Ariadnefaden brachte ihm die Erkenntnis des rechten Weges. War zunächst das Zurückfinden durch die Windungen des Labyrinthes nur unter Zuhilfenahme des Fadens möglich, so mußte diese neue Erkenntnis danach geübt und trainiert werden, um Fähigkeit zu werden. Theseus begann schon auf der Rückfahrt von Kreta mit dieser Übung, den ersten Halt auf der Insel Delos nützte er für den Reigen. Und dieser sogenannte Kranichtanz wurde darauf in der ganzen Welt geübt.[49]

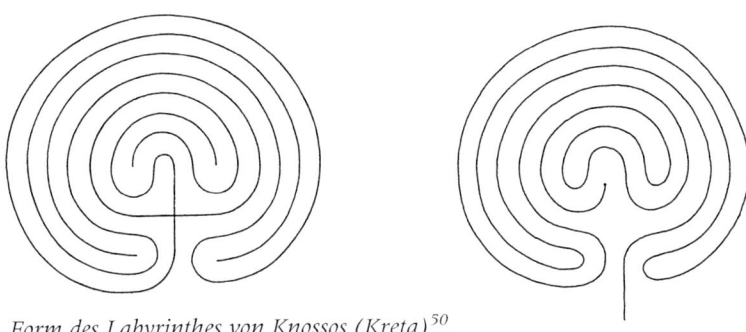

Form des Labyrinthes von Knossos (Kreta)[50]

In Griechenland, England, Skandinavien, Spanien, Frankreich, ja sogar in Amerika und Indien, überall ist die Form dieses alten kretischen Labyrinthes zu finden, in Felsen gemeißelt, in grasbepflanzte Erde moduliert, in antike Münzen geprägt. Später entstanden auch Variationen dieser uralten Grundform. Indem die Menschen sich in diese Form versenkten, erübten sie die Windungen und Wendungen des Weges, und dies zu derselben Zeit, als die Frühlingssonne am Himmel durch das wendungsträchtige Gebiet des Widders zog. Was dem Firmament mit den Sternbildern eingezeichnet ist, das vollzog sich auf Erden.

Die Menschheit betrat sozusagen erst mit der griechischen Kultur fest den Erdboden, und das bedeutete auch, daß die menschliche Gestalt erstmals wirklich wahrgenommen und in nicht wieder erreichter Schönheit und Naturtreue dargestellt wurde. Der Mensch ist zur eigenständigen Persönlichkeit herangereift.

»Einen solchen Ausdruck des äußeren Menschen, wie er sich in der physischen Welt darlebt, für das, was der Mensch als auf sich gestellte Ich-Wesenheit ist, hat keine Zeit vorher gesehen und wird keine Zeit nachher wieder sehen können. Das rein Menschlich-Persönliche, das ganz in sich abgeschlossene Menschlich-Persönliche tritt in der antiken Lebensweise des Griechen und in seinen Schöpfungen historisch zutage. Vergleichen wir, wie in seine Göttergestalten der griechische Plastiker hineingeheimnißt hat das Menschlich-Persönliche! Wir können sagen: So wie uns ein griechisches plastisches Kunstwerk entgegentritt, soweit es durch physische Mittel zu erkennen ist, so steht der Mensch ganz als Persönlichkeit vor uns.«[51]

Der Weg auf die Erde zu, der am Himmel und in den alten Kulturen zu verfolgen war, hat sein Ziel erreicht. Der Mensch ist bei sich und der Erde angekommen. Er liebte damals seinen eigenen Körper in seiner Schönheit und Kraft so, daß die Körperbewegung und -leistung für ihn Gottesdienst war. Daraus entstanden die Olympischen Spiele, die im Jahr 776 v. Chr. begannen. Andrerseits lernte der griechische Mensch seinen Verstand bis zur Vollkommenheit zu gebrauchen. In den Schulen der Philosophen wurden alle Denkmöglichkeiten geübt. Der größte Lehrer damals war jedoch Sokrates, der seinen Schülern denkerisch bewies, daß sie an einem Ziel, an einem Endpunkt angekommen waren. Er zeigte ihnen, daß das höchste Wissen sei, daß man nichts wisse. Er führte sie in die Aporie, die Ausweglosigkeit. Nichts Überliefertes habe mehr Bestand. Das alte Wissen war zu Ende.

Erst in die Aporie konnten neue Erkenntnisse hereinleuchten, konnte eine Wendung, eine Wandlung kommen. Hebammenkunst wurde die Lehrmethode des Sokrates genannt. Sie verhalf neuen Fähigkeiten zum Leben. Doch dieses Neue konnte nicht der Mensch bewirken, das mußte woanders herkommen. Der Mensch konnte sich nur durch Eingestehen seiner eigenen Schwäche und seines Unvermögens dafür bereiten. Er war aufgerufen zur Wandlung, wie es vom Himmel aus den Sternbildern herableuchtete.

x. Das Haus der Fische

*Und so ward Christus der erste zuverlässige,
praktische Lehrer der Unsterblichkeit der Seele.*

GOTTHOLD EPHRAIM LESSING

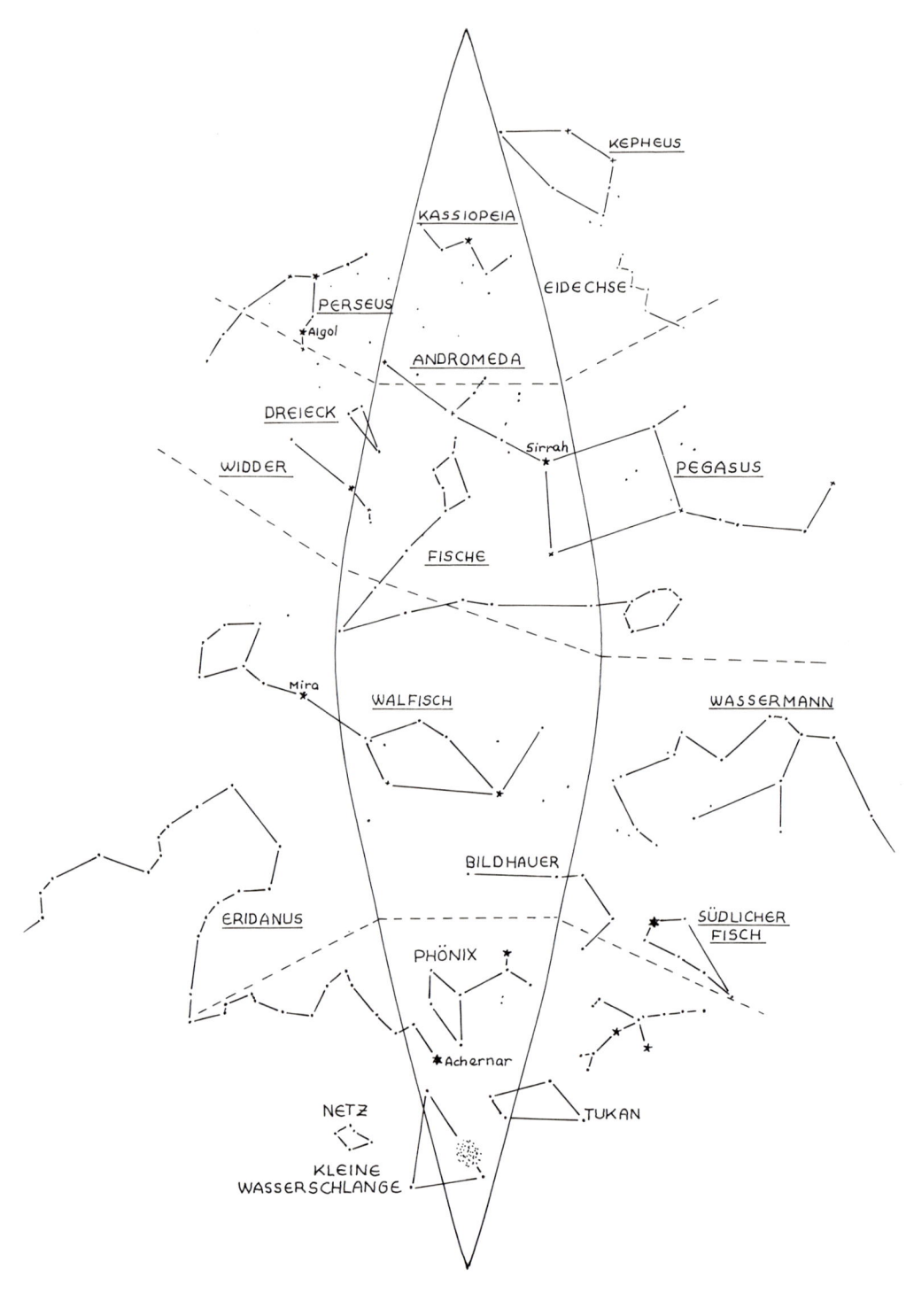

KEPHEUS

KASSIOPEIA

EIDECHSE

PERSEUS
★Algol

ANDROMEDA

DREIECK

WIDDER

Sirrah
★

PEGASUS

FISCHE

Mira
★

WALFISCH

WASSERMANN

BILDHAUER

ERIDANUS

PHÖNIX ★

SÜDLICHER
FISCH

★Achernar

NETZ

TUKAN

KLEINE
WASSERSCHLANGE

Mit dem Gebiet der Fische ist die letzte der vier Himmelszonen erreicht. Das Drachenreich, das Bärenreich und das sternenarme Gebiet mit der Giraffe sind durchstreift. Nun stehen zwei Menschengestalten als treue Himmelsbegleiter oben im Norden: Kassiopeia und Kepheus, das königliche Paar. Hier steht heute, seit dem Jahr 100 v. Chr., der Frühlingspunkt, der Siegespunkt der Sonne, der über zwei Jahrtausende lang die Fische durchwanderte. Inzwischen ist er fast am Ende angelangt; bald wird er ins nächste Haus, zum Wassermann, überwechseln.

Das Haus der Fische steht dem der Jungfrau gegenüber. Dort drüben stand die eine große hehre Frauengestalt am Himmel. Hier findet man nun zwei: Kassiopeia und Andromeda, Mutter und Tochter. Außer diesen Frauen gibt es keine weiblichen Gestalten am Firmament. Und die stehen sich gerade genau gegenüber, drüben eine und hüben zwei, dort die Jungfrau, die noch nicht gebar, hier die Mutter mit ihrer Tochter.

Wie aus dem Perseusmythos zu erfahren war, hängt Andromeda am Meeresgestade an einem Felsen festgeschmiedet. Nach der griechischen Sage ist dieser Ort bei Jaffa in Palästina, nicht weit von Jerusalem. So bringt die Sage dieses Himmelsgebiet mit dem Heiligen Land in Beziehung. Die Jungfrau ist dem schrecklichen Meeresungeheuer preisgegeben und erwartet den Tod. Neben ihr sitzt trauernd ihre Mutter Kassiopeia, durch deren Schuld sie festgekettet ist, weil diese sich ihrer Schönheit, die sie ohne eigenes Verdienst von der Natur erhalten hatte, über Gebühr brüstete. Und obwohl in der griechischen Kultur die Schönheit des menschlichen Körpers höchstes Ideal war, wird die Königin dadurch schuldig. Es ist offensichtlich um nicht mehr zeitgemäß, auf die eigene natürliche Schönheit stolz zu sein. Das wird zur Schuld. Die Fesselung der Andromeda soll laut Orakelspruch diese Schuld sühnen. Doch dann kam Perseus, diese Sagengestalt, die an der Schwelle zwischen der alten und einer neuen Geistigkeit steht, als Retter und Erlöser zu der Jungfrau Andromeda.

Inmitten dieses Bildgeschehens steht unter dem Sternbild Andromeda das Tierkreisbild Fische, zwei weit voneinander entfernte Fischkörper, die mit zwei, von einem Punkt ausgehenden, langen Bändern gefesselt sind. Angebundene Fische – das ist ein äußerst paradoxes, widernatürliches Bild. Es kann wohl kaum etwas Unmöglicheres geben, als Fische festzuhalten, dies ist völlig gegen ihre Natur. Und dennoch steht dieses Paradoxon hier am Himmel. Wer hat die Fesselung der Fische bewirkt und was geschieht mit ihnen? Sind sie auch ein Sühnezeichen? Ist auch für sie eine Erlösung zu erwarten? Als Antwort auf diese Fragen steht am Südhimmel des Fische-Hauses ein Mysterienzeichen: Dort, wo der Eridanus, der so lange erwartungsvoll der Zukunft entgegenströmte, in den hellen Stern Achernar mündet, steht das Sternbild Phönix. Dieses Bild drückt, ebenso wie das Bild der angebundenen Fische, Widernatürlichkeit – oder vielleicht besser: Übernatürlichkeit – aus. Er ist ein mythisches, also übernatürliches geistiges Wesen. Von ihm wird berichtet:

»Die Sage vom Vogel Phönix, den man sich dem Goldfasan ähnlich vorstellte, stammt aus Ägypten. Seit Herodot (5. Jahrhundert v. Chr.) kommt sie bei zahlreichen antiken Schriftstellern und im Physiologus vor. Danach stammt der Phönix aus Indien. Alle 500 Jahre macht er sich auf zu den Zedern des Libanon und füllt dort seine Flügel mit Wohlgerüchen an. Dann fliegt er zur Sonnenstadt Heliopolis (Ägypten), wird dort auf einem Altar von einem Feuer erfaßt und verbrannt. Am nächsten Tag findet der Priester in der Asche einen Wurm, dem Flügel wachsen. Am dritten Tag hat das Tier wieder seine Gestalt von ehedem und kehrt in seine Heimat zurück.«[52]

Der Phönix ist ein Bild für Sterben und Wiedergeburt, für Tod und Auferstehung. Im ägyptischen Totenbuch trat dieses Bild prophetisch auf. Es wurde dem verstorbenen Pharao mit auf den Weg ins Jenseits gegeben:

Einem Phönix gleich schweb ich im Himmel.
Nach Osten steuert mein Boot.
Osiris gleich dring ich nach Dschedu vor
und öffne die Quellen des himmlischen Nils.
Der Sonnenscheibe Bahnen bereitend
wie die große Göttin zu der Himmelshöhe –
so mächtig bin ich.
Die Sonnenscheibe verehrend
gesell ich mich zu den Geistern,
die im Morgengrauen das Tagesgestirn anbeten.
Wahrlich, ich bin jenen Geistern nicht unterlegen.[53]

Was in Ägypten, in der Stierepoche, zukunftweisend geschaut wurde, steht hier als Zeichen am Himmel: der Phönix leuchtet unmittelbar neben dem hellsten Stern und Mündungspunkt des Eridanus, des himmlischen Nils.

Die gefesselten Fische sind ein Bild des Todes. Festgehaltene Fische sind todgeweiht. Im Süden steht das Bild der Todesüberwindung. Zwischen diesen Bildern, den Fischen und dem Phönix, lagert am Himmel das ausgedehnte Sternbild des Meeresungeheuers, das lateinisch Cetus, in deutscher Sprache Walfisch heißt. Der Name könnte irreführen, wenn man dabei an die Tiergattung der Walfische denkt. Alte Darstellungen zeigen dieses Wesen wolfsdrachenartig.

Walfisch, nach »Aratea«

Vielleicht ist die Silbe »Wal« so zu verstehen wie in den Worten Wal-statt, Wal-küre, Wal-halla, Wal-vater, die aus der germanischen Mythologie stammen. Dann würde dieser Fisch etwas mit Kampf, Auseinandersetzung und mutvollem Einsatz zu tun haben. In der griechischen Sprache heißt dieses Ungeheuer Ketos. Im griechischen Neuen Testament wird dieser Name in Matthäus 12, 38–40 erwähnt: »Da antworteten ihm etliche der Schriftgelehrten und Pharisäer: Meister, wir wollen von Dir ein Zeichen sehen. Er aber antwortete und sprach zu ihnen: Ein böses und abtrünniges Geschlecht begehrt ein Zeichen; und ein Zeichen wird ihm nicht gegeben werden als nur das Zeichen des Propheten Jona. Denn wie Jona drei Tage und drei Nächte im Bauch des Meeresungetüms (Ketos) war, so wird der Sohn des Menschen drei Tage und drei Nächte im Schoß der Erde sein.«

Der Name Ketos wird hier eindeutig in Bezug gesetzt zu der Grablegung des Jesus Christus, des Menschensohnes. Die Grablegung Jesu geschah nach der Kreuzigung und vor der Auferstehung. Entsprechend ist die Abfolge der Bilder am Himmel: Ketos befindet sich zwischen den angehefteten Fischen und dem Phönix.

So steht hier in Bildern das zentrale Mysterium des Christentums am Sternenhimmel: Kreuzigung – Grablegung – Auferstehung. Das Sternbild Fische ist wie das Bild der Andromeda ein Sühnezeichen. Jesus sühnte die Schuld anderer. Das Mysterium von Tod und Auferstehung des Jesus Christus geschah auf Erden, während die Frühlingssonne in dem Gebiet der Fische weilte. Himmel und Erde spiegelten einander.

EXKURS: DER ANFANG DES HIMMELS

Nun soll das Augenmerk auf das Bild des Dreiecks gerichtet werden, auf dieses schlichte und doch bedeutungsvolle Sternbild. Wie schon erwähnt, soll einst der Göttervater Zeus dieses Zeichen als sein Monogramm dem Firmament eingeprägt haben, um für alle Zeiten festzulegen, wo der Himmel anfängt.

Das Dreieck steht genau auf der Grenzlinie zwischen dem Widder und den Fischen. Folgt man dem Lauf des Frühlingspunktes, so steht das Dreieck am Ende des Widder-Gebietes und am Beginn der Fische. Wird in dieser Richtung das Dreieck als Anfangs-Signum genommen, dann würde der Himmel mit den Fischen beginnen. Doch kein Mensch nimmt die Fische als Beginn einer Himmelsbetrachtung, wohl aber den Widder. Jeder Astrologe läßt das Himmelsjahr mit diesem Zeichen beginnen. Und auch die Astronomen scheinen sich nach Zeus zu richten, indem sie dem Widder eine besondere Bedeutung zukommen lassen: Der Frühlingspunkt wird von ihnen Widderpunkt genannt, obwohl dieser Punkt ja längst das Widder-Gebiet verlassen hat. Warum? – Was ist da geschehen?

Als der Frühlingspunkt der Sonne im Widder stand, geschah etwas Merkwürdiges. Damals schien der Himmel sich zu verzweifachen. Es gibt seit jener Zeit zwei Tierkreise, die sich allmählich voneinander lösen. Der damals reale Tierkreis blieb stehen in seinem Verhältnis zur Sonne und verbündete sich als unsichtbarer Kreis bleibend mit ihr. Sie schreitet seitdem innerhalb dieser zwölf Tierkreiswesen immer gleichbleibend ihren Jahresreigen in östlicher Richtung und feiert ihr Frühlingssiegesfest stets bei dem Widder. So wurde der Frühlingspunkt zum Widderpunkt. Und mit diesen zwölf Sternentänzern zieht die Sonne gemeinsam in westlicher Richtung auf ihrem Siegeszug durch den anderen, den äußerlich sichtbaren Tierkreis, in dem sie, wie bekannt, Jahr um Jahr ein wenig vorwärtsrückt.

Immer begleiten die zwölf Sternenwesen sie wie eine Jüngerschar. Allmählich verschieben sich die beiden Tierkreise zueinander. Heute sind sie fast um ein ganzes Himmelshaus, also um ein Zwölftel des Himmels auseinander. Der Widderpunkt steht zur Zeit im Endgebiet des Fische-Bereiches. Zur Unterscheidung der beiden Tierkreise wird von Tierkreis-»zeichen« und Tierkreis-»bildern« gesprochen. Die Sonne bewegt sich mit der Jüngerschar der Tierkreiszeichen durch die äußerlich sichtbaren Tierkreisbilder.

Die folgende Tabelle zeigt die momentane zeitliche Verschiebung der beiden Tierkreise im Laufe des Jahres:

	Tierkreiszeichen:	*Tierkreisbilder:*
Widder	21. März – 20. April	18. April – 12. Mai
Stier	21. April – 21. Mai	13. Mai – 19. Juni
Zwillinge	22. Mai – 21. Juni	20. Juni – 18. Juli
Krebs	22. Juni – 23. Juli	19. Juli – 9. August
Löwe	24. Juli – 23. August	10. August – 14. September
Jungfrau	24. August – 23. September	15. September – 31. Oktober
Waage	24. September – 23. Oktober	1. November – 18. November
Skorpion	24. Oktober – 22. November	19. November – 18. Dezember
Schütze	23. November – 22. Dezember	19. Dezember – 17. Januar
Steinbock	23. Dezember – 20. Januar	18. Januar – 13. Februar
Wassermann	21. Januar – 18. Februar	14. Februar – 10. März
Fische	19. Februar – 20. März	11. März – 17. April

Die Zeiten des Sonnendurchlaufes sind bei den Tierkreisbildern unterschiedlich lang. Der extremste Unterschied liegt zwischen Jungfrau und Waage. Die Zeitlänge hängt von der Größe der Sternbilder ab. Diese Zeitangabe berücksichtigt den tatsächlichen Stand der Sonne in den am Himmel sichtbaren Tierkreisbildern. Bei den Tierkreiszeichen dagegen ist der Himmel ziemlich genau in zwölf Teile geteilt. Die Sonne weilt also ein Zwölftel des Jahres, etwa einen Monat, bei jedem Tierkreiszeichen. Wobei diese Monate nicht mit den Kalendermonaten im Datum übereinstimmen. Sie übergreifen jeweils zwei Kalendermonate.

Die Daten zeigen den Sonnenlauf durch das Jahr. Es ist der Gang der Sonne, den wir durch den Wechsel der Monate miterleben. Mit dem Jahreslauf der Tierkreiszeichen hat die Sonne sich einmal bleibend verbunden. Aus den Bildern wurden Zeichen. Dadurch gibt es ein Ur-Jahr. Ein Jahr, in dem der Frühlingspunkt in dem Widder liegt, in dem die Sonne zu Johanni aus dem Krebs strahlt, an Michaeli in der Waage steht, und zu Weihnachten den Steinbock erreicht. In dieses Ur-Jahr werden wir hineingeboren mit unserem Schicksal. Man kennt normalerweise das Tierkreiszeichen, unter dem man geboren ist, nicht das Tierkreisbild.

Das also ist das große Geheimnis des Himmels, daß er einmal gewissermaßen stehenblieb und sich verzweifachte, daß die Sonne sich bei ihrem Siegeslauf gegen die Finsternis einmal mit den Sternen intensiver verbündete, als an jedem anderen Ort des Himmels. Sie wanderte mit ihrem Frühlingspunkt durch die davorliegenden Tierkreisbilder auf den Widder zu, und sie zieht weiter durch die folgenden Himmelshäuser. Aber beim Widder geschah etwas Besonderes. Da waren Himmel und Erde im Einklang. Da wirkten auf Erden die Kräfte in den einzelnen Monaten, die am Himmel aus den entsprechenden Bildern sprachen. In jener Epoche wurden die Himmelsbilder Tatsache auf Erden. Das Urbild des Jahreslaufes, das die Tierkreiszeichen bildhaft darstellen, wurde gleichzeitige Wirklichkeit im irdischen Gang des Jahres. Und da geschah es, daß die Sonne diesen Tierkreis wie einen geheimen Sternenjüngerkreis erwählte und sich bleibend mit ihm verband. Zeus hatte recht, es begann ein neuer Himmel.

Und das Entsprechende ereignete sich einmal auch in der Menschheitsgeschichte.

Die Zeitenwende

Durch Jahrhunderte hindurch wurden in den alten Mysterienstätten Geheimnisse und Wahrheiten gehütet und gepflegt, die durch das Christentum offenbar wurden und danach weiter wirkten.[54] So wurde der Einweihungsweg durch Tod und Auferweckung an vielen Orten geübt. Unter Anleitung und Führung der Mystagogen, der Lehrer, wurden die Mysterienschüler in den todähnlichen dreitägigen Tempelschlaf versetzt und dann wieder ins Leben zurückgerufen. Die Erfahrung dieses Erlebnisses machte die Schüler zu Mysten, zu Eingeweihten in die geistige Wahrheit der Welt. Sie erfuhren die todüberwindenden Lebenskräfte und lernten sie handhaben. Doch dieser Weg war unter strenger Geheimhaltung nur wenigen erlaubt. Dann wurde Jesus geboren, der durch die Taufe am Jordan zum Christus wurde. Ein göttliches Wesen wurde Mensch. Himmel und Erde wurden eins.

Mit der Auferweckung des verstorbenen Lazarus zeigte Christus in aller Öffentlichkeit den geheimgehaltenen Einweihungsvorgang (Johannes 11, 1–45). Das »Zeichen des Jona« geschah offen vor den Augen der Menschen. Und dann ging Jesus Christus selber den Weg durch die Grabeserfahrung. Dieser Leidensweg, der bis dahin unter sorgfältiger Führung wissender Lehrer bei strenger Geheimhaltung nur von wenigen Menschen, die damit Göttermythen nachempfanden, als Übung erlebt wurde, dieser Leidensweg wurde einmal eine irdische Lebenstatsache bis in das reale Sterben auf Golgatha hinein. Der Schulungsweg wurde Lebensweg. Was bis dahin Lehre und Mythos war, wurde Tat. Aus freiem Entschluß ging ein Gott, der zugleich Mensch war, diesen Weg bis in den irdischen Tod. Das Christentum wurde eine »mystische Tatsache«. Christus verband sich restlos mit der Erde. Er ließ sich ins Erdengrab legen. Er wurde so eins mit ihr, daß er zur Nahrung, zu Brot und Wein wurde. Und dann rang er dem Tod ein neues Leben ab. Weil das einmal auf der Erde wirklich geschah, kann nun jeder Mensch diesen Weg gehen. Jeder kann Christ werden. Einmal verbanden sich die Gotteskräfte mit der Erde und blieben seitdem, für den Menschen erreichbar, mit ihr verbunden. Dieses Ereignis war für die Geschichte so maßgebend, daß es zum Beginn unserer Zeitrechnung wurde. Die Zeit fing damals neu an. Es war die »Zeitenwende«. Am Himmel ein Beginn und auf Erden ein Anfang. Die Sonne hielt den damaligen Tierkreis fest, Christus verband sich bleibend mit der Erde. Beide waren von einer Zwölferschar umgeben. Das scheint exakt zusammenzuklingen. Und doch stimmt da etwas nicht.

WIDERSPRÜCHE

Der Himmel beginnt mit dem Widder. Der Frühlingspunkt von damals wird festgehalten und wird zum Widderpunkt für alle Zeiten. Christi Geburt und damit die Zeitenwende geschah aber nicht in der Widder-Epoche, sondern als der Frühlingspunkt schon hundert Jahre bei den Fischen weilte. Wie ist das möglich? Eine Übereinstimmung wäre doch sehr logisch gewesen. Was will diese Unstimmigkeit, dieses Paradoxon sagen?

Immer, wenn der Frühlingspunkt ein neues Tierkreisbild erreichte, bahnte sich eine neue Kulturepoche an. Sie brauchte jeweils gut zwei Jahrtausende, um zur vollen Entfaltung zu kommen, dann verwelkte sie und gab der nächsten Epoche Raum. Zur Zeit des Kulturhöhepunktes jedoch wechselte der Frühlingspunkt am Himmel schon in das nächste Tierkreisbild über. So war es auch damals. Die Widder-Epoche war in höchster Blüte. Die griechisch-römische Kultur erlebte den größten Glanz, als am Himmel der Frühlingspunkt im Jahre 100 v. Chr. zu den Fischen übertrat. Noch in den Tagen von Christi Geburt beherrschte Rom die Welt. Der Widder stand als Zeichen über dieser Kultur.

So überlagerten sich damals zwei Tatsachen. Die Widderkultur herrschte auf Erden, und am Himmel stand die Sonne zur Frühlingszeit in den Fischen. Der Himmel beginnt mit dem Zeichen des Widders, die Zeitenwende jedoch gehört zu den Fischen, womit wir vom Himmel auf die erstaunliche Tatsache hingewiesen werden, daß die Existenz des Jesus Christus historisch nicht nachweisbar ist. Von Rudolf Steiner erfahren wir, daß das sogar so sein muß: »Das wichtigste Ereignis für die Erdenentwicklung wird niemals auf materialistische Weise bewiesen werden können, gleichsam weil durch die Weltgeschichte den Menschen gesagt werden soll: Eure materialistischen Beweise, dasjenige, was ihr überhaupt in dem materialistischen Zeitalter noch als Beweise gelten lassen wollt, das gilt nur für dasjenige, was im Felde der Materie vorhanden ist. Für das Geistige sollt und dürft ihr keine materialistischen Beweise haben... Gerade mit Bezug auf das Christus-Ereignis muß in unserem Zeitalter verstanden werden, daß man zu dem Christus nur hinkommen kann auf geistige Art. Niemals wird man ihn in Wirklichkeit auf äußere Art finden. Man kann es sich sagen lassen, daß er existiert, aber wirklich finden kann man den Christus nur auf geistige Art.«[55] Und ein andermal sagte er: »Wäre das Mysterium von Golgatha mit der menschlichen Vernunft begreifbar, dann, meine lieben Freunde, hätte es gar nicht zu geschehen brauchen, dann wäre es ganz unnötig, dieses Mysterium von

Golgatha. Denn es ist geradezu da, ... um den Menschen zu kurieren von dieser sonderbaren Anmaßung, von diesem sonderbaren Hochmut der Vernunft, der sich dadurch äußert, daß der Mensch alles mit seiner Vernunft begreifen will.«[56]

Die Christussymbole

Der Widder und die Fische sind die Tierkreisbilder, die bei der Entstehung des Christentums Pate standen. Und beide Bilder werden als Christussymbole gesehen. Der Widder wird zum »Lamm Gottes, das der Welt Sünde trägt«. Und das Wort Fisch (griechisch: Ichthys) wurde im Urchristentum als Geheimname Christi gebraucht. Was für Tierwesen stehen hinter diesen Bildern, die so hohen Symbolwert haben?

Der Widder ist ein männliches Schaf. Das Besondere dieses Tieres sind seine Hörner, sie sind sein Schmuck und seine Waffe. Mit gesenktem Kopf geht er auf den Gegner los und prallt mit ihm zusammen. Der Widder setzt sich mit seiner Umwelt auseinander, indem er gegen sie anrennt. Am Widerstand beweist er seine Stärke. Er geht buchstäblich mit dem Kopf durch die Wand. Aus diesem Grund nannten die Römer ihre Mauerbrecher, mit denen sie die Mauern des Feindes einrammten, auch »Widder«.

Doch der Widder am Himmel wird stets mit zurückgewandtem Kopf dargestellt. Er steht da als Bild eines Wesens, das auf seine Stärke verzichtet. Der Widder wird zum Lamm.

Ein lebender Gegensatz zum Widder ist der Fisch. Durch die Schwimmblase in seinem Bauch ist seine Schwerkraft aufgehoben; sein Körperbau läßt das Wasser widerstandslos vorbeigleiten. Er fühlt sich eins mit der Umgebung. Seine Hauptwahrnehmungsorgane sind die empfindlichen »Seitenlinien«, die vom Kopf bis zum Schwanz reichen und ihm die Reize der Umwelt mitteilen. Kommt eine Gefahr, so flieht der Fisch. Leicht gleitet er durch die Wellen. Wollen wir ihn greifen, so entschlüpft er unseren Fingern. Die Stärke des Fisches ist, entfliehen und ausweichen zu können. Am Himmel jedoch werden die Fische angebunden dargestellt. Diese Fische entweichen nicht, sondern sie lassen sich festhalten. Widder und Fisch verkörpern die beiden entgegengesetzten Verhaltensmöglichkeiten zur Umwelt. Man kann gegen die Umwelt anrennen oder ihr ausweichen. Das ist natürliches Verhalten. Zum christlichen Handeln kommen wir durch Verwandlung der natürlichen Kräfte. Der Widder wendet seinen bewehrten Kopf ab und macht sich dadurch wehrlos. Die Fische lassen sich fesseln und machen sich dadurch greifbar. So stehen am Firmament echte Christussymbole.

Der Widder steht einzeln am Himmel, die Fische aber sind zweifach. Die Bänder der beiden treffen sich in einem Punkt. Eine entsprechende Zeich-

Fische mit Anker. Domitilla-Katakombe

nung aus urchristlicher Zeit befindet sich an der Wand der Domitilla-Katakombe in Rom. Dort sind zwei angebundene Fische dargestellt. Die beiden Fische unterscheiden sich etwas voneinander. So wie auch die Fische-Sternbilder unterschiedlich sind. Will dieses Bild die Doppelnatur des Jesus Christus ausdrücken? Werden hier Gott und Mensch an einen Punkt gebunden? Der Haltepunkt auf dem Katakombenbild ist ein Kreuz mit einem Kreis im oberen Teil.

Ist es das Kreuz mit dem Sonnenzeichen? Dann läßt sich das Bild entziffern. Die beiden ungleichen Fische sind dort befestigt, wo das Kreuz steht, das die Sonne trägt. Und wo ist dieser Haltepunkt der Fische am Himmel?

Unsere Sternkarten können uns weiterhelfen: Ziehen wir eine Linie vom Polarstern durch die Spitze des Dreiecks bis hinüber zum Südpol. Damit sind wir an der Stelle, die Zeus zum Beginn des Himmels erklärte. Verfolgen wir diese Linie, so sehen wir, daß sie das Sternbild des Widders dort durchquert, wo das umgewandte Haupt gesehen wird. Vom Fische-Sternbild liegen die Sterne des Haltepunktes – es gibt noch einige kleine mehr, als auf unserer

Sternkarte eingezeichnet sind – auf ihr. Nach Süden zu durchkreuzt die Linie die Mitte des großen Walfisches, und endlich durchschneidet sie das Mündungsgebiet des Eridanus. Rechnen und messen wir nach, so stellen wir fest, daß der Frühlingspunkt der Sonne auf dieser Linie gerade während der Zeitenwende weilte. Die Sterne auf dieser Linie standen gewissermaßen über dem Erdenleben und -wirken des Jesus Christus.

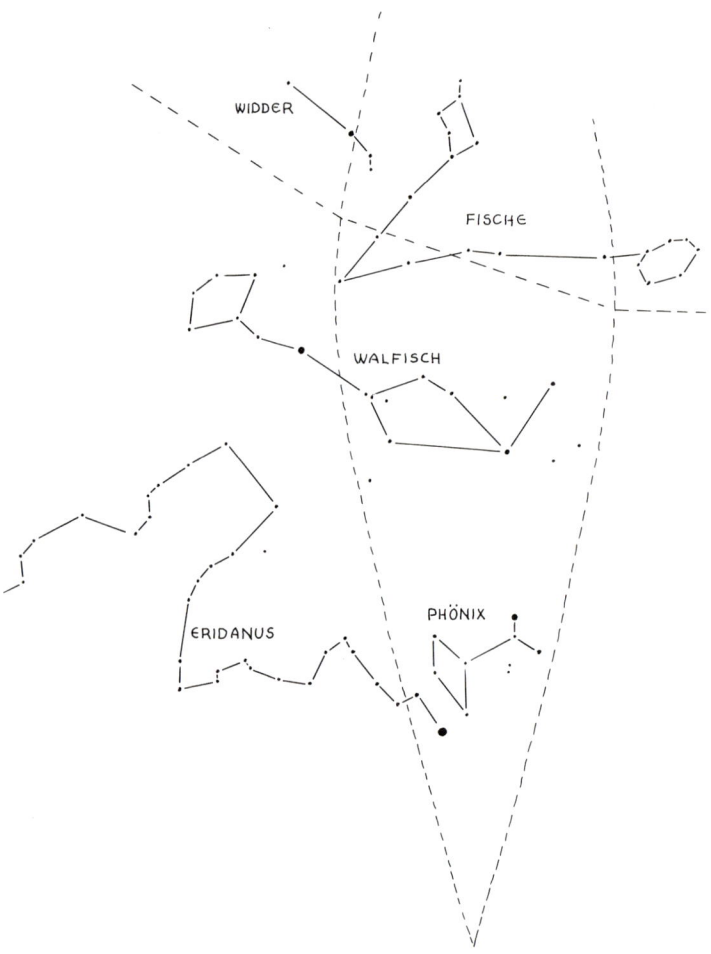

Wiederholen wir noch einmal: Es sind die Spitze des Dreiecks, das umgewandte Haupt des Widders, der Haltepunkt der Fische, die Mitte des Walfisches und die Mündung des Himmelsstromes Eridanus. Das Zeichen des Zeus, die beiden Christus-Symbole, das Zeichen des Jona und mit dem Eridanus das Zeichen der prophetischen Ankündigung des Messias, – alle diese

Zeichen stehen genau dort am Himmel, wo bei Frühlingsankunft der Sonne auf Erden das größte Ereignis der Weltgeschichte stattfand.

Die Wandzeichnung in der Katakombe drückt dies exakt aus: Als die Sonne über dem Haltepunkt der Fische stand, wurde auf Erden das Kreuz aufgerichtet, an dem Christus hing. So findet sich das Sternzeichen der Fische als Symbolbild urchristlicher Kunst wieder. Doch auch die anderen Sternbilder, Widder, Walfisch und Eridanus, wurden in den Katakomben in Kunstwerke geprägt. Dabei nahm der Walfisch und seine Geschichte eine besondere Stellung ein. Um die eminent wichtige und zentrale Bedeutung, die das » Zeichen des Jona « für die Urchristen hatte, verstehen zu können, folgt nun die Jona-Geschichte im Wortlaut.

DAS BUCH JONA

»Und es erging das Wort des Herrn an Jona, den Sohn Amitthais: Auf, gehe nach Ninive, der großen Stadt, und predige wider sie; denn ihre Bosheit ist vor mich gekommen. Aber Jona machte sich auf, aus dem Angesichte des Herrn hinweg nach Tharsis zu fliehen, und ging nach Joppe hinab. Da fand er ein Schiff, das nach Tharsis fuhr. Er bezahlte den Fahrpreis und stieg ein, um mit nach Tharsis zu fahren, hinweg aus den Augen des Herrn. Aber der Herr warf einen gewaltigen Wind auf das Meer, und es entstand ein gewaltiger Sturm auf dem Meere, so daß das Schiff zu scheitern drohte. Da fürchteten sich die Schiffsleute und schrien ein jeder zu seinem Gott. Und sie warfen die Geräte auf dem Schiff ins Meer, um sich Erleichterung zu schaffen. Jona aber war in den untersten Schiffsraum hinabgestiegen, hatte sich niedergelegt und schlief fest. Da trat der Schiffshauptmann an ihn heran und sprach zu ihm: Was kommt dich an, zu schlafen? Auf, rufe deinen Gott an; vielleicht nimmt er Rücksicht auf uns, daß wir nicht verderben. Dann sprachen sie zueinander: Kommt, wir wollen das Los werfen, damit wir erfahren, um wessen willen uns dieses Unglück trifft. Und sie warfen das Los, und es fiel auf Jona. Da sprachen sie zu ihm: Sage uns doch: was ist dein Gewerbe, und woher kommst du? Wo bist du daheim, und zu welchem Volk gehörst du? Er antwortete ihnen: Ich bin ein Hebräer und verehre den Herrn, den Gott des Himmels, der das Meer und das Trockene gemacht hat. Da fürchteten die Männer sich sehr und sprachen zu ihm: Was hast du da getan! Denn die Männer wußten, daß er vor dem Herrn floh; er hatte es ihnen nämlich gesagt. Und sie sprachen zu ihm: Was sollen wir mit dir machen, daß das Meer ruhig wird und von uns läßt? Denn das Meer wurde immer stürmischer. Er antwortete ihnen: Nehmt mich und werft mich ins Meer, so wird das Meer ruhig werden und von euch lassen. Denn ich weiß, daß dieser gewaltige Sturm um meinetwillen über euch gekommen ist. Nun strengten sich die Männer an, das Schiff wieder an Land zu bringen, aber sie vermochten es nicht; denn das Meer wurde immer stürmischer gegen sie. Da riefen sie den Herrn an und sprachen: Ach Herr, laß uns doch nicht umkommen, wenn wir diesen Mann ums Leben bringen, und rechne uns nicht unschuldiges Blut an; denn du, o Herr, hast nach deinem Wohlgefallen getan. Und sie nahmen Jona und warfen ihn ins Meer. Da stand das Meer ab von seinem Wüten. Es kam aber große Furcht vor dem Herrn über die Männer, und sie schlachteten dem Herrn ein Opfer und taten ein Gelübde.

Und der Herr entbot einen großen Fisch, Jona zu verschlingen, und Jona war drei Tage und drei Nächte in dem Bauch des Fisches. Da betete Jona im Bauche des Fisches zu dem Herrn, seinem Gott und sprach:

> Aus meiner Not rief ich zu dem Herrn,
> und er erhörte mich.
> Aus dem Schoß der Unterwelt schrie ich,
> du hörtest meine Stimme.
> Du warfst mich in die Tiefe, mitten ins Meer,
> und die Flut umschloß mich;
> all deine Wogen und Wellen
> gingen über mich hin.
> Schon dachte ich, ich sei verstoßen,
> hinweg aus deinen Augen.
> Wie werde ich je wieder schauen deinen heiligen Tempel?
> Die Wasser gingen mir bis an die Seele,
> die Tiefe umschloß mich,
> Meertang umschlang mein Haupt
> an den Gründen der Berge.
> Ich war hinabgefahren in die Erde,
> ihre Riegel schlossen sich hinter mir auf ewig;
> da zogst du mein Leben empor aus der Grube,
> o Herr, mein Gott!
> Als meine Seele in mir verzagte,
> gedachte ich des Herrn,
> und ein Gebet drang zu dir
> in deinen heiligen Tempel.

Die an nichtige Götzen sich halten,
verlassen (ihn), ihre Zuflucht.
Ich aber will mit lautem Danken
dir Opfer bringen;
was ich gelobt habe, will ich erfüllen!
Die Hilfe steht bei dem Herren.

Und der Herr gebot dem Fisch, und er spie Jona ans Land.

Darnach erging das Wort zum zweiten Male an Jona: Auf, gehe nach Ninive, der großen Stadt, und predige ihr, was ich dir sagen werde. Und Jona machte sich auf und ging nach Ninive gemäß dem Befehl des Herrn. Ninive aber war eine über alle Maßen große Stadt, drei Tagesreisen zu durchwandern. Und Jona begann in die Stadt hineinzugehen, eine Tagesreise weit; dann predigte er: Noch vierzig Tage, und Ninive ist zerstört! Und die Leute von Ninive glaubten Gott und riefen ein Fasten aus, und groß und klein legte Trauer an. Und die Kunde drang bis vor den König von Ninive. Da stand er auf von seinem Throne, tat seinen Mantel von sich, bedeckte sich mit dem Trauergewand und setzte sich in die Asche. Dann ließ er ausrufen und verkünden in Ninive: ›Auf Befehl des Königs und seiner Großen: Menschen und Vieh, Rinder und Schafe, sollen nichts genießen, sie sollen nicht weiden noch Wasser trinken. Sie sollen sich in Trauer hüllen, Menschen und Vieh, und mit Macht zu Gott rufen und sollen sich ein jeder bekehren von seinem bösen Wandel und von dem Frevel, der an seinen Händen ist. Wer weiß, vielleicht gereut es Gott doch noch, und er läßt ab von seinem grimmigen Zorn, daß wir nicht untergehen.‹ Als nun Gott ihr Tun sah, daß sie sich von ihrem bösen Wandel bekehrten, ließ er sich das Unheil gereuen, das er ihnen angedroht hatte, und er tat es nicht.

Das verdroß Jona gar sehr, und er ward zornig. Und so betete er zum Herrn und sprach: Ach Herr, das ist's eben, was ich mir sagte, als ich noch in meinem Lande war. Darum wollte ich auch das erste Mal nach Tharsis fliehen. Denn ich wußte ja, daß du ein gnädiger und barmherziger Gott bist, langmütig und reich an Huld, und daß dich des Übels gereut. Und nun, o Herr, nimm doch meine Seele von mir; denn es ist mir lieber, ich sterbe, als daß ich noch weiterlebe. Da antwortete der Herr: Ist es recht, daß du so zürnst? Darnach ging Jona zur Stadt hinaus und ließ sich östlich von der Stadt nieder. Er baute sich dort eine Hütte und saß darunter im Schatten, bis er sähe, wie es der Stadt ergehen würde. Und Gott der Herr entbot einen Rizinus; der wuchs über Jona empor, um seinem Haupte Schatten zu geben und ihm so seinen Unmut zu nehmen. Über diesen Rizinus freute sich Jona sehr. Als aber am folgenden Tage die Morgenröte aufstieg, entbot Gott einen Wurm; der stach den Rizinus, so daß er verdorrte. Und als die Sonne aufging, entbot Gott einen schwülen Ostwind, und die Sonne stach auf Jonas Haupt, so daß er matt wurde. Da wünschte er sich den Tod und sprach: Es ist mir lieber, ich sterbe, als daß ich noch weiterlebe. Gott aber sprach zu Jona: Ist es recht, daß du so zürnst um des Rizinus willen? Er antwortete: Ja, mit Recht zürne ich so, daß mir das Leben verleidet ist. Da sprach der Herr: Dich jammert des Rizinus, um den du doch keine Mühe gehabt hast und den du nicht großgezogen hast, der in einer Nacht geworden und in einer Nacht verdorben ist. Und mich sollte der großen Stadt Ninive nicht jammern, in der über 120 000 Menschen sind, die zwischen rechts und links noch nicht unterscheiden können, dazu die Menge Vieh?«

Was ist nun das »Zeichen des Jona«? – Jesus beantwortete den Menschen ihre Frage mit Bildern, mit Gleichnissen. Ein Bild läßt den Betrachter frei, jeder sieht in ihm das, wofür seine Augen offen sind, was er begreifen kann, mehr nicht. Entsprechend gilt: »Wer Ohren hat, der höre!« *(Matthäus 13, 9)* Mit dieser Aufforderung endet manches Gleichnis. Auch die Jona-Geschichte ist ein Gleichnis, ein Zeichen.

Das Verhalten des Jona zeigt beide Tendenzen des Christentums. Zunächst wollte der Prophet seiner Bestimmung entfliehen. Er wollte sich wie ein Fisch verhalten. Da griff Gott ein. Er schickte den großen Fisch, der für Jona zum Verderben und zur Rettung wurde. Da ließ Jona sich festhalten, er bekannte sich zu Gottes Auftrag. Und in dem Moment ließ der Fisch ihn wieder frei. Die freiwillige Bindung brachte die Freiheit.

Wie es zu Jonas Wandlung kam, ist seinem Gebet in der Finsternis des Fischleibes zu entnehmen. Jona war, durch sein eigenes Verschulden, in die tiefste Tiefe geworfen worden. Das wurde ihm bewußt. Da geschah in ihm die Wandlung:

> »Ich war hinabgefahren in die Erde,
>   ihre Riegel schlossen sich hinter mir auf ewig;
>   da zogst du mein Leben empor aus der Grube,
>   o Herr, mein Gott!«

In der tiefsten Not und Finsternis gab sich Jona nicht auf, da warf er sein Leben nicht leichtfertig weg, wie er es vorher tat, als er sich ins Meer stürzen lassen wollte, sondern er gab sich Gott hin:

»Als meine Seele in mir verzagte,
  gedachte ich des Herrn.«

Das war die Wende.

»Ich aber will mit lautem Danken
  dir Opfer bringen;
  was ich gelobt habe, will ich erfüllen!
  Die Hilfe steht bei dem Herrn.«

Nun war er bereit, sich zu stellen, zu seinem eigenen Wort zu stehen, sich binden zu lasssen. Da wurde er frei und unangreifbar:

»Und der Herr gebot dem Fisch,
  und er spie Jona ans Land.«

Jona verhielt sich wie ein Fisch. Er wollte das Weite suchen. Da kam wie eine homöopathische Therapie, nach der man Gleiches mit Gleichem heilt, der Fisch, und er wurde eins mit ihm.

Es ist ein äußeres Bild für Jonas inneres Verhalten. Er selbst war der Fisch. Und er wandelte sich zum Fisch, der sich binden und festhalten läßt, zum Christussymbol. Dadurch gewann sein Wort die Kraft, die Leute von Ninive zur Umkehr zu bewegen.

Doch nun regte sich die andere Widersachermacht in Jona. Der Prophet begehrte auf, er wendete sich gegen Gott. Er ging gegen Gott an wie ein Widder. Er wollte den angedrohten Untergang sehen. Da führte Gott ihm einen Untergang an dem schattenspendenden Rizinusstrauch vor. Er ließ ihn schnell wachsen und schnell wieder verdorren. Wieder war es eine homöopathische Therapie. In kleiner Dosis wurde das gegeben, was Jona ergrimmt im großen verlangte.

Daß Jona einlenkte und seinen Widerstand gegen Gott aufgab, daß er seinen bockigen Widderkopf abwandte und somit zum Christussymbol wurde, steht nicht mehr im Alten Testament, im Buch Jona. Aber es ist in der frühchristlichen Kunst dargestellt zu finden.

Ein Deckengemälde in der Petrus- und Marcellinus-Katakombe zeigt um das Zentralbild des »Guten Hirten« herum in vier Darstellungen die beiden Verhaltensweisen Jonas, jeweils ein Bild des Versagens und das Bild der Überwindung.

Zu Häupten des Hirtenbildes sieht man Jonas Sturz aus dem Schiff. Der Fisch steht schon zur Übernahme bereit. Zur Linken des hütenden Hirten

Der gute Hirte und Jonasszenen. Petrus- und Marcellinus-Katakombe

wird Jona vom Fisch wieder freigegeben. Rechterhand sitzt Jona trotzig in der Laube und hadert. Er schaut in Richtung seiner rechten Hand, der Tathand. Zu Füßen des Mittelbildes liegt Jona ergeben mit abgewandtem Blick unter grünendem Laub. Der gute Hirte trägt einen Widder mit abgewandtem Kopf auf den Schultern. Zu seinen Füßen liegen zwei entsprechende Tiere. So sind beide Motive hier dargestellt. Das ist das Zeichen des Jona.

Auf einem Sarkophag in Rom sind ebenfalls die beiden Überwindungstaten des Jona zu sehen. Der wolfsdrachenartige Fischkopf ragt noch herein, nachdem er Jona freigab. Jona liegt gelöst mit zurückgewandtem Haupt in der Laube. Über der Laube liegen drei Widder mit abgewandten Köpfen. In der Jona-Geschichte wird kein Widder erwähnt. Diese Widder sind Bilder für Jonas Seelenzustand. Sie sind Zeichen seines Verhaltens.

Taufe Christi. Sarkophag, Rom, S. Maria antiqua

Die Jonaszenen sind in Verbindung mit der Taufe Christi dargestellt. Auch da taucht das Widdermotiv auf. Jesus steht in den Jordanwellen neben Johannes, dem Täufer. Der Täufling wendet seinen Kopf, und seine rechte Hand berührt den abgewandten Kopf eines Widders. Zwischen diesen Stationen steht der »gute Hirte« mit dem Widder auf der Schulter, wieder mit abgewandtem Kopf. Nun sei das Bild des Walfisches auf dem Relief noch einmal näher betrachtet. Es zeigt eine frappierende Ähnlichkeit mit der Ketos-Sternbild-Darstellung aus der karolingischen »Aratea«, der ja antike Vorbilder zugrunde liegen (s. Abb. S. 127). Das ist das gleiche Wesen. Damit ist die Verbindung zum Sternenhimmel wieder hergestellt. Nicht nur durch den Namen Ketos stimmen der Himmel und diese biblische Geschichte überein, sondern auch durch die Gestaltung der Bilder.

Das Sternbild Walfisch oder Cetus hat überdies noch eine astronomische Besonderheit in seinem hellsten Stern, der Mira. So schildert ein Astronom ihn: Der Walfisch »enthält einen Stern, der lange Zeit rätselhaft war: Mira, das heißt ›die Wunderbare‹. Die Helligkeit… [dieses Sternes] schwankt innerhalb von 332 Tagen zwischen 2. und 10. Größe; dabei dauert der Anstieg drei Monate, das Verblassen sieben Monate.«[57] Es ist zum Staunen, daß gerade das Sternbild Walfisch, dieses Bild der Wandlung, die Seltenheit eines sich ständig wandelnden Sternes besitzt.

Die Zusammenstellung der Bildmotive am Sarkophag scheint ebenfalls die Sternensituation zu spiegeln, indem der Walfisch, der Widder und der Wasserstrom dargestellt sind. Die Taufe Christi wurde an der Mündung des Jordans vollzogen. Oben am Firmament hat der Himmelsstrom Eridanus im Fische-Haus hier seine Mündung. So scheinen in diesen frühchristlichen Darstellungen Spiegelbilder der Himmelsgestaltung im Widder- und Fische-Gebiet zu finden zu sein.

Noch ein weiteres Deckengemälde in der Petrus- und Marcellinus-Katakombe bestärkt diese Vermutung: In einem Mittelkreis ist der Sonnengott Helios mit dem Sonnenwagen dargestellt. Rechts und links davon sind die zwei Erlösungsbilder aus dem Jonaleben zu sehen.

Diese Bildergeschichte meine ich folgendermaßen deuten zu können: Als der Sonnenwagen des Helios, die aufsteigende Sonne – d.h. der Frühlingspunkt –, bei dem Sternbild Walfisch stand, da ereignete sich »das Zeichen des Jona«, da kam das Christentum auf die Erde. Dieses Bild ist ein Pendant zu dem anfangs betrachteten Katakombenbild der angebundenen Fische mit dem Sonnenkreuz.

Zusammenfassend kann man sagen: Die Sternbilder Widder und Fische standen Pate an der Wiege des Christentums. An beide knüpft sich ein Anfang, am Himmel wie auf der Erde. Die offensichtlichen Widersprüche machen das Verstehen schwer und fordern zu freilassenden Erkenntnismethoden auf. Das Christentum ist ein Geheimnis, und es wirkt als solches in der Welt. »Sakrament« ist dasselbe Wort. Christus schenkte sich der Welt im Sakrament von Brot und Wein. Das wirkt seitdem heilbringend substantiell auf die Erde. Auf der anderen Himmelsseite trägt die Jungfrau Ähre und Traube in ihren Händen. Sie ist ein prophetisches Rätsel, das vom Himmel herabstrahlt. Hier im gegenüberliegenden Himmelshaus der Fische löst und erfüllt Christus dieses Weltenmysterium auf der Erde.

Walfisch mit Jona. Petrus- und Marcellinus-Katakombe

XI. Das Haus des Wassermanns

Wir sind auf einer Mission:
zur Bildung der Erde sind wir berufen.

NOVALIS

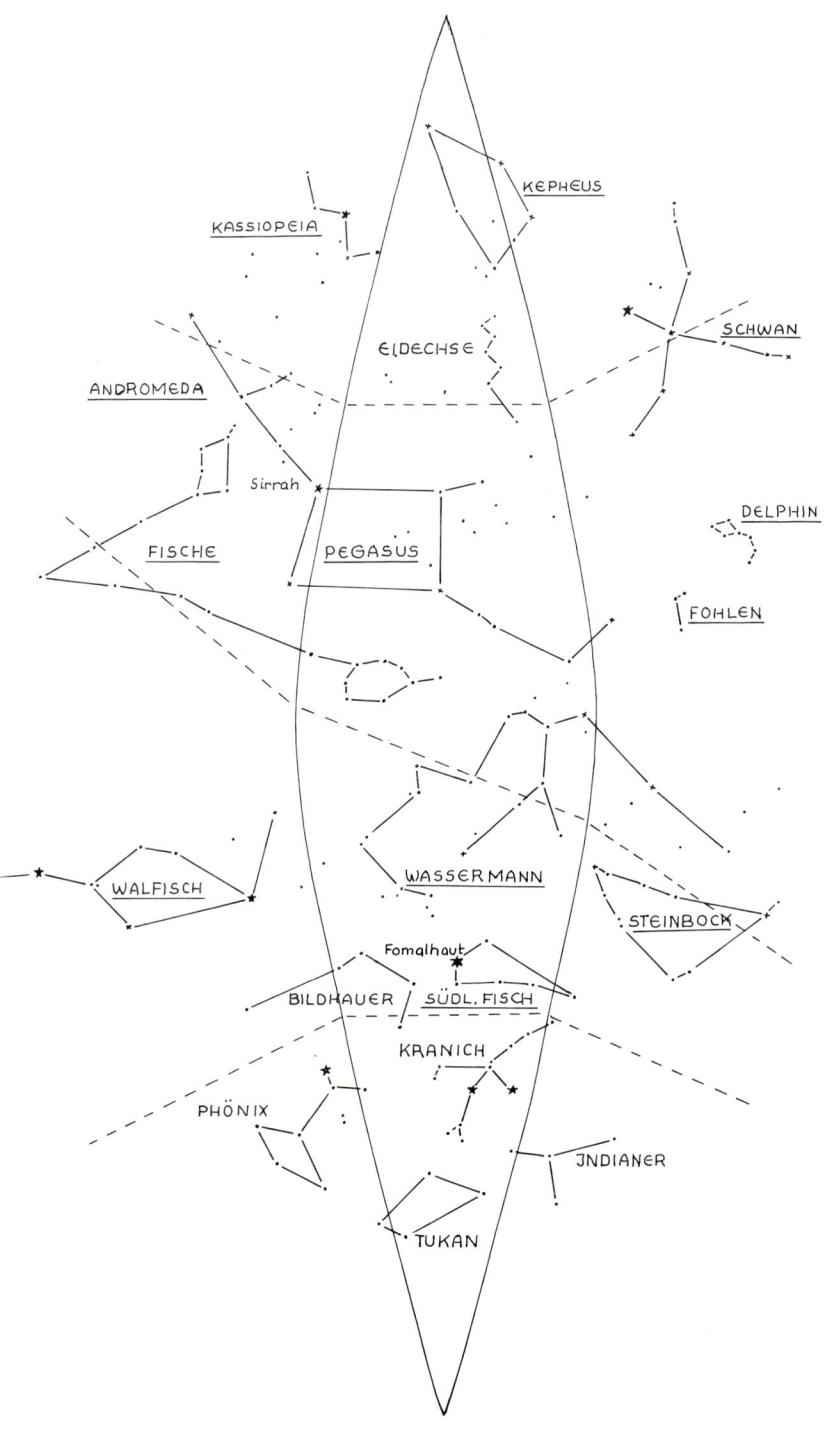

KASSIOPEIA

KEPHEUS

ELDECHSE

SCHWAN

ANDROMEDA

DELPHIN

Sirrah

FISCHE

PEGASUS

FOHLEN

WASSERMANN

WALFISCH

STEINBOCK

Fomalhaut

BILDHAUER / SÜDL. FISCH

KRANICH

PHÖNIX

JNDIANER

TUKAN

*M*it dem Gebiet des Wassermanns wird in gewisser Weise Neuland betreten. Es ist die Gegend des Himmels, aus der die Frühlingssonne noch nicht geschienen hat, in der der Widderpunkt während des derzeitigen platonischen Weltenjahres noch nicht gewesen ist.

Hoch oben im Norden steht als letzter der nördlichen treuen Himmelsbegleiter das Sternbild Kepheus. Kepheus ist in der Perseussage der königliche Gatte der Kassiopeia und Vater der Andromeda. Ein König steht also dort. Auf der gegenüberliegenden Himmelsseite lagert der Löwe, der König der Tiere. Hier ist der Mensch König. Und er beherrscht gewissermaßen zwei Himmelshäuser. Mit einem Bein steht er im Wassermann-Gebiet, den anderen Fuß setzt er schon ins nächste Haus.

Ein König ist reich, er kann Schätze vergeben. Er erläßt Gesetze. Was ein König spricht und tut, ist maßgebend. Ein wahrer König ist ein gebender Mensch, gebend aus Reichtum und überschauender Einsicht.

König Kepheus steht auch im Unglück aufrecht, während die schuldgebeugte Königin Kassiopeia stets sitzend dargestellt wird; er spendet seiner Gattin und Tochter Beistand und Mitleid. Am Himmel steht er hinter der Königin, nicht anklagend vor ihr, noch herrschend neben ihr, sondern, ihren Rücken schützend, hinter ihr. Wie Gestalt-gewordenes Mitleid steht er da. Nichts anderes scheint seine Mission zu sein, als einfach da zu sein und mitzuleiden. Er ist ein Bild wacher Anteilnahme. Entgegen der naheliegenden Vermutung bei der Betrachtung dieses Sternbildes ist die Spitze des Bildes nicht der Kopf, sondern ein Fuß des Kepheus.

In der Mitteregion des Hauses nimmt das Sternbild Pegasus viel Raum ein. Es schließt schon im Fische-Haus direkt an das Andromedabild an, füllt die Wassermann-Region aus und schaut mit dem Kopf zum Steinbock hinüber. Ebenso wie das Schiff und der Stier ist der Pegasus »hemitomoi«, halb durchgeschnitten. Nur Kopf, Brust und die Vorderbeine sind dargestellt. Aus seiner Brust wächst ein mächtiges Flügelpaar. In nördlichen Erdbreiten steht er kopfüber am Himmel. Man muß sich innerlich auf den Kopf stellen, um diese genial einfache Pferdedarstellung am Himmel zu erkennen.

Dieses griechische Götterpferd und Dichterroß entsprang dem Rumpf der Medusa, als Perseus ihr das Haupt abschlug. Er entsprang ihrem Brustbereich, dort, wo der Kopf gesessen hatte. Am Himmel grenzt das Sternbild Andromeda direkt an ihn an. Der Stern Sirrah gehört einerseits eindeutig als hellster Stern zum Sternbild Pegasus, andrerseits ist er der Kopf der gefesselten Königstochter. Pegasus scheint dem Haupte der Andromeda zu entspringen. Perseus hat den Pegasus aus der Medusa entbunden, nun scheint er die befreite Andromeda zu beflügeln.

Das Pferd versinnbildlicht das Denken. Die sprichwörtliche Zurechtweisung einer Dummheit: »Überlaß das Denken den Pferden, sie haben einen größeren Kopf!« drückt das aus. Der Pegasus ist das Bild eines beflügelten Denkens, beflügelt aus der Herz-Atem-Region, aus der Brust. Dort wohnen Rhythmus und Gefühl. Kein Wunder also, daß die Dichter »den Pegasus reiten«.

Dazu eine alte Sage: Als einst die neun Musen, die singenden Töchter des Zeus, auf dem Helikongebirge in Boiotien ihren Gesang und ihr Saitenspiel so laut und mächtig ertönen ließen, daß alles rundherum belebt wurde, und sogar der Berg unter ihren Füßen anfing zu hüpfen, da zürnte Poseidon ihnen. Er schickte den Pegasus, um sie zu beruhigen und ihnen Grenzen zu setzen. Als Pegasus nun auf dem Helikon mit seinem Fuße stampfte, da beruhigten sich die beschwingten Musen wieder. An der Stelle aber, wo er mit seinem Fuße aufgestampft hatte, brach der Dichterquell hervor. An dieser Quelle tanzen seither die Musen, und aus dem klaren Quellwasser schöpfen die Dichter ihre Gesänge. Wegen dieser Quelle hat schon im achten Jahrhundert vor Christus Hesiod den Pegasus das Dichterroß genannt, das die Dichter aus dem Leid der Erde zum lichten Himmel des Zeus aufwärts trägt.

Das beflügelte Denken wird Phantasie genannt. Die Phantasie läßt lebendige Quellen entspringen. Sie ist eine schöpferische Kraft. Dafür ist der Pegasus das Bild.

Vom Süden her berührt die Mitte des Hauses das bis in das nächste Gebiet hineinreichende weitausladende Bild des Wassermanns, der als ein Mann in der Mitte des Lebens dargestellt wird. Er kniet mit dem linken Bein, das rechte ist aufgestellt. Sein rechter Arm hält in Brusthöhe einen Krug, aus dem unaufhörlich Wasser strömt. Der linke Arm ist leicht erhoben und weist zum Steinbock hinüber. Der Wassermann ist ein wasserspendender Mensch. Dieses Wasser fließt dem großen Südlichen Fisch mit dem hellstrahlenden Fomalhaut entgegen und wird von ihm aufgenommen.

Das vorige Himmelshaus durchragten zwei schwachleuchtende Fische, die gefesselt waren. Hier wird ein freischwimmender, hell strahlender Fisch mit unerschöpflichem Wasser gespeist.

Neben dem Südlichen Fisch fügte Louis de La Caille das Sternbild Bildhauer, das die Grenze zu den Fischen übergreift, ein. Ein Bildhauer ist ein gebender, schöpferischer Mensch. Er schafft neue Werke und bildet mit an der Welt.

So stehen hier drei Sternbilder, die schöpferische Kräfte aussprechen. Der Pegasus, der Wassermann, der Bildhauer — jeder ist auf seine Weise Bild gewordene Schöpferkraft.

Im südlichen Winkel des Wassermann-Hauses stehen noch zwei von Keyser benannte Sternbilder, die neue Motive in diese Hausgemeinschaft hereinbringen. Der Kranich fliegt dort auf und unter ihm hockt der merkwürdige Tukan.

Der Kranich ist ein Zugvogel, der in Gemeinschaft lebt. Er ist ein altes Symbolbild. »Aus der antiken Naturkunde wurde die Vorstellung vom vorbildlich wachsamen Kranich übernommen: Während die übrigen ruhen, wacht ein Tier und hat dabei einen Stein in der Kralle, um nicht einzuschlafen. Daher ist der Kranich Sinnbild der Wachsamkeit.«[58]

Als Wächter und Mahner wird er gesehen. Wer unter der Fluglinie des alljährlichen Kranichzuges wohnt, der ist sich dieser Tatsache bewußt. Wenn im Oktober die Kraniche in keilförmiger Formation auf dem Flug in ihr Winterquartier das Land überqueren, dann schauen die Anwohner, von den trompetenartigen Kranichrufen aus den Häusern gelockt, zum Himmel empor. Dieses Ereignis wird nicht versäumt. Die Schreie erschüttern die Menschen. So ist es zu verstehen, daß Friedrich Schiller in seiner berühmten Ballade »Die Kraniche des Ibykus« diese Vögel als Wächter und Mahner des Gewissens auftreten läßt. Sie korrespondieren in diesem Gedicht mit den Erinyen, den Rachegöttinnen der Griechen. Damals wurden diese mahnenden, anschuldigenden Mächte noch als von außen kommend erlebt. Inzwischen hielten sie Einzug ins Menscheninnere. Das Gewissen übernahm ihre Mission. Es wacht und mahnt tief verborgen in jedem Menschen. Der Kranich ist ein Bild, ein Symbol, für diesen mahnenden Wächter.

Südlich vom Sternbild Kranich hockt als südlichster Hausgenosse der Tukan, auch Pfefferfresser genannt, ein südamerikanischer Vogel aus der Familie der Spechte. Er fällt durch einen gewaltigen, oft buntgefärbten großen Schnabel auf. »Dieser ist trotz seiner Größe sehr leicht; mit erstaunlicher Behendigkeit hüpfen die Vögel mit ihm von Ast zu Ast. Man meint, sie müßten vornüberkippen, aber sie wirken schwerelos... Tukane brüten in Baumhöhlen, die sie nicht selbst zimmern können... Zum Schlafen legen Tukane ihren Schnabel auf die Rückenmitte und bedecken ihn mit ihren Schwanzfedern; so bleibt nur noch ein runder Federball übrig!«[59]

Ein merkwürdiger Vogel! Eine Laune der Natur! Er erscheint anders, als er ist. Die Größe seines Schnabels läßt mehr Gewicht vermuten. Er bewohnt ein Haus, zu dessen Bau er nicht imstande ist. Zudem zeigt er ein putziges Gebaren, wenn er zur Ruhe kommt. Es kommen seltsame Wesenszüge mit dem Tukan in dieses Himmelshaus hinein.

Der größte und hellste Stern des Wassermann-Gebietes ist der Fomalhaut. Er gilt als Mund des Südlichen Fisches, in den sich der unerschöpfliche Strom aus dem Krug des Wassermanns ergießt. Zum dritten Mal erscheint hier ein Fisch am Himmel, abgesehen vom Walfisch, dem Cetus, der eigentlich nicht in diese Tiergattung gehört. Der erste Fisch ist der Schwertfisch im Haus des Stiers. An zweiter Stelle stehen die zwei Fische, die Hausherren des Nachbargebietes, die miteinander verbunden sind. Und hier strahlt und leuchtet nun als dritter der große Südliche Fisch.

Der erste Fisch ist, trotz seines gefährlichen Schwertes, vom todbringenden Netz bedroht. Dagegen wird der letzte, der große Südliche Fisch gespeist mit ewigströmendem Lebenswasser. Zwischen der Todesdrohung im Stier-Gebiet und der Lebensspende durch den Wassermann stehen die gefesselten Fische in der Doppelgestalt. In der Reihe der Fischbilder ist eine Metamorphose von Todesgefahr zu Lebenserhaltung zu erkennen. Die Fische sind das Mittelglied, die Übergangsstufe, der Wendepunkt. Bewirkten sie durch ihre Fesselung die Wandlung vom Tod zum Leben? Dann steht bildhaft ein Wandlungsprozeß hier am Himmel, der durch das Christussymbol der Fische bewirkt wird.

Bei der Betrachtung der fünf vorhergehenden Himmelshäuser war zu erkennen, wie die Menschengeschichte im Einklang mit der Himmelsgeschichte verlief, wenn der Lauf des Widderpunktes verfolgt wird. Die Himmelsbilder spiegelten sich im Erdensein. Zu den Wassermann-Bildern gibt es noch keine vergleichbare Geschichte auf der Erde. Sie ist noch Zukunft. Sie ist noch Möglichkeit. Geht man den Weg durch den Himmel im Anschauen der Bilder in gewohnter Weise weiter, so kann man einen Blick in die Zukunft wagen. Man kann den Himmel fragen, was die Menschheit auf Erden in der sechsten Kulturepoche zu erwarten hat, denn die Sternbilder, die mit dem Widderpunkt dann über der Erde stehen werden, sind am Himmel zu sehen. So soll versucht werden, auch dieses Kirchenfenster des großen Himmelsdomes zu entziffern.

150

Was wird den Menschen in der Zukunft erwarten?

Mit gebeugtem Knie erscheint der Mensch im Bild des Wassermanns, dem aus dem Brustbereich, aus Herzhöhe, das erfrischende Leben quillt. Der Pegasus verspricht schöpferische Kräfte des Hauptes, Dichtergedanken. Der Bildhauer schafft mit den Händen eigene Werke.

In dreifacher Weise wird so Schöpferkraft verheißen: Aus dem Haupt, aus dem Herzen und durch die Glieder. Im Denken, Fühlen und Wollen wird der Mensch Neues in die Welt bringen können. Er wird sich immer mehr vom Nehmenden zum Gebenden verwandeln, er wird vom Geschöpf zum Schöpfer werden.

Mitleid und menschlicher Beistand werden eine bedeutende Rolle spielen. Das kündet das Sternbild des Kepheus. Diese Entwicklung bahnte sich bereits auf Erden an. Schon viele Pioniere des Mitleids wirkten richtungweisend. Und Wachheit wird der Mensch erlangen. Er wird wach sein können für andere, ein Wächter, wie es dem Kranich nachgesagt wird. Wachheit, gepaart mit Mitleid, wird das Entstehen einer neuen Moral bringen können. Das Gewissen wird wachen. Heute sieht man ringsum die überlieferten Gesetzesstützen der Moral zusammenbrechen. Gewissenloses Handeln zerstört die Erde und die Beziehungen zwischen den Menschen. Das Gewissen wird überhört. Egoismus ist die Triebkraft. Das mögen Geburtswehen einer neuen Zeit sein. Eine neue Epoche kündet sich an. Das Alte muß zugrunde gehen, damit Neues keimen kann. Der Mensch ringt um sein Ich. Heute wirkt sich dieser Kampf oft noch verheerend aus. Doch die Wassermann-Sternbilder weisen einen Weg in die Zukunft: Sie scharen sich um den strahlenden Fisch. Ihn speisen sie mit ihrer Lebenskraft.

Nimmt man den Fisch als christliches Symbolbild ernst, dann öffnet sich ein längst verkündeter Weg mit neuen Gesetzen in die kommende Zeit, dann trifft man auf den, der sich der »Ich-bin« nannte und den Menschen sein Neues Testament gab. Das ist sein Vermächtnis: »Ein neues Gebot gebe ich euch, daß ihr einander lieben sollt, wie ich euch geliebt habe, daß auch ihr einander lieben sollt.« *(Johannes 13, 34)*

Für den anderen dasein, ihm das Leben ermöglichen, mit ihm fühlen, – das wird die neue Moral sein. Mitleid, Wachheit, Schöpferkraft – das kündet der Himmel. »Moralische Phantasie« könnte man die Kraft nennen, die der Mensch wird neu erringen können.

Doch daß es nicht nur den einen Weg in die Zukunft gibt, zeigt das südlichste Sternbild im Wassermann-Haus, der Tukan. Tukankräfte wirken schon jetzt in der Welt. (Das Sternbild ragt ja auch in das für die heutige Zeit zuständige Fische-Gebiet herein.) Die drei eingangs geschilderten Eigenschaften dieses Tieres bilden bereits heute mit an unserer Zivilisation: So gibt es überall vom Menschen geschaffene Gebilde, die anders scheinen als sie sind. Beim Kinderspielzeug beginnt es: Riesengroße Schiffe, Bauklötze, Werkzeuge, Tiere oder gar Puppen täuschen ein großes Gewicht vor, sind aber unverhältnismäßig leicht, weil sie aus Plastik und hohl sind. Manchen Architekten ist es eine Genugtuung, Bauten in die Welt zu stellen, die aufrecht stehenbleiben, obgleich man meint, sie müßten gleich zusammenbrechen oder umkippen. Das Statikgefühl des Menschen wird korrumpiert. Im Tukanschnabel demonstriert die Natur die Tendenz, die heute in vielen Lebensbereichen erscheint. Die zweite Eigenschaft teilen die meisten Menschen mit dem Tukan. Man wohnt in Häusern, die man nicht selbst zimmerte. Und es sind nicht nur die Häuser, die jeder benutzt, ohne sie selber herstellen zu können. Täglich handhabt man Dinge, die man nicht nur nicht selber machte, sondern oft nicht einmal versteht. Wer durchschaut denn das Telefon, das Auto, die Waschmaschine oder gar ein Atomkraftwerk? Und die dritte Eigenschaft, das ulkig-drollige Gebaren des Tukans, ist heute auch nicht unbekannt. Im Amusement suchen viele Menschen einen Ausweg aus ihrer Not. Eine vom Menschen gebaute Scheinwelt droht mehr und mehr das Leben zu beherrschen.

So kann man ahnen, daß das Wassermann-Zeitalter eine direkte Fortsetzung dessen bringen wird, was sich heute allerorten anbahnt, im Positiven wie im Negativen.

XII. Das Haus des Steinbocks

Endlich kommt zur Erde nieder
Aller Himmel selges Kind,
Schaffend im Gesang weht wieder
Um die Erde Lebenswind,
Weht zu neuen ewig lichten Flammen
Längst verstiebte Funken hier zusammen.

NOVALIS

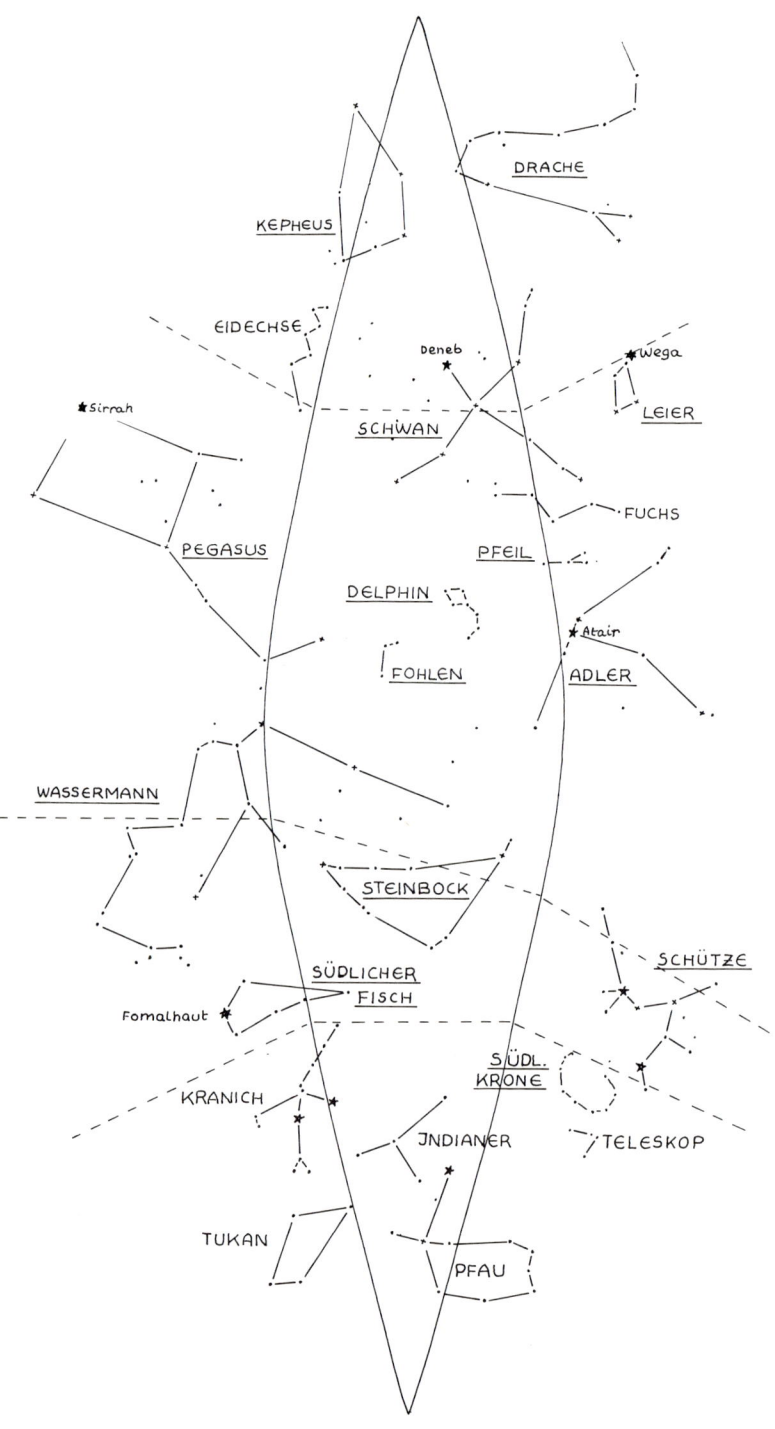

DRACHE

KEPHEUS

EIDECHSE

Deneb

★Wega

LEIER

★Sirrah

SCHWAN

FUCHS

PEGASUS

PFEIL

DELPHIN

★Atair

FOHLEN

ADLER

WASSERMANN

STEINBOCK

SCHÜTZE

SÜDLICHER
FISCH

Fomalhaut★

SÜDL.
KRONE

KRANICH

TELESKOP

JNDIANER

TUKAN

PFAU

*B*ei dem Steinbock ist das letzte Himmelshaus erreicht. Damit ist der Himmel einmal umrundet. Der Kreis schließt sich und findet zugleich einen neuen Beginn, denn von hüben und nach drüben überragen Sternbilder die Grenzen. König Kepheus steht mit einem Bein hier und Pegasus schaut mit seinem Kopf herein. Der Wassermann streckt seinen Arm bis zum Steinbock herüber; vom Südlichen Fisch schwimmt die Schwanzflosse hierher. Auf der anderen Seite überfliegen Schwan und Adler die Grenze. Und der Pfau ragt herein. Dazwischen sind drei Sternbilder diesem Haus ganz eigen: Das ist der Steinbock, das Fohlen und der Delphin. Diese drei Tiere haben eine ihnen gemeinsame Eigenschaft: Munter springt mit staksigen Beinen ein Fohlen über die Weide. Aus dem Wasser springend, tummeln sich Delphine im Meer. Durch steile, unwegsame Felswände findet der Steinbock sicher springend seinen Weg. Springlebendig sind sie alle drei. Gegenüber auf der anderen Himmelsseite ist das Bild des Krebses, an dessen kopfigem Körper die Beine wie Anhängsel wirken. Damit lassen sich keine großen Sprünge machen. Der Krebs hat Kopfcharakter, Kopfkräfte herrschen im Gegenüber des Firmamentes. Hier dagegen stehen Bilder von Tieren, deren Stärke in ihren Gliedmaßen und ihrer Bewegungsfähigkeit liegt.

Der Delphin, der ja keine Glieder hat, springt mit dem ganzen Körper, sein ganzer Körper ist Bewegungsorgan. Das Fohlen ringt mit seinen Beinen, die, überlang, ihm noch nicht recht zu Gebote stehen. Aber es übt und übt mit mutwilligen Sprüngen. Der Steinbock beherrscht seinen Körper. Am Rande der Vegetationsgrenze sucht er seine Nahrung. Dabei überspringt er gefährliche Felsklippen und -spalten sicher mit seinen kräftigen Gliedern. Ruhig erhaben überblickt er die Welt. Sie ist ihm untertan. Er hat sie im Griff.

Das Sternbild Fohlen wird als Kind des Pegasus angesehen, als Pegasus der Zukunft. Tummelnde Delphine erwecken den Eindruck von spielenden Kindern. Kindhaft mutet ihr Wesen an. Dazu paßt ihre Lernfähigkeit und die Möglichkeit, Gefühle äußern zu können und Tränen zu weinen. So bringen diese beiden Sternbilder Kindlichkeit als Charakter in dieses Himmelshaus. Dazu stimmt eine mündlich überlieferte nordische Sage über den Himmelsschwan, nach der dieser die Kinderseelen zur Geburt vom Himmel herabträgt, während mit dem Adler die Seelen der Verstorbenen wieder hinauffliegen. Das Sternbild Schwan gehört vorwiegend in das Gebiet des Steinbocks. Sein heller Hauptstern Deneb, der in den Schwanenschwanzfedern steht, ist ein auffälliger Markstein dieses Hauses. Eine Linie vom Polarstern durch den Deneb führt geradewegs zum Steinbock.

So sprechen sich durch die Sternbilder dieses Hauses muntere Kindlichkeit und Erdbeherrschung aus. Rätselhaft ist allerdings die Darstellung des Steinbock-Sternbildes. Es zeigt nicht ein fest auf seinen Beinen stehendes Tier. Der Kopf mit den mächtigen Hörnern ist dem natürlichen Steinbock entsprechend, aber die Gliedmaßen passen keineswegs zu der Standhaftigkeit dieses Gebirgstieres. Die Vorderbeine sind kniend angewinkelt, und statt der Hinterbeine wächst ein Fischschwanz aus dem Leib heraus. Verzichtet dieser Steinbock auf die besondere Stärke seines Wesens, auf die kräftigen, standfesten Knie? Verzichtet er auf seine ihm von der Natur gegebene Kraft? Dann würde dieses Bild in die Nähe der Christussymbole Widder und Fische rücken. Der Fischschwanz mit der meist dreigeteilt dargestellten Schwanzflosse spricht für diese Vermutung.

Steinbock, nach »Aratea«

Am Himmel stoßen Steinbock und Schütze an der Nahtstelle des Tierkreises aneinander. Beide sind Zwitterwesen. Am Anfang der Himmelsgeschichte steht der Schütze-Kentaur, der halb Mensch, halb Pferd ist. Am Ende der Entwicklung steht der Steinbock-Fisch. Zwischen diesen beiden Bildern ist die ganze Evolution vom Firmament abzulesen.

156

Der Südhimmel bringt noch ein schlichtes, schwachleuchtendes Sternbild dazu, das ganz ins Steinbock-Haus gehört – den Indianer. Es wurde erst in der Neuzeit benannt. Doch es zeigte sich wiederholt, daß diese jungen Bilder mit ihrer Aussage ebenso ernst zu nehmen sind wie die antiken. Tiefe Weisheit muß gewaltet haben, als jene sternkundigen Menschen die Lücken in den Fenstern des Himmelsdomes schlossen und die fehlenden Bilder ergänzten. Der Seemann Keyser versetzte den Indianer an den Himmel.

Mit diesem Sternbild offenbart die Sternenwelt noch einmal etwas ganz Neues: Ein Mensch ist an den Himmel versetzt. Keine mythische Heldengestalt, sondern ein Mensch, wie er einem auf Erden begegnen kann, funkelt als Bild aus den Sternen herab. Der Angehörige einer Rasse steht wie stellvertretend für die Menschheit dort oben. Damit hat der Mensch den Himmel betreten. Warum ist der Indianer dazu auserkoren? Was zeichnet den Indianer aus?

Über einen Menschen erfährt man Wesentliches, wenn man weiß, wie er betet. Das Gebet offenbart sein Verhältnis zur Welt und zu ihrer Schöpfermacht. Es zeigt die Motive, aus denen dieser Mensch lebt und handelt. Das bekannte Gebet der Sioux, das seit alter Zeit gebetet wird, vermittelt einen Eindruck von der religiösen Haltung des Indianers:

»Großer Geist, dessen Stimme ich in den Winden vernehme und dessen Atem der ganzen Welt Leben spendet, erhöre mich! Ich trete vor Dein Angesicht als eines Deiner vielen Kinder. Siehe, ich bin klein und schwach; ich brauche Deine Kraft und Weisheit.

Laß mich in Schönheit wandeln und meine Augen immer den purpurroten Sonnenuntergang schauen. Mögen meine Hände die Dinge achten, die Du geschaffen hast, und meine Ohren Deine Stimme hören! Mache mich weise, damit ich die Dinge erkennen kann, die du mein Volk gelehrt hast, die Lehre, die Du in jedem Blatt und jedem Felsen verborgen hast. Ich sehne mich nach Kraft, nicht um meinen Brüdern überlegen zu sein, sondern um meinen größten Feind – mich selbst – bekämpfen zu können. Mache mich stets bereit, mit reinen Händen und aufrichtigen Augen zu Dir zu kommen, damit mein Geist, wenn das Leben wie die untergehende Sonne entschwindet, zu Dir gelangen kann, ohne sich schämen zu müssen.«[60]

Würden alle Menschen so beten, dann wäre es heute besser bestellt um die Welt. Reine Kindlichkeit und Selbstbeherrschung sowie Liebe zu Himmel und Erde klingen aus diesen Worten. Die Kindeskräfte, die sich in den Sternbildern Fohlen und Delphin aussprechen, und der erdergreifende Mut, den der Steinbock verkörpert, sind im Sehnen dieser Menschen vereint.

Andrerseits bezieht das Gebet den Tod mit ein. Das Bild der untergehenden Sonne erscheint als Vergleich zum Menschenleben. Der Blick des Indianers ist zum Lebensende hingewendet. Diese Menschenrasse trägt die Weisheit und Würde des alten Menschen in sich. Um so bedeutender erscheint das kindhafte Verhalten. Das ist keine natürliche, unerfahrene Kindlichkeit, sondern ein bewußtes Erüben von Kindeskräften. Damit rückt das Streben des Indianers in die Nähe des Zieles der christlichen Religion:

»Wahrlich, ich sage euch: Wenn ihr nicht umkehrt und werdet wie die Kinder, so werdet ihr nicht ins Reich der Himmel kommen.« *(Matthäus 18, 3)*

Dieses Wort des Neuen Testamentes weist den Weg in das »Reich der Himmel«, in die Gottesnähe, in das neue Paradies. Einst, als die ersten Menschen, eben erschaffen, im Garten Eden lebten, erhielten sie Gottes Weisung für ihren Lebensweg:

»Gott segnete sie und sprach zu ihnen: Seid fruchtbar und mehret euch und füllet die Erde und machet sie euch untertan, und herrschet über die Fische im Meer und über die Vögel unter dem Himmel und über alles Getier, das auf Erden kriecht.« *(1. Mose 1, 27–28)*

Damals gelang es den Menschen nicht, ihren Erdenauftrag zu erfüllen und zugleich im »Reich der Himmel« zu bleiben. Die Schlange verführte sie, und sie wurden aus dem Paradies vertrieben. Damit begann der leidvolle Weg des Menschen, auf dem er die Erde beherrschen lernte, aber die Verbindung zum Himmel mehr und mehr verlor. Auf diesem Weg befindet sich die Menschheit noch heute, obgleich mit dem Christentum schon längst eine neue Wegrichtung gewiesen wurde.

Im Streben des Indianers sind die beiden göttlichen Weisungen »machet euch die Erde untertan« und »werdet wie die Kinder« ergriffen. Der indianische Mensch erfüllt mit seinem Wesen diese Bedingungen. Bis heute fühlen Indianer mit tiefem Ernst die Verantwortung für den Fortbestand der Erde und hoffen auf die Hilfe des weißen Mannes. Davon gibt es bewegende schriftliche Zeugnisse.[61] Indianer sind fähig, sich die Erde untertan zu machen, ohne sie zu zerstören. Auf der anderen Seite fühlen sie sich selber als Kinder, als Kinder des Großen Geistes und als Söhne des Vaters Sonne.

Im Gespräch mit C. G. Jung ließ der Pueblo-Indianer Ochwiä Biano deutlich werden, wie Indianer sich für die Welt verantwortlich fühlen: »Wir sind doch ein Volk…, das auf dem Dach der Welt wohnt, wir sind die Söhne des Vaters Sonne, und mit unserer Religion helfen wir unserem Vater täglich, über den Himmel zu gehen. Wir tun dies nicht nur für uns, sondern für die ganze Welt. Wenn wir unsere Religion nicht mehr ausüben können, dann wird bis in zehn Jahren die Sonne nicht mehr aufgehen. Dann wird es für immer Nacht werden.«[62]

Daß der Indianer an den Himmel versetzt wurde, er symbolisch ins »Reich der Himmel« gekommen ist, ist ein mahnend tröstliches Vorbild.

Die Betrachtung der ersten nachatlantischen Kulturepochen ließen den Altersvergleich der Menschheit mit dem heranwachsenden Menschen aufkommen. Die Sternbilder bestärken die Hypothese, daß der Sieben-Jahre-Rhythmus des einzelnen Lebenslaufes auch für die Menschheitsschritte gilt. Danach würde die Menschheit im Steinbock-Zeitalter im siebenten Jahrsiebt stehen. Die reife Menschengestalt, die aus dem Sternbild Indianer spricht, ist eine Bestätigung dieser Idee.

In der Mitte des Steinbock-Hauses steht neben dem kleinen Fohlen das zierliche Sternbild des Delphins. Trotz seiner Zartheit fällt es leicht und einprägsam ins Auge. Da dieses Bild eine auffällige Stellung im Steinbock-Gebiet inne hat, soll ihm noch einmal besondere Aufmerksamkeit gewidmet werden. Der Delphin stammt aus der Familie der Wale. Er ist ein Säugetier, das eine Lunge hat und atmet, doch er lebt im Wasser. Er gehört durch seine Atmung dem Luftbereich und durch seine fischähnliche Gestalt der Wasserwelt an. Er ist Teilhaber der einen und Bewohner der anderen Welt. Immer wieder muß er aus dem Wasser auftauchen, um Luft zu holen. Obwohl er mehr Luft auf einmal einziehen kann als andere atmende Wesen, muß er doch alle drei bis fünf Minuten in den Luftbereich hinauf. Er streckt jedoch nicht notgedrungen, wie andere Wale vielleicht, nur ein Atemloch aus dem Wasser heraus, sondern er überwindet immer wieder spielerisch die Grenze zwischen den beiden Reichen, indem er den ganzen Körper munter springend aus dem Wasser hebt. So ist er ein aktiver Bürger zweier Welten.

Der Delphin hat sich für die Wasserwelt entschieden, er hält aber ständig die Verbindung zu dem darüberliegenden Bereich aufrecht. Der immerwährende Atemprozeß läßt ihn nie zur Ruhe kommen. Er kennt keinen Schlaf, ständig ist er wach. Das Gehirn und das Gehör sind beim Delphin besonders ausgebildet, so daß er immer aufmerksam und lauschend sein kann, wodurch er in die träumende Tierwelt des Meeres ein waches Bewußtseinselement hereinträgt.

Delphine leben nicht nur für sich. Sie leben in Herden und haben ein ausgeprägtes soziales Bewußtsein, sogar bis zur Selbstaufgabe. »Alpers erzählte die Geschichte, wie vor einigen Jahren auf einer kleinen Insel im nördlichen Neuseeland sieben Tümmler an den Strand geworfen wurden. Es waren große Tiere von zwei bis drei Meter Länge, und die Feriengäste – Freunde von Alpers, die ihm die Sache berichteten – versuchten mit aller Mühe, einen nach dem anderen ins Meer zurückzuziehen. Diese energische Rettungsaktion scheiterte aber am Zusammengehörigkeitsgefühl der Gruppe; denn sobald einer der sieben im Wasser war, setzte er alles daran, zu den gestrandeten Gefährten zurückzukehren. Keiner von ihnen wollte die anderen allein in ihrer Not zurücklassen. Nach langen Stunden und viel Mühe und Arbeit gelang die Rettung von zwei Delphinen; der Rest starb am Strand. Ihr Herden-Gemeinschaftsgefühl gab es nicht zu, ihr eigenes Leben zu erhalten, während die anderen es verloren.«[63] Es gibt eine Fülle von Berichten über diese im Tierreich einzigartige Opferbereitschaft und über ihre gegenseitige Hilfeleistung.

Etwas Besonderes ist auch die Beziehung zwischen Mensch und Delphin. »Denn wer immer Delphine gesehen und beobachtet hat, kann sich nur schwer ihrem Zauber entziehen. Sie erfüllen das Herz mit einer Empfindung der Zufriedenheit und Lebensfreude. Vor wenigen Jahren z. B. erschien ein Delphin in Opononi, einem kleinen Flecken der nördlichen Insel Neuseelands, und machte gute Bekanntschaft mit den dort lebenden Kindern und Fischern. Bald kamen viele Tausende Besucher, um den Spielen dieses freundlichen Tieres zuzuschauen. Manche der Fremden waren so erregt, wenn sie Opo (das war sein Name) sahen, daß sie mit ihren Kleidern ins Wasser stiegen, nur um ihn zu berühren... Am Abend aber, wenn der Delphin fortgeschwommen war und wenn die Kühle das Verweilen im Wasser nicht mehr erlaubte, sprachen alle von ihm. In ihren Zelten tauschten sie ihre gegenseitigen Erfahrungen über dieses Wunder aus und taten das mit leiser Stimme, während die Kinder schon schliefen. Sie besuchten einander in ihren Hütten, und Fremde wurden zu Freunden – alles wegen des Delphins. Es entstand eine Welle wärmster Gefühle, so daß man den Eindruck haben konnte, die große Menge bestünde aus Menschen, die von Empfindungen gegenseitigen Verzeihens erfüllt wären...

Ähnliche Geschichten sind aus dem Altertum bekannt: Herodot, Plinius, Phylarchos und viele andere griechische und römische Schriftsteller erzählen seltsame Begegnungen und Erlebnisse mit Delphinen: von ihrer Freundschaft mit Kindern und jungen Männern; von ihrer Hilfsbereitschaft und ihrem Opferwillen, wenn Ertrinkende aus den Fluten gerettet werden sollten. Die ganze Sagenwelt der Griechen und Römer ist durchsetzt von Delphinen und Delphingeschichten. Auf Münzen, Bechern, Krügen, Tontafeln und Mosaiken erscheinen sie. Weder vorher noch nachher waren sie so lebendig im Bewußtsein der Menschen.«[64]

Der letzte Satz des Zitates ist besonders bemerkenswert. Karl König, der Arzt und Zoologe, der in dieser Bctrachtung die Delphine bezeichnenderweise »Kinder der Meere« nennt, weist damit darauf hin, daß dem Delphin in der griechisch-römischen Kulturepoche eine besondere Aufmerksamkeit gewidmet wurde. Danach verebbte das Interesse jahrhundertelang. Doch heute wird es wieder lebendig. In der Zeit also, als das Christentum in der Menschheit vorbereitet wurde, stand der Delphin, der, wie die alten Mythen berichten, wesentlich zur Begründung des zentralen griechischen Heiligtums Delphi, dem er seinen Namen gab, beitrug – besonders im Blickfeld des Menschen. Wenn ihm heute wieder ein neuerliches Interesse gewidmet wird, könnte das darauf hinweisen, daß die Menschen für eine neue Christusbeziehung offen werden.

Es ist durch die Ausführungen wohl deutlich geworden, daß in dem Delphin Wesenszüge zu finden sind, die ihn als Bild in die Nähe des Gottessohnes rücken und ihn als Christussymbol würdig erscheinen lassen. Die urchristliche Katakombenkunst bestätigt diesen Fund.

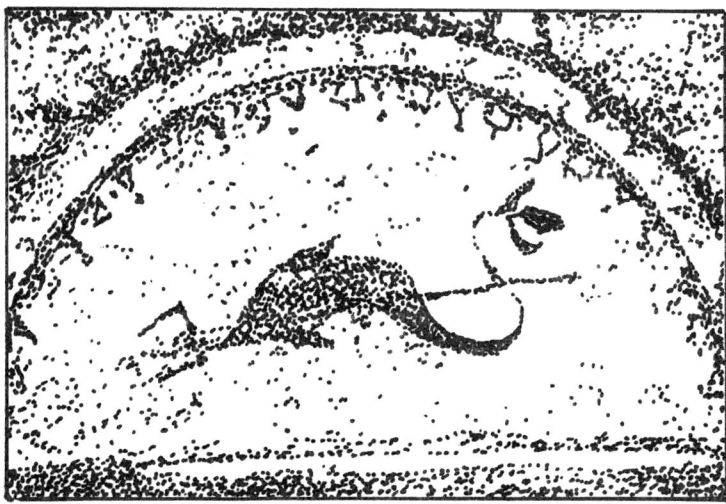

Delphin mit Dreizack. Jüdische Katakombe

Diesen gewaltigen Hintergrund kann man durch das Sternbild des Delphins, das aus der Antike stammt, hindurchleuchten sehen. Und er gewinnt an Realität durch die Tatsache, daß Weihnachten unter dem Tierkreiszeichen des Steinbocks steht.

Der Schwan, der nach alter Sage die Kinderseelen vom Himmel herabträgt, ist auch für das Christkind zur Stelle, er fliegt dem Adler entgegen. Und so wie sich im Kalender der Adam- und Eva-Tag (24. Dezember) und der Christtag (25. Dezember) treffen, begegnen sich hier Urzeit und Neubeginn. Schwan und Delphin tragen das Weihnachtsmotiv herein. Sie deuten auf das Gotteskind, das den Erdenleib erkor.

Das Haus des Steinbocks ist das Haus des Kindes und zugleich das Haus der Erdergreifung. Das versprechen die Sternbilder. Der Mensch wird zum Schöpfer werden, ebenbürtig dem Schöpfergott. Er wird nicht mehr nur empfangendes Geschöpf, sondern Mitgestalter sein. Aufrecht und würdevoll wird er stehen wie der König Kepheus und wie der Indianer; und er wird aufopfernd dem anderen dienen wie der Delphin und wie der Steinbock mit seinen gebeugten und verwandelten Knien. Die Botschaft, die aus diesem Himmelshaus tönt, klingt zusammen mit den Abschiedsreden im Johannes-Evangelium:

»Ihr seid meine Freunde, wenn ihr tut, was ich euch gebiete. Ich nenne euch nicht mehr Knechte, denn der Knecht weiß nicht, was sein Herr tut; euch aber habe ich Freunde genannt, denn alles, was ich vom Vater gehört habe, das habe ich euch kundgetan. Nicht ihr habt mich erwählt, sondern ich habe euch erwählt und euch dazu bestimmt, daß ihr hingeht und Frucht tragt und eure Frucht bleibe, damit euch der Vater gebe, um was ihr ihn in meinem Namen bittet.« *(Johannes 15, 14–17)*

Der schöpferische freie Mensch, der ebenbürtige Freund Gottes, das Ebenbild Gottes erscheint aus diesen Himmelsbildern. Wenn diese Entwicklung gelingt, dann ist das Ziel der Schöpfung erreicht. Das Vorhaben der Schöpfungsgeschichte war, den Menschen zu schaffen: »Und Gott sprach: Lasset uns den Menschen machen, ein Bild, das uns gleich sei.« *(1. Mose 1, 26)* Damit sprach Gott die Erfüllung und das Ziel seiner Schöpfung aus: »Und Gott schuf den Menschen ihm zum Bilde, zum Bilde Gottes schuf er ihn.« *(1. Mose 1, 27)*

Was damals geschah, war erst der Anfang, nur der Keim wurde ins Leben gerufen. Die ganze bisherige Erden- und Menschenentwicklung war nötig, damit dieser Keim sich entfalten kann. Und wir stehen in diesem Werden noch mitten darinnen. Die Schöpfungsgeschichte ist nicht beendet, der Mensch ist nicht fertig, wir wirken noch mit an dieser Evolution.

Welch große Liebe und welch tiefes Vertrauen Gottes spricht aus diesem Werk. Denn das ganze Unternehmen kann auch schief gehen. Der Mensch soll ein Schöpfer werden, ein Wesen, das Neues schafft. Das kann er nur, wenn er sich aus dem Willen Gottes loslöst und aus eigenem freien Willen wirkt. Dieser Wille kann sich auch gegen Gott wenden und die ganze Schöpfung vernichten. Das Risiko ging Gott ein.

Die Sterne zeigen, daß der Ausgang – wie einst im Paradies – auch in der Zukunft offen ist, denn das Bild des doppelsinnigen Pfaues ragt vom Anfang ins Ende hinein. Oft haben Maler dem Engel Gabriel bei der Verkündigung des Gotteskindes an Maria in seine Flügel Pfauenfedern gemalt. Das zeigt die Nähe des Pfaues zur Christgeburt. Doch das Vollkommenste und Schönste ist in Gefahr, abtrünnig zu werden.

Der Mensch soll wie Gott werden, das ist der Plan seines Schöpfers. Er soll ihm ein Gegenüber werden. Das kann nur gut gehen, wenn dieses Gegenüber ihm zugewandt bleibt. Die Gefahr der Abwendung war schon einmal bedrohlich. Da stieg der Sohn Gottes zu den Menschen herab, um ihnen den einzig möglichen Weg vorzuleben, den Weg der Liebe, der Liebe zum andern.

»Das ist mein Gebot, daß ihr einander lieben sollt, wie ich euch geliebt habe. Größere Liebe hat niemand als die, daß einer sein Leben hingibt für seine Freunde.« *(Johannes 15, 12–13)*

Doch diese Liebe kann nur aus Freiheit kommen. Die Gefahr der Abwendung bleibt trotz der Hilfe des Gottessohnes bestehen.

Botschaften des Himmels

Das ist das, was als das Geheimnis des Werdens
der Welt vorliegt:
daß alle Wesenheiten aufsteigen
von Wesen, die empfangen,
zu Wesen, die produzieren und schaffen.
Schöpfer werden ist Ziel der Wesen.

RUDOLF STEINER

Muiredach-
Hochkreuz

*D*er Himmel ist nun einmal rundum betrachtet worden. Am Anfang stand die Frage, ob die Tierkreisbilder von adäquaten Hausgenossen umgeben sind, und ob dadurch jedes Himmelshaus einen eigenen Charakter hat. Diese Frage fand Antworten, die Staunen und Bewunderung auslösen können. Es scheint ganz eindeutig zu sein, daß jedes Himmelshaus seinen besonderen Eigenklang hat, indem seine innewohnenden Bilder mittönen. Die Sternbilder scheinen nicht willkürlich über den Himmel verstreut zu sein, sondern in einer sinnvollen Ordnung zusammenzustehen.

Nun will ich noch einmal zu dem Ausgangsort der Betrachtung, genauer zu dem Ausgangspunkt, zu dem Punkt, um den sich alles dreht, zu dem Mittelpunkt des Himmels zurückkehren. Dieser Punkt ist markiert durch den Polarstern, den ruhigsten Stern am Firmament.

Der Polarstern steht nicht isoliert da, er gehört als Schwanzspitze zu dem Sternbild Kleiner Bär. Somit hängt dieses Sternbild mit seinem Schwanz an der Nabe des Himmelsrades, im Achsenschnittpunkt, im Zentrum der Welt. Der Kleine Bär dreht sich Tag für Tag um seine eigene Schwanzspitze. Wie ein Zeiger kreist er täglich auf dem Ziffernblatt der großen Himmelsuhr, und alles dreht sich mit ihm. Alle Himmelsgestalten umstehen ihn und folgen seiner Bewegung. Der Kleine Bär ist das zentrale Sternbild, die ruhigste Gestalt am Himmel. Warum steht hier gerade ein Bär? Was ist der Bär für ein Tier, daß sich die ganze Welt um ihn dreht? Was sagt dieses Bild aus?

Das Geheimnis des Bären

Es gibt zwei Bärenbilder am Sternenhimmel: den auffälligen Großen Bären und den verborgeneren Kleinen Bären. Sie stehen Rücken an Rücken einander gegenüber, als ob sie in derselben Richtung einen Kreis umschreiten. Die beiden Bilder sind verschieden und doch auch ähnlich.

Zwei Eigenschaften haben sie gemeinsam, die sie aus der übrigen Sternbilderschar besonders hervorheben. Die eine ist, daß sie zwei Namensbezeichnungen tragen. Sie heißen »Bär« oder »Wagen«. Das erwähnt schon Homer in seiner »Ilias«, als er den wunderbaren Schild des Achilles, auf dem der Schmiedegott Hephaistos die ganze Welt abbildete, besingt. Das Epos berichtet, was der Schmied in seinem Kunstwerk darstellt: »Erde, Himmel und Meer, die unermüdliche Sonne und den Vollmond und darauf alle Sternbilder, die den Himmel kränzen, Plejaden, Hyaden und die Gewalt des

Orion und die Bärin, die sie auch Wagen mit Namen nennen, die auf derselben Stelle kreist und zum Orion hinspäht und allein nicht teilhat am Bad im
Okeanos, dem Welt-Strom. «[65]

Die zweite Besonderheit ist, daß diese Gestalten nicht das sind, was sie zu
sein scheinen. Die Bären am Himmel sind nach alten Sternensagen verwandelte Menschen.

Der Bär ist in den Mythen und Märchen vieler Völker zu finden. Und
immer wieder erscheint er als verzauberter Mensch. Drei Märchen der Brüder Grimm mögen helfen, dem Bären ein wenig auf die Spur zu kommen:
Bei » Schneeweißchen und Rosenrot« steckt in ihm der verzauberte Königssohn. Im Märchen » Der Bärenhäuter « gehört es zu den Forderungen des
Teufels, daß der junge Bursche stets ein Bärenfell als Mantel und Bett mit
sich tragen muß. Und als von den » Goldkindern « der eine Bruder sich tar-
nen und verstecken wollte, » da nahm er Bärenfelle und überzog sich und

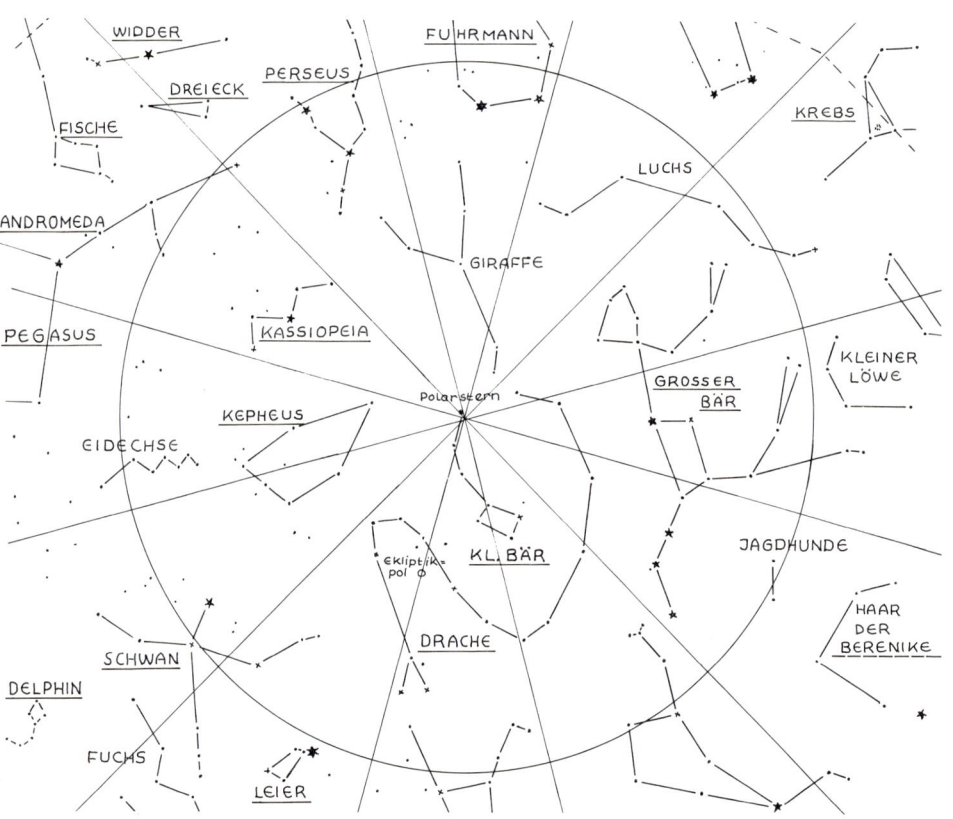

sein Pferd damit«. Was hätte er auch sonst nehmen sollen? Kein anderes Tierfell würde sein Menschsein so verbergen und zugleich bewahren können. In dem Bären steckt ein anderer, das Goldkind steckt in ihm. Das Bild des Menschen, der Königssohn ist in ihm verborgen.

Merkwürdigerweise haben beide Himmelsbären einen auffälligen Schwanz, besonders der Kleine Bär mit seiner Polarstern-Schwanzspitze, während der irdische Bär seinen Schwanz, nach der Aussage phantasievoller Geschichten, einst eingebüßt hat. Er besitzt nur noch einen Stummelschwanz, ein Rudiment. Damit rückt er in Menschennähe.

Die Verwandtschaft zwischen Bär und Mensch ist noch in anderen Wesenszügen zu finden, darauf weist Karl König in seiner aufschlußreichen Tierbetrachtung hin: »Der Bär lebt nicht nur dem Menschen nahe, er ist ihm auch sonst in vielen Zügen verwandter als die meisten anderen Tiere. So ist er vor allem ein Sohlengänger und stellt den ganzen Fuß bis zur Ferse auf die Erde… Der Bär richtet sich auf; er geht seinen Gegner in erhobener Haltung an und stellt sich aufrecht dem Feind entgegen… Geht der Bär zur Flucht, so wird er ein Vierfüßler und trabt im Paßgang davon… schlurfend und ein wenig schlampig, ›trollend‹ im Trab; ein eigentlicher Galopp fehlt ganz. Diese Bewegungsart hängt auch damit zusammen, daß die Vordergliedmaßen beim Bären kürzer als die Hinterbeine sind. Es sind Arme und nicht Vorderfüße, und der Bär kann damit von den Sträuchern die reifen Beeren abstreifen und zum Mund führen; er kann Ameisenhügel aufgraben und den Inhalt von Larven und reifen Tieren mit der Hand in den Mund stecken. Ebenso kann er Bienenwaben öffnen, den Honig mit der Hand herausnehmen und in den Mund schmieren.

Ein Bärenskelett, das auf allen vieren stehend montiert ist, gibt den Eindruck, daß dieses Tier nach vorne übergesunken ist. Das Rückgrat mit dem daran hängenden Kopf fällt über die kurzen Arme nach vorne. Es wäre unrichtig zu meinen, daß sich der Bär, nachdem er Vierfüßler gewesen ist, später einmal aufgerichtet hätte. Es wird umgekehrt gewesen sein! Der Bär war ein aufrecht einhergehendes Geschöpf, ist aber, was er auch heute noch als Flüchtender und Schweifender tut, nach vorne gefallen. Es war ein Sturz in die Tierheit, den er einmal vollzog.«[66]

Exakt diesen Vorgang, den Fall eines aufrechten Wesens in die Schwere, berichtet das Märchen »Die Goldkinder«. Der eine Goldbruder wird als »Flüchtender und Schweifender« zu Boden gezogen. Wie das geschah, mag in Auszügen das Märchen selber – von dem Zeitpunkt an, als die Goldkinder geboren waren – erzählen:

DIE GOLDKINDER

»Die Kinder wuchsen heran, wurden groß und schön... Da sprachen sie: ›Vater, wir wollen uns auf unsere goldenen Rosse setzen und in die Welt ausziehen‹... Sie ritten fort und kamen in ein Wirtshaus, darin waren viele Leute, und als sie die zwei Goldkinder erblickten, fingen sie an zu lachen und zu spotten. Wie der eine das Gespött hörte, so schämte er sich, wollte nicht in die Welt, kehrte um und kam wieder heim zu seinem Vater. Der andere aber ritt fort und gelangte zu einem großen Wald. Und als er hineinreiten wollte, sprachen die Leute: ›Es geht nicht, daß Ihr durchreitet, der Wald ist voller Räuber, die werden übel mit Euch umgehen, und gar wenn sie sehen, daß Ihr golden seid und Euere Pferde auch, so werden sie Euch totschlagen.‹ Er aber ließ sich nicht schrecken und sprach: ›Ich muß und soll hindurch.‹ Da nahm er Bärenfelle und überzog sich und sein Pferd damit, daß nichts mehr vom Gold zu sehen war, und ritt getrost in den Wald hinein... So ritt das Goldkind glücklich durch den Wald und geschah ihm kein Leid.«

Danach traf er ein Mädchen, »das war so schön, daß er nicht glaubte, es könnte ein schöneres auf der Welt sein«. Er hielt Hochzeit mit ihr in seinen Bärenfellen, die er nur nachts ablegte. Da aber träumte dem Goldkind: »er zöge hinaus auf die Jagd nach einem prächtigen Hirsch, und als er am Morgen erwachte, sprach er zu seiner Braut: ›Ich will hinaus auf die Jagd.‹ Ihr war Angst, und sie bat ihn dazubleiben und sagte: ›Leicht kann dir ein großes Unglück begegnen‹, aber er antwortete: ›Ich soll und muß fort.‹ Da stand er auf und zog hinaus in den Wald, und gar nicht lange, so hielt auch ein stolzer Hirsch vor ihm, ganz nach seinem Traume. Er legte an und wollte ihn schießen, aber der Hirsch sprang fort. Da jagte er ihm nach über Graben und durch Gebüsche und ward nicht müde den ganzen Tag; am Abend aber verschwand der Hirsch vor seinen Augen. Und als das Goldkind sich umsah, so stand er vor einem kleinen Haus, darin saß eine Hexe. Er klopfte an, und ein Mütterchen kam heraus und fragte: ›Was wollt Ihr so spät noch mitten in dem großen Wald?‹ Er sprach: ›Habt Ihr keinen Hirsch gesehen?‹ ›Ja‹, antwortete sie, ›den Hirsch kenn' ich wohl‹, und ein Hündchen, das mit ihr aus dem Haus gekommen war, bellte dabei den Mann heftig an. ›Willst du schweigen, du böse Kröte‹, sprach er, ›sonst schieß ich dich tot.‹ Da rief die Hexe zornig: ›Was, mein Hündchen willst du töten!‹, und verwandelte ihn alsbald, daß er dalag wie ein Stein, und seine Braut erwartete ihn umsonst und dachte: ›Es ist gewiß eingetroffen, was mir so angst machte und so schwer auf dem Herzen lag.‹

Daheim aber stand der andere Bruder bei den Goldlilien, als plötzlich eine davon umfiel. ›Ach Gott‹, sprach er, ›meinem Bruder ist ein großes Unheil zugestoßen, ich muß fort, ob ich ihn vielleicht errette.‹ … Da setzte er sich auf sein goldenes Pferd und ritt fort und kam in den großen Wald, wo sein Bruder lag und Stein war. Die alte Hexe kam aus ihrem Haus, rief ihn an und wollte ihn auch berücken, aber er näherte sich nicht, sondern sprach: ›Ich schieße dich nieder, wenn du meinen Bruder nicht wieder lebendig machst.‹ Sie rührte, so ungerne sie's auch tat, den Stein mit dem Finger an, und alsbald erhielt er sein menschliches Leben zurück…«

Das Märchen zeigt, wie das Goldkind Schritt für Schritt in die Verzauberung und Bannung hineingerät. Er flieht vor sich selbst, er leugnet sein Goldsein, indem er sich mit Bärenfellen bedeckt. Zunächst ist das eine kecke Tat, doch er bleibt in den Fellen stecken, selbst bei der Hochzeit. Erst in der Nacht wagt er es, die Verkleidung abzulegen, da die Braut sein inneres Wesen erkannte. Das bewahrt ihn vor der strafenden Tat des Brautvaters, der keinen Bärenhäuter dulden wollte, denn ihm kam's »nicht aus den Gedanken, so daß er am andern Morgen früh aufstand und seiner Tochter Mann sehen wollte, ob er ein gemeiner und verlumpter Bettler wäre. Wie er aber hinblickte, sah er einen herrlichen, goldenen Mann im Bette, und die abgeworfenen Bärenfelle lagen auf der Erde. Da ging er zurück und dachte: ›Wie gut ist's, daß ich meinen Zorn bändigte, ich hätte eine große Missetat begangen‹.«

Doch schon beim Erwachen geriet der Bräutigam wieder auf die Flucht vor sich selbst. Er verließ die Braut und damit den Ort, wo sein Gold glänzen konnte, und jagte, vermutlich in Bärenfellen, sehnsüchtig seinem Traumbild, seinen »Vorstellungen«, wofür der geweihtragende Hirsch ein Bild ist, nach. So gerät er in den Bann der Hexe, die ihn zu Fall bringt.

Das Märchen durchläuft den Prozeß, den Karl König in bezug auf die Entwicklung des Bären schildert. Es ist der Fall in die Schwere. Als »Flüchtender und Schweifender« im Räuberwald und auf der Jagd nach dem Hirsch verfällt das Goldkind den Bärenkräften. Es ist der Sturz in die Tierheit, die nach Erlösung ruft. Im Märchen gelingt die Erlösung durch den Bruder, der in sich ging, sich schämte und zum Vater heimkehrte und so sein Goldsein bewahrte.

DER BÄRENHÄUTER

Es war einmal ein junger Kerl, der ließ sich als Soldat anwerben, hielt sich tapfer und war immer der vorderste, wenn es blaue Bohnen regnete. Solange der Krieg dauerte, ging alles gut, aber als Friede geschlossen war, erhielt er seinen Abschied, und der Hauptmann sagte, er könnte gehen, wohin er wollte. Seine Eltern waren tot, und er hatte keine Heimat mehr, da ging er zu seinen Brüdern und bat, sie möchten ihm so lange Unterhalt geben, bis der Krieg wieder anfinge. Die Brüder aber waren hartherzig und sagten: »Was sollen wir mit dir? Wir können dich nicht brauchen, sieh zu, wie du dich durchschlägst.« Der Soldat hatte nichts übrig als sein Gewehr, das nahm er auf die Schulter und wollte in die Welt gehen. Er kam auf eine große Heide, auf der nichts zu sehen war als ein Ring von Bäumen; darunter setzte er sich ganz traurig nieder und sann über sein Schicksal nach. »Ich habe kein Geld«, dachte er, »ich habe nichts gelernt als das Kriegshandwerk, und jetzt, weil Friede geschlossen ist, brauchen sie mich nicht mehr; ich sehe voraus, ich muß verhungern.« Auf einmal hörte er ein Brausen, und wie er sich umblickte, stand ein unbekannter Mann vor ihm, der einen grünen Rock trug, recht stattlich aussah, aber einen garstigen Pferdefuß hatte. »Ich weiß schon, was dir fehlt«, sagte der Mann, »Geld und Gut sollst du haben, soviel du mit aller Gewalt durchbringen kannst, aber ich muß zuvor wissen, ob du dich nicht fürchtest, damit ich mein Geld nicht umsonst ausgebe.« »Ein Soldat und Furcht, wie paßt das zusammen?« antwortete er, »du kannst mich auf die Probe stellen.« »Wohlan«, antwortete der Mann, »schau hinter dich.« Der Soldat kehrte sich um und sah einen großen Bär, der brummend auf ihn zutrabte. »Oho«, rief der Soldat, »dich will ich an der Nase kitzeln, daß dir die Lust zum Brummen vergehen soll«, legte an und schoß den Bär auf die Schnauze, daß er zusammenfiel und sich nicht mehr regte. »Ich sehe wohl«, sagte der Fremde, »daß dir's an Mut nicht fehlt, aber es ist noch eine Bedingung dabei, die mußt du erfüllen.« »Wenn mir's an meiner Seligkeit nicht schadet«, antwortete der Soldat, der wohl merkte, wen er vor sich hatte, »sonst laß ich mich auf nichts ein.« »Das wirst du selber sehen«, antwortete der Grünrock, »du darfst in den nächsten sieben Jahren

dich nicht waschen,
dir Bart und Haare nicht kämmen,
die Nägel nicht schneiden
und kein Vaterunser beten.

Dann will ich dir einen Rock und Mantel geben, den mußt du in dieser Zeit tragen. Stirbst du in diesen sieben Jahren, so bist du mein, bleibst du aber leben, so bist du frei und bist reich dazu für dein Lebtag.«

Der Soldat dachte an die große Not, in der er sich befand, und da er so oft in den Tod gegangen war, wollte er es auch jetzt wagen und willigte ein. Der Teufel zog den grünen Rock aus, reichte ihn dem Soldaten hin und sagte: »Wenn du den Rock an deinem Leibe hast und in die Tasche greifst, so wirst du die Hand immer voll Geld haben.« Dann zog er dem Bären die Haut ab und sagte: »Das soll dein Mantel sein und auch dein Bett, denn darauf mußt du schlafen und darfst in kein anderes Bett kommen. Und dieser Tracht wegen sollst du Bärenhäuter heißen.« Hierauf verschwand der Teufel ...

Der junge Bursche wagte es, auf die Bedingungen des Teufels einzugehen, »da er so oft in den Tod gegangen war«. Aber er erkennt die Gefahr. Er weiß, daß die verderblichste Bedingung das Verbot des Vaterunsers ist. Darum sorgte er dafür, daß andere das übernehmen, was ihm versagt war: »weil er aber allerorten den Armen Geld gab, damit sie für ihn beteten, daß er in den sieben Jahren nicht stürbe, und weil er alles gut bezahlte, so erhielt er doch immer noch Herberge.« So behielt er seinen Platz unter den Menschen, obgleich er inzwischen äußerlich zum Bären geworden war, denn: »Das Haar bedeckte ihm fast das ganze Gesicht, sein Bart glich einem Stück grobem Filztuch, seine Finger hatten Krallen.«

Die aufrechte Haltung des jungen Burschen, das Gebet der Armen und die treue Liebe eines Mädchens, das sich nicht von seinem Äußeren abschrecken ließ, verhalfen endlich zu dem Sieg über die Macht, die den Menschen in die Tierheit, in die grandiose vollkommene Einseitigkeit eines Tierwesens herabziehen will: »Der Teufel mochte wollen oder nicht, er mußte Wasser holen, den Bärenhäuter abwaschen, ihm die Haare kämmen und die Nägel schneiden Hierauf sah er wie ein tapferer Kriegsmann aus und war viel schöner als je vorher.«

Das Märchen »Schneeweißchen und Rosenrot« zeigt, wie schwer es ist, das Böse, hier in der Gestalt des Zwerges, zu erkennen. Aber erst, wenn der Widersacher bezwungen ist, kann der Königssohn aus dem Bären erlöst werden und wieder Mensch sein.

Menschsein heißt, sich seiner Unvollkommenheit schämend bewußt zu werden und sich als *Gold*kind, als Königs*sohn* zu bekennen, als einer, der noch wachsen will. Für das mythische Bewußtsein hellsehender Menschen war in dem Bären das Menschenkind, der Menschensohn verborgen. Das drückt auch das Wort »Bär« aus. »Bär« ist eine Umschreibung, eine Umgehung des eigentlichen Namens dieses Tieres, das griechisch: Arktos und lateinisch: Ursus heißt.

Für die Germanen war der Bärenname ein Tabuwort, das nicht ausgesprochen werden durfte. So wie wir Umschreibungen des Teufelsnamens wie »der Gottseibeiuns« oder »der mit der roten Hahnenfeder« oder »Grünrock« kennen, so wurde der Name dieses Tieres gemieden und statt dessen seine Wesensart ausgesprochen. Das zeigt, welche Scheu und Ehrfurcht die Menschen diesem für heilig gehaltenen Tier entgegenbrachten. Etymologisch steckt in dem Wort »Bär« das Wort »tragen« (mhd: bër, ahd: bëro). In der englischen Sprache ist das noch deutlich zu erkennen: bear = Bär, to bear = tragen. Die deutsche Sprache zeigt diesen Ursprung noch in dem Wort gebären.[67] Der Bär ist also der »Tragende«, der »etwas Bergende«, der »Gebärende«.

Auf die Sternbilder bezogen, wird es nun verständlich, daß der Große Bär auch der Große Wagen und der Kleine Bär auch der Kleine Wagen heißt. Diese Doppelbezeichnung ist zugleich eine Erklärung des Bildes, denn ein Wagen erfüllt erst seine Bestimmung, wenn er etwas trägt, etwas in sich birgt, oder wenn jemand in ihm sitzt, den er fährt. Auch der Bär ist ein Gefährt. Am Himmel sind beide Bilder zu erkennen. Die Sternenanordnung des Kleinen Bären ähnelt sogar mehr dem Bild eines Wagens als dem eines Bären. Das unverkennbare Bild des Großen Wagens wird erst durch zusätzliche, schwächere Sterne zum Bärenbild. Damit sind Deutung und Bild zugleich in diesen Sternen zu finden.

So ist ein tiefes Geheimnis um das Bild des Bären gewoben. Der Bär ist das Wesen, das gebären wird. In ihm ist der werdende Mensch, der Menschensohn verborgen, der zur Welt kommen soll. Der Bär ist das bildgewordene Gotteswort: »Lasset uns den Menschen schaffen!« Und um dieses Mysterium dreht sich, wie es am Sternenhimmel zu sehen ist, die ganze Welt.

Das Drama des Drachen

Um den Kleinen Bären herum windet sich der Drache. Biegt man den abgewandten Kopfteil des Drachen in seine ursprüngliche Bewegungsrichtung, die am Schwanz abzulesen ist, zurück, berührt der Kopf das Schwanzende, dann schließt sich der Kreis, und der Drache umlagert den Kleinen Bären. War das einmal vom Weltenschöpfer so gewollt? Gab er einst den

Menschenkeim in die Hut eines lichten Himmelswesens, das ihn umhegen sollte? Wandte sich dann dieses Lichtwesen – wie das Sternbild am Himmel – ab, ging eigene Wege und verwandelte so durch seine Eigenmächtigkeit sich selbst und den ganzen Schöpfungsplan?

Die Bibel schweigt über diesen Akt im Werdedrama der Welt. Aber in legendärer Überlieferung wurde das Wissen von Luzifers Hochmut weitergetragen. Die Sagen der Juden berichten:

»An dem Tag, da Adam seinen Geist erhielt, sprach der Herr zu den himmlischen Heerscharen: Fallt nieder vor ihm! Die Heerscharen kamen dem Willen des Herrn nach. Aber der Satan, der war größer als alle Engel des Himmels, und er sprach vor dem Herrn: Herr der Welt! du hast uns erschaffen aus dem Glanz deiner Herrlichkeit und sagst uns, wir sollen niederfallen vor einem, den du aus dem Staub der Erde gemacht hast. Der Herr sagte: Der Erdenstaub ist, er hat Weisheit und Verstand, was du nicht hast.

Und es geschah, als der Satan sich weigerte, vor dem Menschen niederzufallen, und auf die Stimme des Herrn nicht hören wollte, da vertrieb der Herr ihn aus dem Himmel, und er ward zum Satan. Von ihm spricht der Prophet. ›Wie bist du vom Himmel gefallen, du leuchtender Morgenstern!‹«[68]

So wurde das Lichtwesen zum Drachen, zum Schlangenwesen. Seine leuchtende Krone fiel. Hildegard von Bingen (1098–1179) schreibt über den Sturz der Geister: »Die Engel haben ohne Zweifel dadurch gesündigt, daß sie danach strebten, wie Gott zu sein. Im gleichen Augenblick, da Luzifer mit seinem Anhang es stolz verschmähte, Gott zu erkennen, erstarb in ihm der blitzende Lichtglanz, mit dem ihn die Macht Gottes bekleidet hatte. So erlosch er für die ewige Herrlichkeit und stürzte in immerwährendes Verderben.«[69] Am Himmel liegt die nur zartschimmernde Südliche Krone wie eine gefallene Krone zu Füßen des Schütze-Kentaur.

Michael tötet den Drachen

Der Erzengel Michael erhielt die Weisung, den Drachen und seine Scharen aus dem Himmel zu werfen: »Und es erhob sich ein Streit im Himmel: Michael und seine Engel stritten wider den Drachen. Und der Drache stritt und seine Engel und siegten nicht, auch ward ihre Stätte nicht mehr gefunden im Himmel und es ward gestürzt der große Drache, die alte Schlange, die da heißt Teufel und Satanas, der die ganze Welt verführt. Er ward geworfen auf die Erde und seine Engel wurden mit ihm dahin geworfen.« *(Offenbarung 12, 7–10)*

Auf unzähligen Kunstwerken ist dieser Kampf dargestellt, oft fast schematisch in gleicher Weise: Michael steht auf dem Drachen und stößt mit erhobenem rechten Arm die Lanze dem Drachen, der sein Haupt zu ihm umwendet, in den Rachen. Die entsprechend gleiche Struktur ist am Sternenhimmel zu finden. Dort wird Herkules oder der »Kniende«, mit der Keule in der erhobenen rechten Hand, über dem Drachen, der sein Haupt ihm zuwendet, gesehen. Ist hier der Sturz des Drachen und damit der Beginn der Schöpfung dem Himmel eingezeichnet?

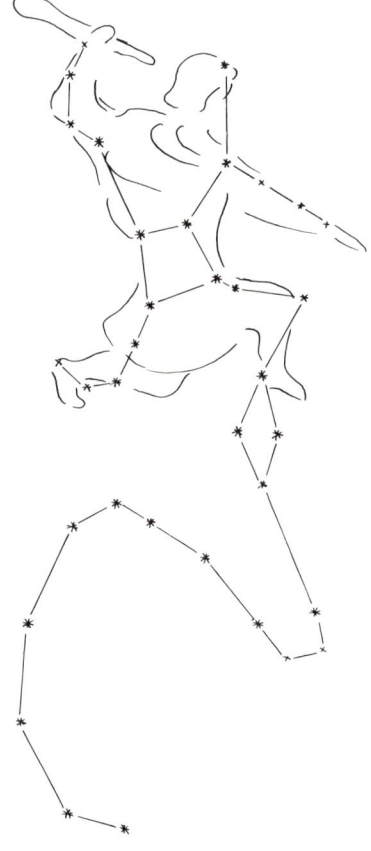

Herkules mit der Keule

Bei der Betrachtung des Herakles-Sternbildes ergab sich schon, daß die Himmelsbilder sich nicht nur auf eine Sage beziehen. Bilder sind weit und umfassen viel. Der Michaelsmythos und die Sage von dem Garten der Hesperiden widersprechen sich auch nicht. Sie sind zwei verschiedene Darstellungen aus dem Umkreis derselben Weltentatsache, die sich gegenseitig ergänzen und erleuchten können.

Ein Stufenweg

Die neue Richtung, in die der Drache sich wendet, führt im zirkumpolaren Kreis zum Großen Bären, von dort zur Giraffe und endlich zu dem Menschenpaar Kassiopeia und Kepheus. Diese Gestalten sind die nahen Begleiter des Kleinen Bären und umstehen ihn in engem Kreis. Sie zeigen einen Stufenweg.

DER DRACHE

Der Drache ist ein mythisches Tier, das nie physisch auf Erden lebte und doch jedem Menschen als Urbild vertraut ist. Er ist ein unirdisches, bedrohendes Untier. Räuberisch ist er. Er nimmt und nimmt. Das ist einerseits die Bedrohung, die von ihm ausgeht, andererseits aber auch die Lehre und Verführung.

Adam und Eva lernten von der Schlange das eigensüchtige Nehmen und betraten damit den Weg der Abwendung vom Gebot ihres Schöpfers und zugleich den Weg ihrer eigenen Freiheit.

DER BÄR

Der Bär ist der Erde schon näher. Er existiert als irdisches Tier. Doch er lebt auch als Urbild der Verhüllung in jeder Menschenseele. Er erinnert an alte Zeiten, in denen Mensch und Tier noch nicht so fern voneinander waren. »Die Zaubergewalt, die wir aus Märchen und Mythologien kennen, wo Menschen in Tiere und Tiere noch in Menschen verwandelt werden konnten, ist ein Überrest natürlicher Vollzüge, die einstmals dauernd sich begaben. Verwandlung war ein Urverhalten aller lebendigen Wesen. Was einstmals bis in die Gestalt des Körpers hinein sich vollzog, ist heute nur der Phantasie allein noch möglich. Sie kann noch im Traum und schöpferischen

Bildern das erschaffen, was einstmals physisch-physiologische Realitiät gewesen ist.«[70]

In dem Sternbild des Großen Bären wurde seit alter Zeit immer eine Bärin gesehen. Die griechische Sage erzählt in verschiedenen Fassungen von Kallisto, dem schönsten Mädchen, die den Zeussohn Arkas geboren hatte und vom Göttervater in eine Bärin verwandelt wurde. So verbannt suchte sie rastlos ihren Sohn, der sie jedoch in dieser Gestalt nicht erkennen konnte. Um sie vor den Pfeilen des Sohnes zu schützen, versetzte Zeus beide als Sternbilder an den Himmel. Ist dieser Sohn wirklich, wie die griechische Sage berichtet, in dem Sternbild des Bootes zu suchen? Daß die beiden Sternbilder in Beziehung zueinander stehen, ist eindeutig.

Der Schwung des Bärenschwanzes führt den Blick exakt zu dem hellen Arkturus, dem Hauptstern des Bootes.

Ἀρκτοῦρος (arkturos) heißt »zum Bären gehörend« oder »zum Norden gehörend«, denn ἀρκτος (arktos) heißt sowohl »Bär« wie auch »Norden«. Die Arktis ist das nördliche Polargebiet. Der Stern Arkturus weist durch seinen Namen auf den Nordpol hin.

Aber nicht nur der Stern Arkturus weist auf den Nordpol hin, sondern die ganze Gestalt des Bootes-Sternbildes. Der Bootes wendet sich keineswegs, wie aus der Arkas-Sage zu vermuten wäre, verfolgend der Bärin zu, sondern er kehrt sich um und weist hoch über sich hinaus auf das Sternbild des Kleinen Bären hin. Er fängt die starke hinweisende Bewegung des Bärenschwanzes auf und leitet sie weiter über sich hinaus. Seine Gebärde sagt: »Nicht ich, sondern ein anderer über mir.« Es ist die gleiche Gebärde, mit der Johannes der Täufer von sich weg auf den Messias, den Sohn des Menschen weist.

»Und dies ist das Zeugnis des Johannes, als die Juden aus Jerusalem Priester und Leviten zu ihm sandten, um ihn zu fragen: Wer bist du? Und er bekannte und leugnete nicht; und er bekannte: Ich bin nicht der Christus. Und sie fragten ihn: Was dann? Bist du Elia? Und er sagte: Ich bin's nicht. Bist du der Prophet? Und er antwortete: Nein. Sie sagten nun zu ihm: Wer bist du? damit wir denen Antwort geben, die uns gesandt haben. Was sagst du über dich selbst? Er sprach: Ich bin ›die Stimme eines Rufers in der Wüste: Machet den Weg des Herrn gerade!‹ wie der Prophet Jesaja gesagt hat. (Und sie waren Gesandte aus den Pharisäern.) Und sie fragten ihn und sagten zu ihm: Warum taufst du denn, wenn du nicht der Christus noch Elia noch der Prophet bist? Johannes antwortete ihnen: Ich taufe mit Wasser; mitten unter euch steht der, den ihr nicht kennt, der nach mir kommt; und ich bin nicht würdig, ihm den Schuhriemen zu lösen. Dies geschah in Bethanien jenseits des Jordan, wo Johannes taufte.« *(Johannes 1, 19–28)*

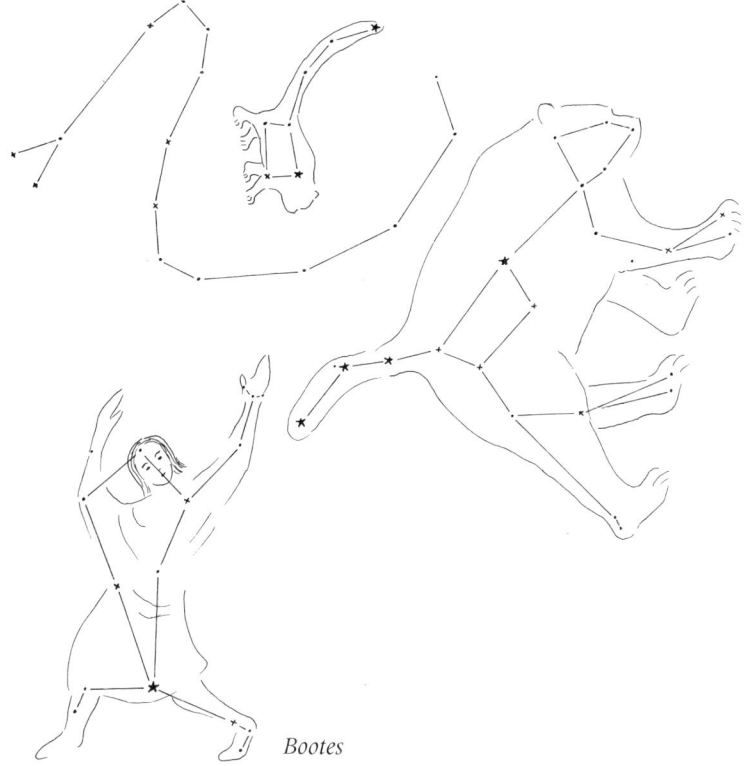

Bootes

Johannes weist die Frager auf die Mitte hin »mitten unter euch steht der…« Die Sternengestalt Bootes weist auf die Mitte des Himmels, auf das geheimnisvolle Bärenbild, das den Menschensohn in sich birgt. In griechischer Sprache heißt das Prophetenwort »Ich bin die Stimme eines Rufers in der Wüste«: »ἐγὼ φωνὴ βοῶντος ἐν τῇ ἐρήμῳ.« (Ego phone *boōntos* en te eremo.)

Boontos und Bootes klingen sehr ähnlich, stimmen aber etymologisch nicht überein. Und doch gibt es einen Zusammenhang. Ludewig Ideler sagt in seinen Untersuchungen über die Sternnamen zu diesem Sternbild: »Der Schreiende. In den alphonsinischen Tafeln und dem arabisch-lateinischen Almagest Vociferans. So nennen die Araber den Bootes, als wenn sein griechischer Name Βοάτης (boates) wäre.«[71]

Als wenn sein griechischer Name... sollte hier etwas verschleiert werden, damit dieses tiefe Geheimnis nicht offenkundig am Himmel steht? Die folgenden Worte des Johannes-Evangeliums lassen das Mysterium noch größer werden, wenn man sie mit dem Himmel in Beziehung setzt:

»Am folgenden Tage sieht er Jesus auf sich zukommen und sagt: Siehe, das Lamm Gottes, das die Sünde der Welt hinwegnimmt! Dieser ist's von dem ich gesagt habe: Nach mir kommt ein Mann, der vor mir gewesen ist; denn er war als Erster vor mir.« *(Johannes 1, 29–30)*

Verlängert man am Himmel die weisende Gebärde des Bootes, über den Himmelsmittelpunkt, den Nordpol hinaus, so deutet sie genau auf den Widder (siehe Nordhimmelkarte). Bootes zeigt quer durch den Himmel auf das dem Christussymbol entsprechende Bild: »Siehe das ist Gottes Lamm!«

Es ist naheliegend, in dem Großen Bären und dem Kleinen Bären Mutter und Sohn zu sehen. Zwischen beide lagert sich trennend der Drachenschwanz. Für diese Bildkomposition findet sich ein Anklang in den apokalyptischen Worten des Johannes, die der anfangs zitierten Schilderung des Kampfes zwischen Michael und dem Drachen unmittelbar vorausgehen:

»Und es erschien ein großes Zeichen am Himmel: Ein Weib, mit der Sonne bekleidet, und den Mond unter ihren Füßen und auf ihrem Haupt eine Krone von zwölf Sternen. Und sie war schwanger und schrie in Kindesnöten und hatte große Qual bei der Geburt. Und es erschien ein anderes Zeichen am Himmel, und siehe, ein großer, roter Drache, der hatte sieben Häupter und zehn Hörner und auf seinen Häuptern sieben Kronen, und sein Schwanz fegte den dritten Teil der Sterne des Himmels hinweg und warf sie auf die Erde. Und der Drache trat vor das Weib, die gebären sollte, auf daß, wenn sie geboren hätte, er ihr Kind fräße. Und sie gebar einen Sohn, ein Knäblein, der alle Völker sollte weiden mit eisernem Stabe. Und ihr Kind ward entrückt zu Gott und seinem Thron. Und das Weib entfloh in die Wüste, wo sie einen Ort hat, bereitet von Gott, daß sie daselbst ernährt würde zwölfhundertsechzig Tage.« *(Offenbarung 12, 2–6)*

Der Apokalyptiker läßt ein gewaltiges kosmisches Bild erstehen. Er schildert einen Vorgang, der sich am Himmel abspielt. Das mag dazu ermutigen, die Bilder, die in den Sternen zu finden sind, daneben zu stellen.

Auch am Firmament befinden sich eine Mutter und ein Kind: Der Große Bär und der Kleine Bär. Diese Mutter ist von ihrem Kind getrennt, und zwar durch das Sternbild des Drachen. Das Kind befindet sich an einem einzigartigen Ort der Welt, am Ruhepunkt des Himmels. Ist es dahin »entrückt«? Und die Mutter, die Bärin, läuft fort, sie flieht in entgegengesetzter Richtung, läuft dorthin, wo am Himmel kaum Sterne stehen, in das sternenarme Gebiet, »in die Wüste«, in der nur die Giraffe schwach schimmert.

Und der Schwanz des Drachen »fegte den dritten Teil der Sterne des Himmels hinweg und warf sie auf die Erde«, so heißt es in der Offenbarung des Johannes. Und just ein Drittel des Himmels umfaßt auch der Bogen des Drachenschwanzes am Firmament, nämlich die Gebiete der Waage, der Jungfrau, des Löwen und des Krebses. Doch welche Sterne wirft er auf die Erde? Sind es die Sterne des Kleinen Bären, die er aus der schlangendurchzogenen Himmelshälfte ausgrenzt und der erdzugewandten Hemisphäre zuführt? Wirft er das Bild des werdenden Menschen auf die Erde?

DIE GIRAFFE

Der fliehenden Bärin folgend, gelangt der Blick in die »Sternenwüste«, ins sternenarme Gebiet zu der Giraffe, dem zur öden Landschaft passenden Steppentier.

Die Giraffe ist kein mythisches Tier. Sie lebt auf der Erde. Erdwärts verweist ihr Bild. Aber wie zaghaft und unsicher läuft eine Giraffe! Bei ihr haben die Schöpfermächte, um sie auf den Boden zu stellen, des Guten fast zu viel getan. Sie wurde durch ihre mächtig langen Beine das größte Erdentier. Gerade aber diese erschweren es ihr, die Erde sicher zu erfassen. Ihre Nahrung holt sie sich hoch oben in den Bäumen. Will sie trinken, muß sie, um mit ihrem Kopf auf dem überlangen Hals auf den Boden zu kommen, ihre Beine weit spreizen. Das macht sie labil und wehrlos. So scheint das Bild der Giraffe darauf hinzudeuten, wie mühsam es ist, auf Erden zu leben.

Am Himmel gehören zu der Giraffe die Häuser der Zwillinge, des Stiers und des Widders. Sie steht als zirkumpolares Sternbild in diesen drei Gebieten. Unter der Herrschaft dieser Himmelshäuser lernte der Mensch, auf der Erde zu stehen und zu wirken.

KASSIOPEIA UND KEPHEUS

Geht man den zirkumpolaren Weg vollends herum, so kommt man schließlich zu dem königlichen Menschenpaar, zunächst zu der schuldbeladenen, gramgebeugten Frau, dann zu dem Mitleid-spendenden, aufrechten Mann, zu Kassiopeia und Kepheus.

Nun endlich ist das Menschenbild in volle Erscheinung getreten und verwirklicht. In großen klaren Bildern steht die ganze Evolution vor den Blik-
ken des Betrachters. Der Weg, der vom Drachen über den Großen Bären,
vorbei an der Giraffe zum Menschenpaar führt, zeigt den Gang vom Himmel
auf die Erde herab. Und er zeigt, daß die Entwicklung vom Nehmen zum
Geben führt, vom räuberischen, verführenden Drachen zum aufrechten,
Mitleid-spendenden, königlichen Menschen.

Der Tierkreis

Unserer Himmelsbetrachtung lag die Idee zugrunde, daß die Einteilung
des Himmels in zwölf Himmelshäuser, die sich aus dem Verhältnis der zwölf
Tierkreisbilder zu den Polen im Norden und Süden erbildet, sinngemäß ist.
Diese beiden Phänomene des Himmels, der Tierkreis und die Pole, sollen
nun noch eingehender betrachtet werden.

Die Tierkreisbilder werden aus den übrigen Sternbildern durch die Tatsache, daß Sonne, Mond und Planeten sie durchwandern, herausgehoben. Es
ist die Frage, ob dadurch ein qualitativer Unterschied zwischen den Tierkreisbildern und den anderen Sternbildern besteht. Hierzu sagt Rudolf Steiner: »Nun beachten Sie nur einmal, daß alles, was am Sternenhimmel steht,
eben durchaus einen Einfluß hat auf die Erde überhaupt, und besonders auf
den Menschen. Der Mensch ist wirklich nicht bloß abhängig von dem, was
auf der Erde ist, sondern der Mensch hängt zusammen mit demjenigen, was
als Sterne am Himmel steht.

Denken Sie sich irgendeinen beliebigen Stern oder ein Sternbild, das da
draußen steht: Abends geht es auf — wie man sagt —, morgens unter. Es steht
immer da, hat immer auf den Menschen seinen Einfluß. Aber denken Sie
sich ein anderes Sternbild, sagen wir also z. B. die Zwillinge oder den Löwen:
da geht ja der Mond vorbei. In dem Moment, wo der Mond vorbeigeht, da
deckt er die Zwillinge oder den Löwen zu; da sehe ich nur den Mond, aber
die Zwillinge z. B. sehe ich nicht. Die können also in dem Moment auch
keinen Einfluß haben auf die Erde, weil ihr Einfluß zugedeckt wird. So haben wir überall am Himmel: Sterne, die nie zugedeckt werden, weder von
Sonne noch von Mond, sondern die immer ihren Einfluß haben auf die
Erde; dagegen haben wir Sterne, an denen geht der Mond vorbei, auch die
Sonne — scheinbar — vorbei, die werden immer von Zeit zu Zeit zugedeckt,
und ihr Einfluß hört auf. Und so können wir sagen: Der Löwe ist ein Stern-

bild im Tierkreis; er hat einen gewissen Einfluß auf den Menschen. Wenn aber der Mond davor steht, hat er ihn nicht; da ist der Mensch frei von dem Einfluß des Löwen, da wirkt der Einfluß des Löwen nicht auf ihn.

Nun denken Sie sich einmal: Sie stehen da und sind fürchterlich faul und gehen nicht; es stößt Sie aber einer von hinten, und Sie müssen nun gehen; der treibt Sie dann vorwärts; das ist sein Einfluß. Nun aber nehmen Sie an, ich halte den Einfluß zurück; der kann Sie nicht stoßen – so wird der Einfluß nicht auf Sie ausgeübt; da müssen Sie, wenn Sie gehen wollen, selber gehen!

Sehen Sie, der Mensch braucht diese Einflüsse. Und wie ist denn nun die Geschichte, meine Herren? Halten wir das recht fest: Das Sternbild des Löwen hat einen gewissen Einfluß auf den Menschen. Diesen Einfluß hat das Sternbild, solange es nicht vom Mond zugedeckt ist oder von der Sonne. Aber nun geht es weiter. Nehmen wir wiederum einen Vergleich mit dem Leben. Sagen wir, man will irgend etwas wissen. Nehmen Sie an, man hat eine Gouvernante oder einen Hauslehrer, der weiß ja meistens alles; man ist als kleiner Junge selber zu bequem, nachzudenken, man fragt den Hauslehrer; der sagt es einem; der macht einem ja auch die Aufgaben. Wenn der Hauslehrer aber einmal ausgegangen ist, wenn man also grad keinen Hauslehrer hat und man soll doch die Aufgaben machen, da muß man aus sich heraus die Kraft gewinnen. Man muß sich erinnern.

Nun, der Löwe hat den Einfluß auf den Menschen fortwährend; nur dann nicht, wenn der Mond ihn zudeckt; da fehlt der Einfluß. Wenn aber der Mond den Einfluß vom Löwen zudeckt, da muß der Mensch ihn aus sich selber heraus entwickeln. Also ein Mensch, der, während das Sternbild vom Mond zugedeckt ist, diesen Einfluß aus sich selber heraus entwickeln kann, der ist sozusagen ein Löwen-Mensch. Wer besonders den Einfluß im Sternbild des Krebses entwickeln kann, wenn es zugedeckt ist, der ist ein Krebs-Mensch. Je nach der Anlage entwickelt der eine Mensch das eine oder das andere mehr. Aber Sie sehen daraus, daß die Tierkreis-Sternbilder besonders ausgezeichnet sind: bei denen ist es so, daß bald der Einfluß ausgeübt wird, bald nicht. Der Mond, der ja alle vier Wochen an den Sternbildern vorbeigeht, der bringt das auch hervor, daß wir innerhalb von vier Wochen immer einen Zeitpunkt haben, wo dieser Einfluß nicht ausgeübt wird bei irgendeinem Tierkreis-Sternbild; und bei den andern Tierkreis-Sternbildern ist es eben dasselbe. Und weil in alten Zeiten die Menschen sehr stark Rücksicht genommen haben auf diesen Einfluß vom Himmel, so war ihnen der Tierkreis natürlich wichtiger als die andern Sternbilder. Denn die andern haben immer einen Einfluß; der ändert sich nicht. Aber beim Tierkreis kann man sagen: Das ändert sich, je nachdem ein Bild zugedeckt ist oder nicht, im Tierkreis. Und aus dem Grunde hat man immer den Tierkreis in seiner Wirkung auf die Erde ganz besonders untersucht. Und jetzt sehen Sie auch ein, warum der Tierkreis wichtiger ist für die Betrachtung des Sternenhimmels als die andern Sterne.«[72]

Im Tierkreis sind demnach die freilassenden Sternbilder vereint, die sich ihre Wirkung von Zeit zu Zeit nehmen lassen und dadurch Freiheit geben. Ein Band, das Freiheit in sich birgt, ist rund um den Himmel gelegt. Der Mittelpunkt dieses Kreises, der Ekliptikpol, wird vom Drachen umlagert. Es sieht aus, als bewache er das Zentrum dieses Kreises, als sei er der Hüter der Freiheit. So wie die Schlange einst im Paradies den Baum der Erkenntnis umwand und den Menschen zur Freiheit verführte.

Die Frage nach dem Zusammenwirken der verschiedenen Sternbilder erscheint jetzt in neuem Licht. Es ist demnach nicht nur so, daß die Sternbilder außerhalb des Tierkreises *auch* ihre Wirkung haben, sondern sie wirken sogar intensiver als die Tierkreisbilder, weil sie unablässig strahlen, ohne zugedeckt zu werden. Ihrem Einfluß können wir uns nie entziehen, er hält und trägt uns unaufhörlich. Nur entlang des Tierkreises werden durch Sonne und Mond immer wieder Fenster vom Kosmos her geschlossen und damit die Möglichkeit unserer Mitwirkung am Weltgeschehen eröffnet.

Wir können zu Mitschöpfern werden, indem wir die zurückgehaltenen kosmischen Kräfte, die Ausstrahlung des jeweiligen Tierkreis-Sternenwesens in uns erzeugen. Wir können uns dann wie die Tierkreisbilder verhalten, und das heißt, – ganz nüchtern vom Himmel abgelesen –: Von Zeit zu Zeit selbstlos werden, sich immer wieder zurückhalten und unsichtbar machen lassen: Das Tierkreisbild sagt immer: »Nicht ich, sondern der Mond oder die Sonne in mir.«

Jeder von uns hat schon erlebt, daß eine hellere Kraft als die eigene aus uns strahlt, wenn wir selbstlose Momente erreichen, wenn wir sagen: Nicht ich, ein anderer ist wichtig. Dann erleben wir dankbar eine schöpferische, strahlende Kraft in uns. Zwölffach ist der Tierkreis, und zwölf Wege zur Selbstaufgabe, und damit zur Selbstverwirklichung, werden uns immer wieder angeboten. Welch tiefes Geheimnis!

Der Mittelpunkt der Welt

Der Ekliptikpol ist der eine wichtige Punkt, den der Drache umschlingt, der andere, den sein Schwanz umlagert, ist der Nordpol des Himmels, markiert durch den Polarstern. An diesem hängt mit seinem Schwanz der Kleine Bär, er bildet dessen Schwanzspitze. Dort hat der Himmelsbär seinen Halt, um diesen Ruhepunkt kreist er. Das Sternbild hängt von dem Polarstern herab in das Gebiet der Waage hinein.

Jede Waage hat einen Ruhepunkt, einen Halt, um den sie pendelt. Dieser Punkt, der die Mitte des Waagbalkens hält, macht das Wägen möglich. Das Abwägen zwischen schwer und leicht, zwischen gut und böse, zwischen Krone und Wolf entscheidet sich an diesem Punkt. Hat der Fixpunkt des Kleinen Bären auch eine Funktion für ihn?

Um dem näher zu kommen, soll in der Vorstellung einmal das Menschenbild aus dem Bären erlöst und betrachtet werden. Schaut man dieser Wandlung zu, dann sieht man den sich wandelnden Bärenschwanz mit dem Polarstern in den Körper hineinschlüpfen. Denn beim menschlichen Skelett ist das Ende der Wirbelsäule, die »Schwanzspitze«, zum Steißbein geworden. Dieses ist mit dem darüber liegenden Kreuzbein verwachsen.

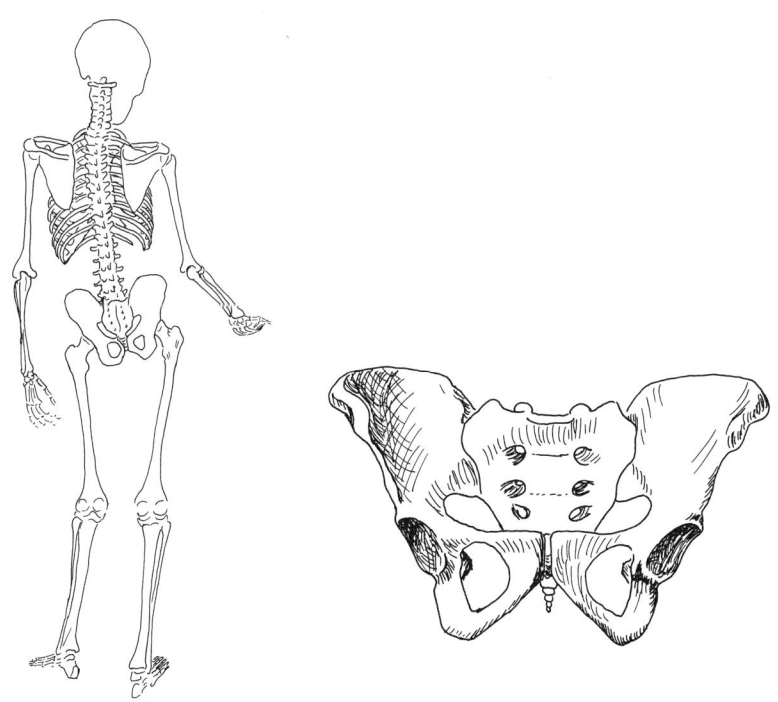

Beobachten wir uns, können wir erkennen, daß in diesem Bereich, in unserem Kreuzbein, der Ruhepol des menschlichen Körpers liegt. Die Beine sind von da aus beweglich, und der Rücken kann sich über diesem Punkt nach allen Seiten wenden und beugen. Dort ist unser Fixpunkt, unser »Kreuz«, an dem wir hängen. Wir halten unser Gleichgewicht an diesem Kreuz-Punkt in der Waage, und über ihm baut sich die – nur dem Menschen eigene – aufrechte Gestalt auf. Doch das Gleichgewicht des menschlichen Körpers ist nicht fest und stabil, sondern beweglich und labil. Das kleine Kind muß es sich erst mühsam erringen, und der Erwachsene hat es nur in wachem Zustand. Ist das Bewußtsein durch Schlaf ausgelöscht oder auch nur – etwa durch Alkohol – gedämpft, dann kann sich der Mensch nicht mehr halten. Er fällt um. Tiere können im Stehen schlafen, der Mensch nicht. Dieses labile Gleichgewicht ist allein dem Menschen eigen, ebenso wie die aufrechte Gestalt.

Das Bewußtsein, das Menschen-Ich, hält den Körper aufrecht, er hält das Kreuz in der Waage. Und doch ist das ein unbewußter Vorgang, so wie der handelnde Wille nicht aus dem wachen Denken impulsiert wird. Normalerweise ist man sich dieses geheimen Angelpunktes in sich nicht bewußt. In der Medizinersprache heißt das Kreuzbein »os sacrum« = der heilige Knochen. Treten Störungen in diesem Gebiet auf, sprechen die Ärzte von Schmerzen im »Sakralbereich«, im Volksmund heißen diese Schmerzen »Hexenschuß«; man sagt: der ist uns ins »Kreuz« gefahren. Jeder, der diese Schmerzen kennt, weiß, wie tief sie einen erschüttern. Man ist ins Mark getroffen und kann sich nicht mehr frei bewegen. Die Aufrichtekraft ist schwer gestört.

Und noch etwas Besonderes birgt der Sakralbereich des Menschen. Hier keimt das neue Leben. Das weibliche Becken, das an dem os sacrum, am Kreuzbein, hängt, ist die Wiege, in der das Kind vor der Geburt heranwächst und geschaukelt wird. So liegt im Sakralbereich (von diesem sprechen wir sonst nur, wenn wir den Altarraum einer Kirche meinen) der Fixpunkt des menschlichen Körpers, und überdies ist hier ein Raum ausgespart, in dem zukünftiges Leben keimen kann. Ein Lebenspol befindet sich dort, doch nicht für das eigene Leben, sondern für zukünftiges.

Schaut man jetzt wieder zum Himmel empor, dann rückt der Polarstern in neues Licht. Vom Anfang der Betrachtung an war es klar, daß der Polarstern nicht exakt am Himmelsnordpol steht. Ich ließ diese kleine Abweichung zunächst unbeachtet. Doch nun bekommt sie Bedeutung: Es ist nicht genau die Schwanzspitze des Kleinen Bären, um die sich die Welt dreht, sondern der Himmelsnordpol ist ein kleines Stückchen weiter oben am Bärenschwanz, genau wie der Angelpunkt des Menschen nicht im Steißbein liegt, sondern im Kreuzbein (os sacrum).

Zwei Pole gibt es am nördlichen Himmel: den Nordpol, der senkrecht über der Mitte der Äquatorebene steht, und den Ekliptikpol, der sich im rechten Winkel über dem Zentrum des Tierkreises befindet. Den Ekliptikpol umlagert der Drache, der Nordpol ist in den unteren Schwanzwirbeln des Kleinen Bären zu suchen. Jeder dieser Pole ist ein gedachter Punkt an der Stelle, wo die gedachten Achsen des Äquators und des Tierkreises jeweils das Himmelsgewölbe durchstoßen. Rein geistige Gebilde sind diese Achsen mit ihren Polen. Hoch und aufrecht stehen sie im Kosmos, die eine im Zentrum der Erde, die andere, geneigt dazu, inmitten des Tierkreises. Wie hohe schlanke Bäume stehen sie da, – Urbäume –.

Zwei Bäume standen in der Paradiesesmitte. Auch andere Schöpfungsmythen kennen Ur-Bäume, denken wir nur an die Weltenesche Yggdrasil. Zeichenhafte Bilder offenbart hier der Himmel.

DAS MUIREDACH-HOCHKREUZ

In Irland sind noch heute viele Monumente aus vorchristlicher und frühchristlicher Zeit zu sehen, die einen direkten Bezug zu kosmischen Bildern und Gesetzen haben. An den Bauten und Kunstwerken sind Himmelsgesetze abzulesen. Die kosmischen Zusammenhänge, die wir gerade in den Sternen entdeckten, scheinen dem reich bebilderten Muiredach-Hochkreuz von Monasterboice (10. Jahrhundert) eingeprägt zu sein: An seiner Westseite ist inmitten des Sonnenkreises die Kreuzigung Christi dargestellt, an der Ostseite steht der Auferstandene an entsprechender Stelle. Bei beiden Darstellungen geht der Schnittpunkt der Kreuzbalken durch die Mitte der Christusgestalt, durch den Sakralbereich. Das Kreuz geht durch das Kreuz der Menschengestalt, durch den Angelpunkt des Gleichgewichtes. Und unter dem linken Fuß des Auferstandenen hängt eine Waage, um die ein aufrechter Michael und ein liegender Teufel ringen. Es ist eine Darstellung des Weltgerichtes; rechterhand neben Christus streben ihm die Seligen zu, links wenden sich die Verdammten von ihm ab. Der Heiland hält in seiner linken Hand ein Kreuz und in der rechten Hand einen Stab, aus dessen oberem Ende blattartige Gebilde nach beiden Seiten herausragen. Die beiden Stäbe treffen unten in einem Winkel zusammen. Was mag der Stab in der rechten Hand bedeuten?

Läßt man den Blick an dem Hochkreuz nach unten wandern, so findet er im untersten Feld in der linken Hälfte Adam und Eva unter dem Baum der Erkenntnis, dessen Frucht sie wohl gerade von der Schlange empfangen. Die Zweige des Baumes wölben sich gleichmäßig nach beiden Seiten über die zwei ersten Menschen. Rechts daneben ist der Brudermord zwischen Kain und Abel abgebildet; da geht es um Leben und Tod.

Auf vielen irischen Kreuzen ist der Sündenfall mit dem Baum der Erkenntnis in ähnlicher Weise dargestellt: Der Baum ist stets an seinem symmetrischen Geäst zu erkennen. Ist es die gleiche Form, die als Zeichen in dem Stab, den Christus in der rechten Hand trägt, wiederkehrt? Dann würde der Auferstandene den Baum des Lebens und den Baum der Erkenntnis in Händen halten. Er hat das Kreuz erhoben, der Kreuzungspunkt, der den Zukunfts-Lebenspol trägt, weist nach oben, und der Auferstandene neigt seinen Kopf ihm zu. Der Baum der Erkenntnis ragt in gleicher Höhe. Wir sehen hier das wieder vereint, was mit der Austreibung aus dem Paradies getrennt wurde: »Und Gott der Herr sprach: Siehe, Adam ist geworden wie unsereiner und weiß, was gut und böse ist. Nun aber, daß er nicht ausstrecke seine Hand und breche auch von dem Baum des Lebens und esse und lebe ewiglich! Da wies ihn Gott der Herr aus dem Garten Eden, daß er den Erdboden bebaue, von dem er genommen war. Und er vertrieb den Menschen und ließ östlich vom Garten Eden die Cherubim sich lagern und die Flamme des zuckenden Schwertes, den Weg zum Baum des Lebens zu bewachen.« *(1. Mose 3, 22–24)*

Damit kam der Tod in die Welt, am ersten Brudermord ablesbar. Christus ging durch den Tod und überwand ihn. Er steht im Zentrum der Welt und fügt die getrennten Bäume wieder zusammen.

Sowohl bei prähistorischen als auch christlichen irischen Monumenten und Kunstwerken sind Winkel und Richtungen als kosmische Bezüge sehr ernst zu nehmen. Der auf diesem Hochkreuz entstehende Winkel zwischen den beiden Gebilden in den Händen des Auferstandenen beträgt 66,5°. Dies ist der gleiche Winkel, der im Kosmos zwischen der Polachse und der Ekliptik zu finden ist. Stellt man den Bezug dieser beiden gleichen Winkel her, dann entspricht das Kreuz in der linken Hand der Polachse und der Stab des Blattgebildes der Ekliptik.

Daß der Winkel von 66,5° auf diesem Kreuz kein Zufall ist, beweisen zwei andere irische Hochkreuze in Clonmacnois und Durrow.[73] Auf ihnen ist das gleiche Motiv mit exakt dem gleichen Winkel dargestellt. Bei den Kreuzen von Clonmacnois und Durrow ist noch die Besonderheit, daß das vom Auferstandenen erhobene Kreuz zum waagrechten Balken des Hochkreuzes denselben Winkel wie der des Breitengrades, auf dem das Kreuz steht, bildet. (Clonmacnois und Durrow liegen zwischen dem 53. und 54. nördlichen Breitengrad.) Das bedeutet, daß das emporgehaltene Kreuz auf dem Hochkreuz genau auf den Nordpol weist.

Die Richtung des Stabes mit den Blattgebilden stimmt überein mit der Stellung der Ekliptik zu der Zeit, wenn die Sonne im Sternbild Jungfrau steht. Das heißt, daß der Betrachter zur Zeit der Herbst-Tag- und Nachtgleiche an diesen Hochkreuzen sehen kann, wie hoch sich die Ekliptik bei Sonnenaufgang über den Horizont erhebt.

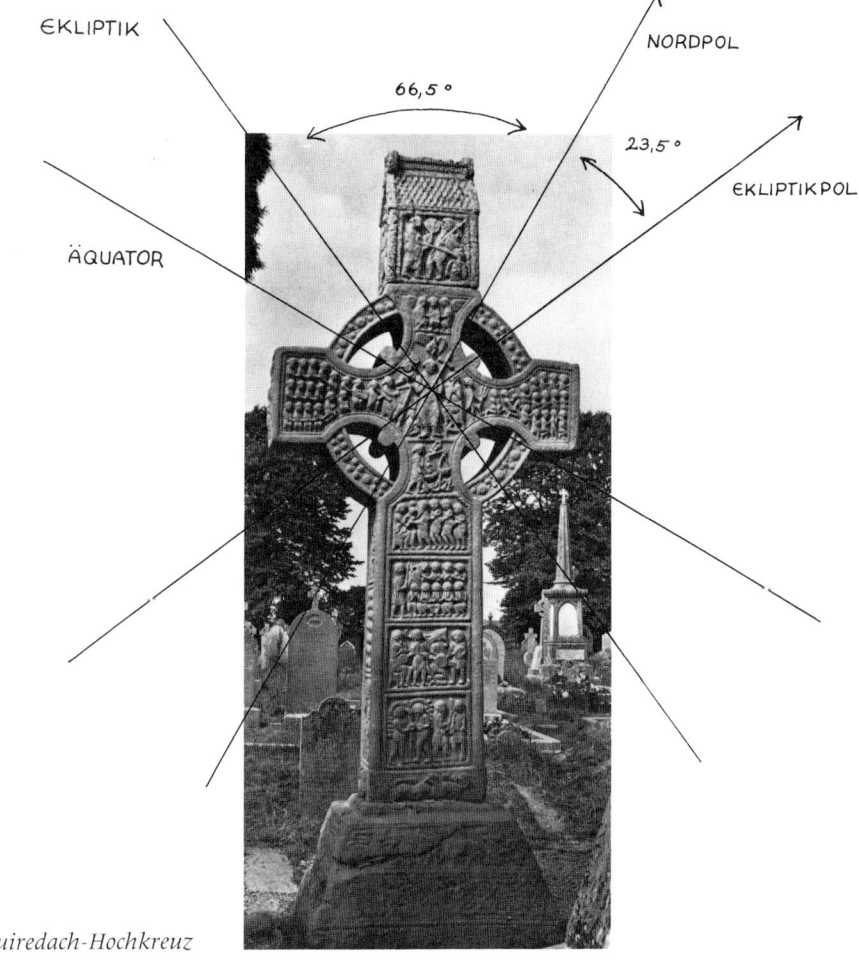

Muiredach-Hochkreuz

Der Bezug zu dem Breitengradwinkel des Standortes ist auf dem Muiredach-Kreuz von Monasterboice nicht zu finden. Die Winkelmessung hat ergeben, daß das erhobene kleine Kreuz der Polachse und der Stab mit den Blattgebilden der Ekliptik entsprechen. Überträgt man auf diese Entsprechungen die durch die Sockeldarstellung gefundenen Bilder der Urbäume, so würde die Polachse dem Baum des Lebens und die Ekliptik dem Baum der Erkenntnis entsprechen. Damit stehen mit den gedachten, rein geistigen Himmelsachsen der Baum des Lebens und der Baum der Erkenntnis im Kosmos. Sie wurzeln in der Erde.

Der Drache Ladon hütet den Baum mit den goldenen Äpfeln im Garten der Hesperiden. Athene, die Göttin der Vernunft, verhilft Herkules zum Raub der Äpfel, der Früchte vom Baum der Erkenntnis. Am Himmel umlagert und bewacht der Drache das Zentrum der Ekliptik, den »Baum der Erkenntnis«. Die Motive klingen zusammen und erhellen sich gegenseitig.

Der Lebenspol, das Kreuz, der Baum des Lebens, ist im menschlichen Körper im Sakralbereich zu finden. Auch das Bild des Baumes der Erkenntnis ist der menschlichen Gestalt leiblich eingeprägt: Wie eine Baumkrone erhebt sich das Nervengeäst im Gehirn über dem Stamm des Rückenmarkes und wölbt sich nach zwei Seiten herüber.

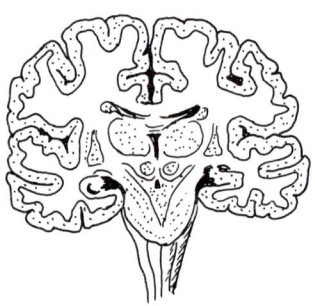 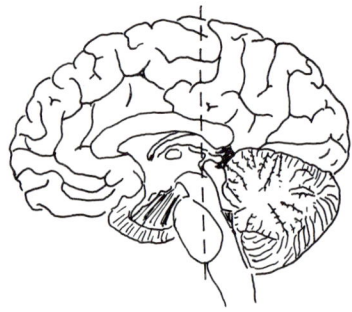

In den Ausführungen über den Tierkreis klang der Zusammenhang zwischen dem Tierkreis und dem Baum der Erkenntnis schon einmal an. Der Tierkreis ist wie eine kosmische Baumkrone, die dem Menschen die Freiheit ermöglicht, so wie der Biß in den Apfel der Erkenntnis dem Menschen den Weg in die Freiheit eröffnete.

Das Bild des Baumes der Erkenntnis an irischen Hochkreuzen ist mit den zwei symmetrisch sich wölbenden Zweigen wie ein Symbolbild des menschlichen Gehirnes.

Das Hochkreuz von Monasterboice bekommt bei derartiger Betrachtung kosmische Ausmaße. Die Gebilde, die der Auferstandene trägt, weisen in den Himmel hinaus: das Kreuz weist auf den Nordpol, auf das ruhende Zentrum des Himmelsgewölbes; der Stab der Erkenntnis-Rune weist in die Ebene des Tierkreises.

Und noch einen kosmischen Anklang zeigt dieses Hochkreuz: Der Angelpunkt der Christusfigur, der Ruhepol, das Zentrum der menschlichen Gestalt, deckt sich mit dem Zentrum des Sonnenkreuzes, und unter ihm hängt eine Waage. Am Himmel finden wir den Kleinen Bären, in dem wir das Bild des Menschen erkannten, mit seinem Schwanz am Ruhepol der Welt. Und dieses Sternbild steht über dem Gebiet der Waage. Eine Waage hier wie dort.

Das irische Hochkreuz sagt uns, wer in Wirklichkeit im Mittelpunkt der Welt steht: Der, der sich der »Menschensohn« nannte, der »Ich bin«.

»Und er fing an, sie zu lehren, der Sohn des Menschen müsse viel leiden und von den Ältesten und den Hohepriestern und den Schriftgelehrten verworfen werden und getötet werden und nach drei Tagen auferstehen.« *(Markus 8, 31)*

Der Südhimmel

Die endliche Ruhe wird nur verspürt,
sobald der Pol den Pol berührt.

Johann Wolfgang von Goethe

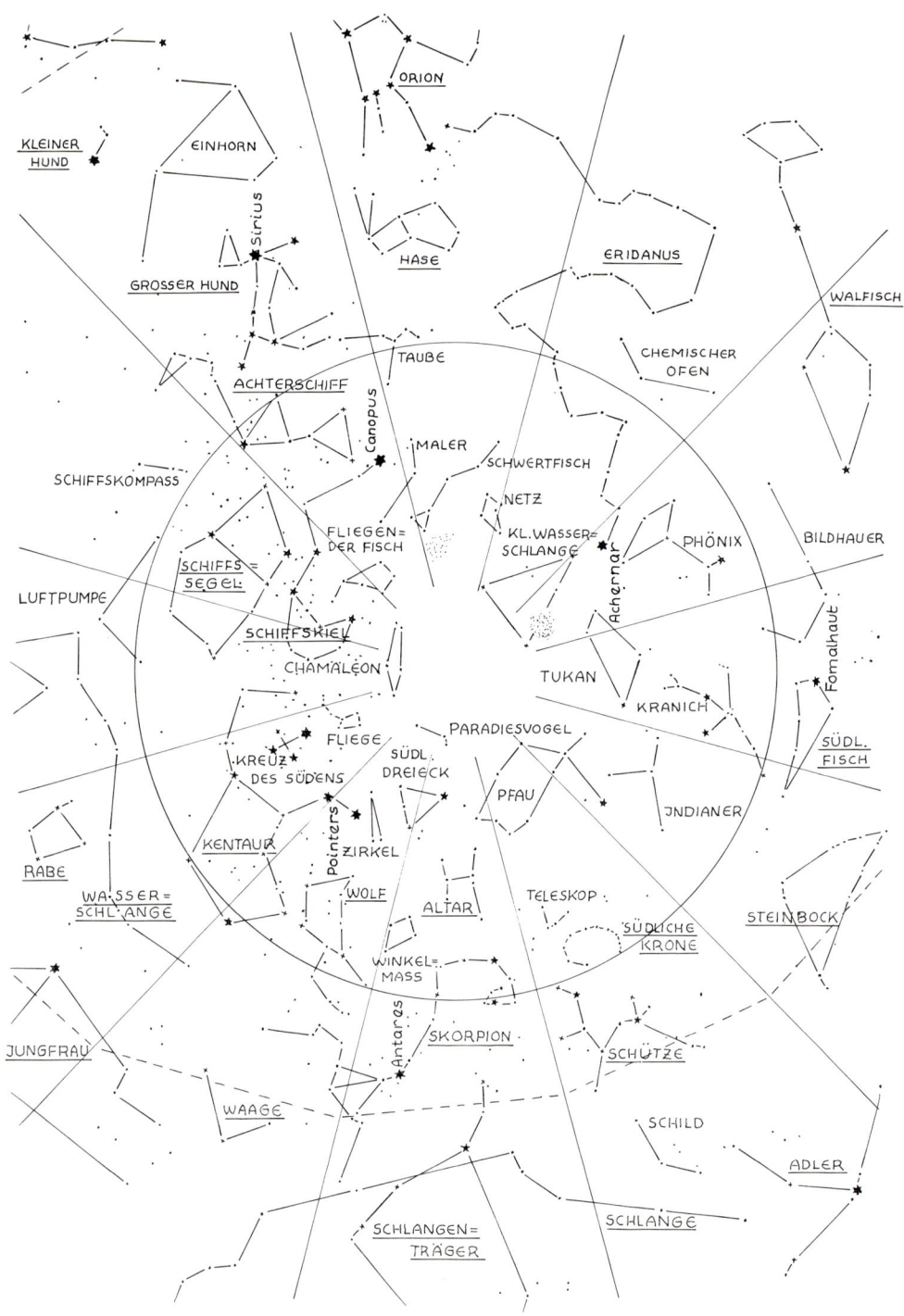

*D*urch die vorangegangenen Betrachtungen bekommt der Nordpol eine einzigartig zentrale Bedeutung für die Welt. Dabei könnte in Vergessenheit geraten, daß die Erde und der Himmel zwei Pole haben. Dem Nordpol steht der Südpol gegenüber. Welches Pendant hat dieser nördliche Angelpunkt der Welt im Süden? Und wie sieht der Südhimmel aus?

Es ist gar nicht viel Himmelsraum, der sich in unseren Erdbreiten dem Blick entzieht (nur 40° von 180°, wenn man als irdischen Standort den 50. Breitengrad annimmt), doch dieser bei uns verborgene Teil des Himmels läßt die Sternenwelt etwa über Australien sehr anders, als uns vertraut, erscheinen. Reich funkelnd spannt sich breit und flockig die Milchstraße hoch über den Himmel, während die nördlichen Sternbilder größer als gewohnt und umgekehrt über dem Horizont stehen.

In dieser unübersehbaren Lichterfülle hoch über dem Betrachter sind auf den ersten Blick keine einzelnen Sternbilder zu erkennen. Nur das Kreuz des Südens und die beiden hellstrahlenden Pointers fallen ins Auge.

So wie am Nordhimmel der Große Bär das auffallendste Sternbild ist, kennt im Süden jedermann das Kreuz des Südens. Und wie das Sternbild des Großen Bären den Weg zum Nordpol weist, so ist mit Hilfe des Kreuzes des Südens der Südpol zu finden. An diesen allgemein bekannten Regeln ist Wesentliches über die Entsprechung und Andersartigkeit der beiden Himmelshälften abzulesen.

Wie schon früher erwähnt, findet man den Polarstern und damit den ungefähren Nordpol, wenn man die Hinterlatte des Großen Wagens bzw. die Mittelsterne des Bären-Leibes etwa fünfmal nach oben verlängert. Entsprechend führt die Längsachse des Kreuzes des Südens etwa fünfmal verlängert zum Südpol. Doch was findet man dort vor? Dem einzigartigen ruhenden Stern am Nordpol steht im Süden *nichts* gegenüber. Der Südpol ist nicht durch einen Stern markiert, sondern ist ein unsichtbarer Ort, weshalb nicht eine Linie, um ihn anzupeilen, genügt, es wird noch ein weiterer Hinweis benötigt. Den bieten die Pointers. Die Mittelsenkrechte auf der Verbindungslinie zwischen diesen beiden auffallenden Sternen schneidet die verlängerte Achse des Kreuzes des Südens ungefähr im Südpol.

Der Nordpol und der Südpol erscheinen so als echte Gegenpole. Der Nordpol wird durch einen Punkt, den Polarstern, markiert, während am Südpol sozusagen ein Loch im Sternenhimmel ist. Der unsichtbare Südpol ist inmitten eines gestirnten Umkreises zu suchen, wohin zwei Richtungslinien aus dem Umkreis führen.

So ist also der *geheime* Südpol nur aus dem Umkreis zu bestimmen, während der *offenbare* Mittelpunkt des Nordhimmels aus der Mitte des Bären, die in der Mitte des Löwe-Gebietes liegt, das wir als Haus der Mitte erkannten, angepeilt werden kann. Nordpol und Südol verhalten sich zueinander wie Punkt und Kreis, wie Mitte und Umfang. Dem Umkreischarakter des Südpolgebietes entspricht auch die Umkreiseigenart des Südlichen Kreuzes. Seine vier Hauptsterne sind die Endpunkte der Kreuzstriche. Es gibt keinen inneren Kreuzungspunkt, und doch erkennt jeder Betrachter sogleich ein Kreuz in diesem Sternbild. Aus den Sternkarten ist zu ersehen, daß die richtungweisenden Sterne des Großen Bären und die des Kreuzes des Südens jeweils den gleichen Abstand vom Nordpol bzw. vom Südpol haben. Daraus ergibt sich, daß diese Richtungssterne auch zwischen sich, innerhalb ihres

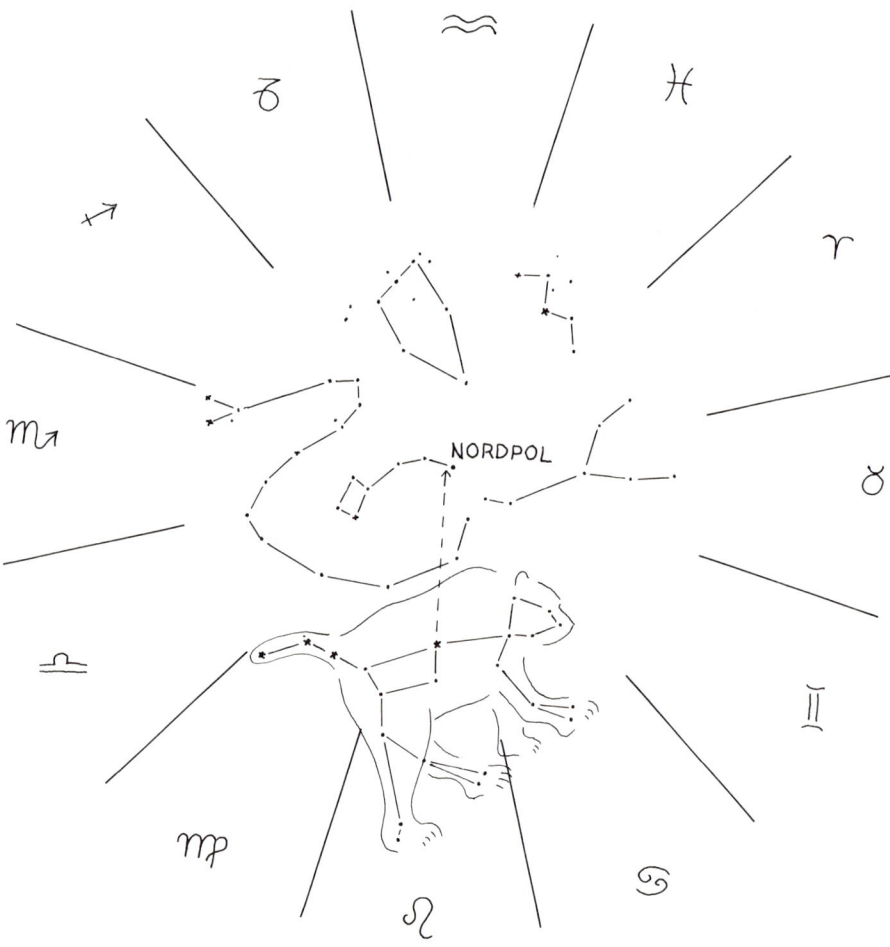

Sternbildes, die gleiche Entfernung haben. Will man im Norden wissen, wie groß das Kreuz des Südens ist, so braucht man nur die Hinterlatte des Großen Wagens anzuschauen und umgekehrt. Sie haben die gleiche Länge. Eine exakte Entsprechung der beiden Polgebiete!

Oben und Unten im Weltall

Die Erde hat Kugelgestalt, der Kosmos umgibt sie sphärisch. Die Sonneneinstrahlung pendelt im Jahreslauf gleichmäßig über den Erdäquator hin und her. Alles ist symmetrisch aufgebaut. Wenn man nur die Erde betrachtet, kann man nicht von einem Oben und Unten sprechen. Alles ließe sich

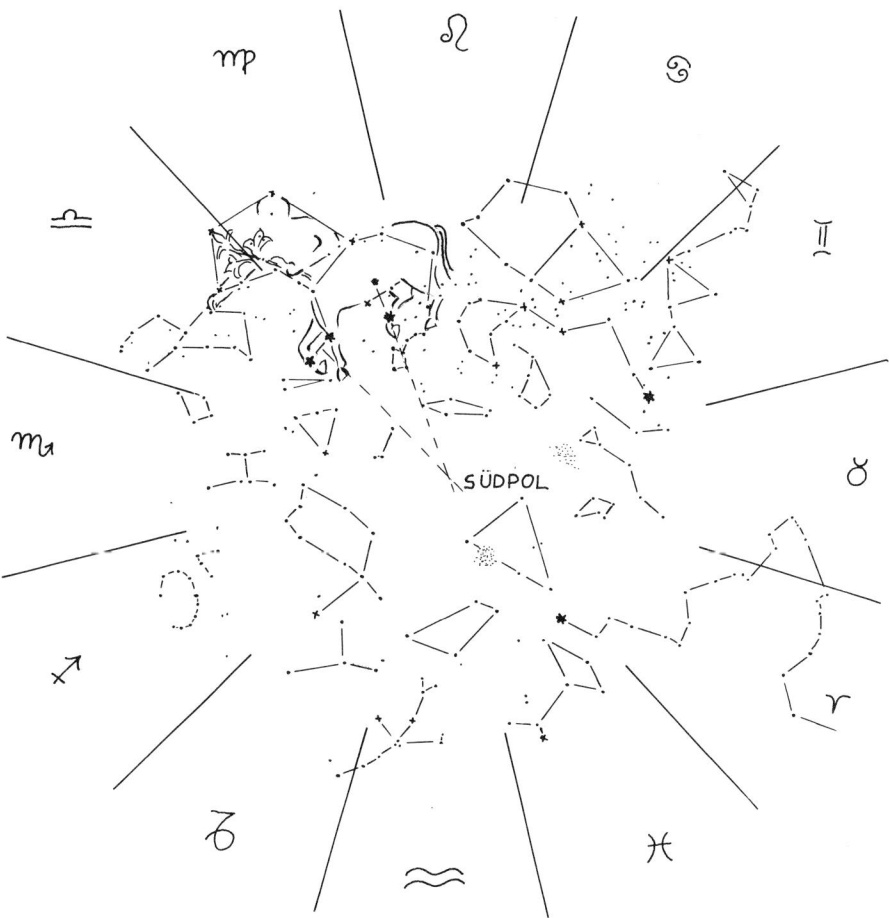

ebenso gut umtauschen. Der Südpol wie der Nordpol könnten für den Erd-
blick mit gleichem Recht oben stehen. Doch auf der ganzen Welt wird der
Norden oben und der Süden unten gesehen.

In Australien wird der gleiche Globus benutzt wie auf der Nordseite der
Erde. Die Menschen dort haben offensichtlich das Empfinden, unten, auf
der anderen Seite der Welt zu leben. Von der Erde aus ist diese Handhabung
nicht gerechtfertigt, doch der Himmel bestätigt sie.

Schaut man die figürliche Darstellung des Sternenhimmels an, so ist ein
deutliches Oben und Unten zu erkennen. Die meisten Sternbilder wurden
immer so gesehen, daß ihre Füße im Süden stehen und ihre Köpfe gen Norden weisen. Auch die Bestimmung der Pole geht in entgegengesetzte Richtungen. Vom Bild des Großen Bären aus wird der Blick beim Suchen des
Nordpols aufwärts gelenkt. Die Pointers und das Kreuz des Südens, die als
Vorder- und Hinterbeine zum Sternbild Kentaur gehören, weisen den Blick
abwärts unter sich, zu dem Südpol. Danach ist der Nordpol oben und der
Südpol unten.

Das bedeutet, daß der nördliche Erdbewohner die Sternbildergestalten
aufrecht, zum Nordpol hin gerichtet, erlebt. Der südliche Erdbewohner dagegen erlebt dieselben Bilder über Kopf, verkehrt herum. Das hat seine Wirkung auf den Betrachter. Nördlich des Äquators fühlt er sich durch die
Sternbilder fest auf den Boden gestellt, während er sich im Süden innerlich
auf den Kopf gestellt empfindet. Das erzeugt ein leicht träumendes Bewußtsein.

Nur zwei nördliche Sternbilderpaare machen eine Ausnahme: Herkules
und der Drache und Pegasus mit dem Fohlen. Diese beiden Bildergruppen
fallen aus der sonst herrschenden Richtung heraus. Zwischen den vielen
auf-dem-Kopf-stehenden Bildern sieht der Betrachter von der südlichen
Erdhälfte aus diese vier Gestalten richtig herum, wobei der Drache als nörd-
liches zirkumpolares Bild weitgehend unsichtbar bleibt.

Zu diesen beiden Richtungen der Sternbildergestalten kommt noch eine
hinzu. Sie ist quer durch den Himmel in zwei gegenüberliegenden Himmelshäusern dem Firmament eingezeichnet. Das Sternbild Jungfrau auf der einen und die Sterngestalten der königlichen Familie, Kassiopeia, Andromeda
und Kepheus auf der anderen Seite legen sich quer. Die Richtung dieser
Sternbilder hüben und drüben ist dieselbe, sie liegen alle im gleichen Winkel
zur Polachse, und zwar ungefähr parallel zur Ekliptik.

Die Jungfrau, Kassiopeia und Andromeda sind die einzigen Frauenge-
stalten am Himmel. Wie man sieht, bringt das weibliche Element eine an-

dere Richtung in die Himmelsgestaltung herein. Es entsteht durch sie ein Kreuz mit schrägliegenden Querbalken. Es ist bemerkenswert, daß sich diese Sternbilderüberkreuzung im Gebiet der Fische, unter deren Herrschaft auf Erden das Kreuz errichtet und maßgeblich wurde, und seines Gegenhauses Jungfrau befindet.

Bei eingehenderer Betrachtung der Sternensphäre ergibt sich noch eine weitere Kreuzung am Firmament, denn auch die Milchstraße oder Galaxis, umschlingt den Sternenhimmel.

In einer dritten Raumesrichtung durchkreuzt dieses dritte, aus den übrigen Sternen hervortretende Phänomen, das anfangs flüchtig erwähnt wurde, die Ekliptik und den Himmelsäquator. Sie weicht mit einem Winkel von 27,5° von der Polachse ab, anders gesagt, erhebt sie sich um 62,5° über den Äquator. Die Ekliptik schneidet sie hüben im Sternbild des Schützen und drüben in den Zwillingen. Der fliegend fliehende Perseus und der fliegende Schwan zeigen am Nordhimmel den Lauf der Milchstraße. Die umgekehrt stehenden Sternbilder Herkules und Pegasus flankieren sie auf beiden Seiten.

Im Süden steht der Kentaur auf ihr, zudem geben dort das Schiff und der Große Hund ihre Richtung an. Die Zugehörigkeit dieser Sternbilder zur Milchstraße macht ihre Abweichung von der Senkrechten verständlich.

Zusammenfassend kann gesagt werden: der Himmel hat durch seine Sternbilder eindeutig ein Oben und ein Unten. Die Häupter der meisten Sternbilder weisen nach Norden, während die Füße im Süden stehen. Ausnahmen sind der Herkules und der Pegasus. Die weiblichen Sternbilder und der Kepheus durchkreuzen diese Richtung parallel zur Ekliptik, ihre Köpfe weisen nach Osten, ihre Füßen nach Westen. Eine dritte Raumesrichtung geben die Sternbilder, die der Milchstraße folgen, an. Sie fügen sich in Schrägstellung in die Hauptrichtung von Oben und Unten am Himmel ein.

Traumzeit

Um den Südpol kreist, sich über ein Viertel des Himmels ausdehnend, Tag und Nacht das mächtige, lichterfunkelnde Schiff, das uns aus der Betrachtung des Krebs-Gebietes schon bekannt ist. Dort wurde es mit dem mythischen Bild des Schiffes Skidbladnir in Verbindung gebracht, das nach der Deutung Rudolf Steiners in kosmisch ausgebreitetem Zustand ein Bild des Traumbewußtseins ist.

Wie die Umgebung und der Sternenhimmel das Bewußtsein der Menschen prägen, wäre sicher am wahrsten von den jeweiligen Eingeborenen zu erfahren, von den Menschen, die seit Urzeiten mit ihrem Land verwachsen sind, wenn man auf die rechte Weise zu fragen verstände.

Den australischen Kontinent bewohnen seit wohl 50 000 Jahren die dunkelhäutigen Aborigines, die bis heute, durch alle Bedrängnis der 200jährigen Besetzung des Landes durch die Europäer hindurch, die Weisheit und Reste des prähistorischen Menschenbewußtseins seit der Steinzeit bewahrt haben. Sie sind wahre Kinder dieses Landes und dieses Himmels. Sie fühlen sich eins mit der Natur.

Die Aborigines sprechen von der Traumzeit (engl. Dreaming), in der ihr Ursprung und ihr Leben wurzelt. Oben am Himmel kreist das Sternenschiff, und die darunter lebenden Menschen fühlen sich in der Traumzeit getragen und geborgen. Himmel und Erde klingen zusammen.

> I look at star.
> I know just about time for wet season,
> may be time for dry season.
> I know from star
> …
> This story right, exactly right,
> because it dreaming.
>
> (Ich schaue zum Stern.
> Ich weiß, wann die Regenzeit kommt,
> kenne auch die Zeit der Trockenperiode.
> Ich weiß es vom Stern.
> …
> Diese Geschichte ist wahr, exakt wahr,
> denn sie kommt aus Traumbewußtsein.[74])

Diese Worte stammen von Big BILL NEIDJIE, einem zur Zeit führenden Aborigine. »Dreaming« – Traumzeit, Traumbewußtsein – es ist schwer zu übersetzen. »Dreaming« ist ein Zustand, ein Ort, eine Zeit oder auch eine Person, ein Wesen. »Dreaming« – wir können nur versuchen zu ahnen, in welche Geistestiefen es führt. Es ist ein Im-Umkreis-Leben, so wie sich die Aboriginal real mit ihrer Umwelt identifizieren. Ich hörte in Australien von einem Aborigine, der vor einem Felsen saß und in tiefem Ernst sagte: »Der Stein bin ich.«

Jochen Bockemühl schrieb in einem Bericht über Australien: »In einer Schulklasse sollten die Kinder sich selbst zeichnen. Die Kinder ursprünglich europäischer Abstammung zeichneten selbstverständlich menschliche Gestalten, mit denen sie sich identifizierten. Ein Eingeborenenmädchen zeigte mit derselben Selbstverständlichkeit die Zeichnung einer Landschaft vor, die Landschaft seiner Heimat würden wir sagen.«[75]

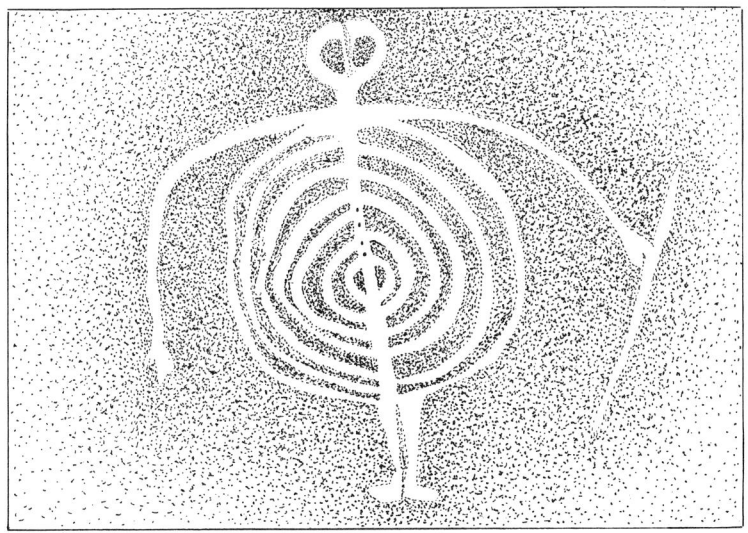

»*Das Gesetz der Höhle eingeschrieben.*
Dieses Bild ist Gesetz.«
BILL NEIDJIE

Punkt und Umkreis

Das, was aus der Himmelsgestaltung des Südpolgebietes, aus der Form des Kreuzes des Südens und aus dem Bild des Himmels-Schiffes spricht, die Kräfte des Umkreises, des Außer-sich-sein-Bewußtseins, das können die Aborigines aus alten Kräften heraus handhaben. Der australische Kontinent selber ist ein Bild des Umkreises. Allein die Küstengebiete, also nur die Peripherie sind für den Australier bewohnbar. Im Innern ist Wüste. Die Aborigines haben die Fähigkeit, auch in der Wüste zu leben. Und sie hüten das Zentrum des Umkreises, denn in der Mitte des Kontinents ist ihr altes Zentralheiligtum, das aus der Ebene herausragende Felsmassiv Ayers Rock.

Aus alter Geistigkeit klingt noch herüber, was die Menschheit heute neu lernen muß: Die Kräfte des Punktes und des Umkreises gleichermaßen zu beherrschen. Eine uralte Höhlenmalerei in Australien drückt diese Gesetzmäßigkeit bildhaft aus.

Wie wichtig das Handhaben dieser Kräfte für die Entwicklung des Menschen ist, führte Rudolf Steiner nachdrücklich vor Pädagogen aus: » Die Menschen können im allgemeinen auf dem Gebiete der Pädagogik nichts erreichen, weil sie nicht ernsthaftig jemals eine Wahrheit in sich rege gemacht haben. Die besteht darin, daß Sie sich am Abend einleben in das Bewußtsein: In mir ist Gott, in mir ist Gott, oder der Gottesgeist, oder was immer – aber sich dieses nicht bloß theoretisch vorschwätzen, die Meditationen der meisten Menschen bestehen darin, daß sie sich etwas theoretisch vorschwätzen –, und am Morgen so, daß das hineinstrahlt in den ganzen Tag: Ich bin in Gott. – Bedenken Sie nur, wenn Sie diese zwei Vorstellungen, die ganz Empfindung, ja Willensimpulse werden, in sich rege machen, was Sie da eigentlich tun. Sie tun das, daß Sie dieses Bild vor sich haben: In mir ist Gott – und daß am nächsten Morgen Sie dieses Bild vor sich haben: Ich bin in Gott. – Das ist eines und dasselbe, die obere und untere Figur (Zeichnung: ein Punkt und ein Kreis). Und Sie müssen einfach verstehen: Das ist ein Kreis, das ist ein Punkt. Es kommt nur abends nicht heraus, es kommt nur morgens heraus. Morgens müssen Sie denken: Das ist ein Kreis, das ist ein Punkt. Sie müssen verstehen, daß ein Kreis ein Punkt, ein Punkt ein Kreis ist, und müssen das ganz innerlich verstehen. Sehen Sie, damit kommen Sie überhaupt erst an den Menschen heran… Im Menschen ist das verwirklicht, daß der Ich-Punkt des Kopfes im Gliedmaßenmenschen zum Kreis wird, der natürlich konfiguriert ist. Und Sie lernen verstehen überhaupt den ganzen Menschen, wenn Sie in dieser Weise an ihn herangehen, wenn Sie versuchen, ihn innerlich zu verstehen. Aber zuerst müssen Sie dieses haben, daß die zwei Figuren, die zwei Vorstellungen ein und dasselbe sind, daß sie gar nicht unterschieden sind voneinander. Nur von außen angesehen sind sie verschieden. Da ist ein gelber Kreis, da ist er auch. Da ist ein blauer Punkt, da ist er auch. Warum? Weil das die schematische Figur des Kopfes ist, weil das die schematische Figur des Leibes ist. Aber wenn der Punkt sich behauptet in den Leib hinein, dann wird er eben zum Rückenmark; wenn der Punkt hier sich hineinbegibt, wird dasjenige, was er sein soll in der Kopforganisation, dann eben Rückenmarkansatz. Die innere Dynamik der Morphologie ergibt sich Ihnen einfach dadurch. Sie können eine Anatomie, eine Physiologie bekommen, indem Sie von dem ausgehend meditieren.«[76]

202

Die alte australische Höhlenmalerei, die Bill Neidjie »das Gesetz« nennt, ist wie eine Meditationsfigur für den pädagogischen Rat Rudolf Steiners: Die Kopfbildung taucht als Zentrum des Leibes wieder auf, dazwischen schwingt eine Spirale links herum nach außen und rechts herum zur Mitte zurück. Sogar die Wirbelsäule ist durch Punkte angedeutet.

Das Zitat von Rudolf Steiner beginnt mit einer aufrüttelnden Ausschließlichkeit: *nichts* sei in der Pädagogik zu erreichen, wenn nicht die Gleichwertigkeit von Punkt und Umkreis erkannt und praktiziert würde. Vertieft man sich in diese Übung, so erfährt man bald, daß dieses Gesetz die ganze Welt durchzieht: Punkt und Umkreis, Nordpol und Südpol, Tagesbewußtsein und Traumbewußtsein, Licht und Dunkelheit, Oben und Unten, Sich Besinnen und Handeln – Bete und Arbeite! Die Reihe der Beispiele könnte beliebig fortgesetzt werden. Goethe faßte dieses Lebensgesetz in die Verse:

Im Atemholen sind zweierlei Gnaden:
Die Luft einziehn, sich ihrer entladen.
Jenes bedrängt, dieses erfrischt;
So wunderbar ist das Leben gemischt.
Du danke Gott, wenn er dich preßt,
Und dank' ihm, wenn er dich wieder entläßt.

Johann Wolfgang von Goethe

Das Grundgesetz von Punkt und Umkreis ist dem Himmel wie der Erde eingeprägt. Man kann wirklich von der *einen* und der *anderen* Seite der Welt sprechen, wobei diese Unterscheidung niemals Wertung ist. Die nördliche Hemisphäre ist die eine Hälfte, die südliche die andere. Ziel der Weltentwicklung ist, daß ein Hin- und Herschwingen, ein heilsames Atmen zwischen beiden entsteht.

Die Komposition von Himmel und Erde ist wie ein Vorbild für diesen Prozeß. Die punktartige Erde ist vom Umkreis des Himmels umgeben. Und wo am Himmel der einzigartig ruhige Polarstern, der Punkt, steht, da ist auf der Erde als Umkreisphänomen das Meer am Nordpol, dagegen ist unter dem »Loch« des himmlischen Südpols der »Knopf« des antarktischen Kontinents. Die Komposition von Punkt und Umkreis liegt als Baugesetz der Welt zugrunde. Und es liegt am Menschen, daß er diesem Strukturplan gerecht wird und den Ausgleich zwischen den Extremen findet. Denn überwiegt eine Tendenz, dann wird die Welt krank. Das hat unsere jetzige Zeitepoche gezeigt. Und auch das ist dem Himmel eingeschrieben: Im Gebiet der

Fische, durch das seit über zweitausend Jahren der Frühlingspunkt der Sonne zieht, steht hoch oben im Norden das Sternbild Kassiopeia. Es ist das einzige Himmelsbild, das einen Menschen sitzend darstellt. Kassiopeia, die auf manchen Sternkarten mit einem Spiegel dargestellt wird, ist das Bild des eigensüchtigen, selbstbezogenen Menschen. Sie sitzt. Sie ruht an einem Punkt, auf sich konzentriert. Und so wie sie den Himmel *besitzt*, so versuchte die nördliche Menschheit, den Süden der Erde zu besitzen. Die Kolonisierung der Erde war die bittere Folge dieses Verhaltens.

Und der Menschheit des Südens blieb nichts anderes übrig, als dem Beispiel des Phönix zu folgen, der als Sternbild vom südlichen Himmel leuchtet.

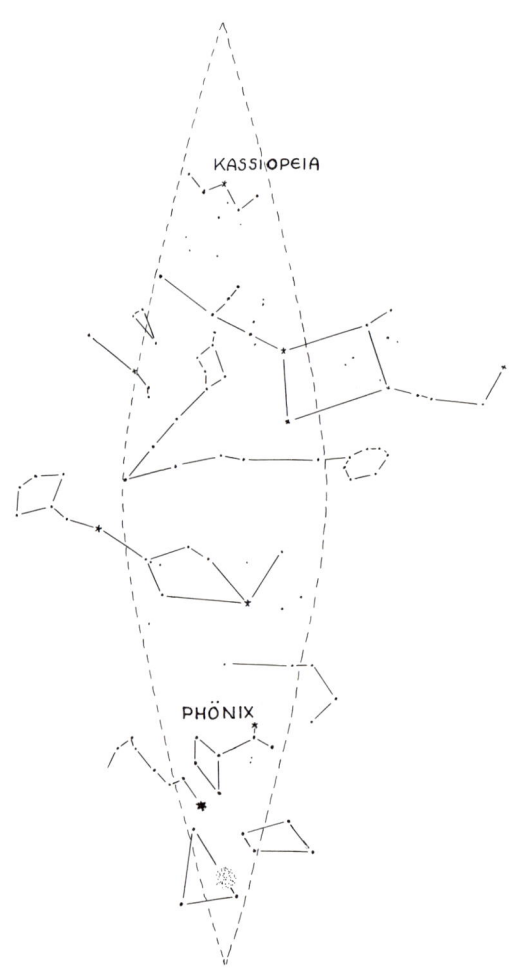

Wie der Phönix im Flammentod in den Umkreis hineinstirbt und aus der Asche wieder neu ersteht, so mußten die geknechteten Völker vielfältig den Tod erleiden, um aus Schmerzen und Untergang sich wieder neu zum Leben durchzuringen. Unsere Zeit ist bewegt und erschüttert von diesem Ringen.

Phönixkraft

Die feuerverwandelnde Kraft des Phönix ist auf dem australischen Kontinent auch in der Natur zu finden. Die Buschbrände, die wieder und wieder das Land durchrasen und verbrennen, sind den einheimischen Pflanzen willkommen und nötig. Es gibt dort Grasbäume, deren Längenwachstum nur nach einem Brand einsetzt, sie sind auch erst, nachdem sie durchs Feuer gingen, zum Blühen und Fruchten fähig. Die Samen anderer Bäume werden erst keimfähig, wenn das Feuer sie durchglühte. Wieder andere Bäume treiben, wenn der alte Baum vom Feuer erfaßt wurde, aus ihrem Wurzelnetz ringsherum neue Bäume heraus, so daß, statt des einen Baumes, eine Fülle neuer junger Bäume entsteht. Und aus einigen verkohlten Zweigen sprießen zudem noch neue Blätter hervor. In Australien sind also bestimmte Pflanzen auf die verjüngende und erneuernde Kraft des Feuers angewiesen. Sie müssen in den Umkreis versprühen, um in ihrem Keimpunkt lebendig zu werden. Von dieser Gesetzmäßigkeit spricht Bill Neidjie in seinem hier folgenden Gedicht, indem er auch deutlich macht, welches die Nacht- und welches die Tagseite der Welt ist.

This earth...
I never damage,
I look after.
Fire is nothing,
just clean up.

When you burn,
new grass coming up.
That mean good animal soon...
might be goose, long-neck turtle, goanna, possum.
Burn him off...
new grass coming up,
new life all over.

I don't know about white European way.
We, Aborigine, burn…
Make things grow.
Tree grow,
every night he grow.
Daylight…
he stop.
Just about dark…
he start again.
Just about morning I look.
I say,
»Oh, nice tree this«.

When you sleep,
tree growing like other trees…
they got lots of blood.

(Diese Erde…
Nie werde ich sie zerstören,
ich werde sie hüten.
Feuer ist nichts,
es reinigt alles.
Wenn du brennst
wächst neues Gras.
Das bedeutet bald gute Tiere…
vielleicht die Gans, die Langhals-Schildkröte, Goanna oder Possum.
Brenn es nieder…
Neues Gras wächst,
neues Leben überall.

Ich kenne nicht die Art des weißen Mannes.
Wir, Aborigine, brennen…
wir lassen Keime sprossen.
Der Baum wächst,
jede Nacht wächst er.
Tageslicht…
er hält inne.
Es kommt die Dunkelheit…
er sproßt wieder.

In der Morgenfrühe schaue ich.
Ich sage,
»O, welch schöner Baum«.

Während du schläfst,
wächst der Baum wie andere Bäume...
Und sie bringen eine Fülle von Leben.)

In der Punkt-Kreis-Meditation gibt Rudolf Steiner den Rat, daß vor der Nacht, wenn die Seele bereit ist, sich in den Kosmos schlafend auszudehnen, der Punkt in uns bewußt gesucht wird, während man sich am Morgen aus der taghellen Ichbezogenheit dem Umkreis zuwenden sollte. Und dabei weist er darauf hin, daß das Fehlen des Gegenpoles nur im Umkreis erlebt wird: »Es kommt nur abends nicht heraus, es kommt nur morgens heraus. Morgens müssen Sie denken: Das ist ein Kreis, das ist ein Punkt. Sie müssen verstehen, daß ein Kreis ein Punkt, ein Punkt ein Kreis ist, und müssen das ganz innerlich verstehen. Sehen Sie, damit kommen Sie überhaupt erst an den Menschen heran.«

Das ist in Australien unmittelbar erlebbar. Viele Menschen dort, die ja inmitten der irdischen und himmlischen Umkreiskräfte leben, haben ein Bewußtsein dessen, was ihnen fehlt. Sie wissen, daß es eine Nordseite der Welt gibt, und sie wissen, daß sie auf der *anderen* Seite der Welt leben. Sie ringen darum, den Zusammenklang der Gegensätze zu schaffen, etwa damit, daß sie sich bemühen, die christlichen Jahresfeste gegen den Lauf der Natur bewußt zu feiern.

Die Menschen des Nordens dagegen fühlen sich unter dem rechtslaufenden Sonnenbogen im allgemeinen ganz autark auf ihrer *einen* Seite. Sie sind sich ihres Wertes bewußt und ahnen weitgehend nicht, was ihnen fehlt. Das Wesen der südlichen Welthälfte vermissen sie nicht. Rechts ist recht, links ist linkisch.

Das darf und wird nicht so bleiben, wenn wir die Sternbilder ernst nehmen. Als zwei Ziele, die in der Menschheitsentwicklung erreicht werden sollen, stehen im Gebiet des Steinbocks, im letzten Himmelshaus, die zwei Menschengestalten: Der Kepheus im Norden und der Indianer im Süden.

Das Sternbild des Kepheus ist aus Umkreissternen gebildet, während das Sternbild des Indianers durch den Mittelpunktstern Gestalt annimmt. Das kann wie eine Aufforderung aufgefaßt werden. Am Nordhimmel, wo sich alles um den Punkt, den Polarstern, dreht und wo die Mitte-Kräfte zu finden sind, da steht als Zukunftsziel das Umkreis-Bild des Kepheus. Dagegen steht am Südhimmel, dessen Zentrum ein Hohlraum ist, das zentrierte Bild des Indianers. Die Bilder zeigen, wohin der Mensch in sich und im Miteinander die naturgegebenen Kräfte in ferner Zukunft gewandelt haben wird.

Noch leben wir aber zwei Kulturepochen vorher. Das Sternbild Kassiopeia steht wie ein Vorwurf über unserem Zeitalter. Unter ihr stehen jedoch die Bilder des Christentums, die den Weg der Wandlung weisen. Christus, der die Ichkraft in uns belebt, ist der Gottesgeist, der uns lehrt, die beiden Extreme zu beherrschen, der den Atem schenkt, daß Punkt und Kreis zu einem und demselben werden können.

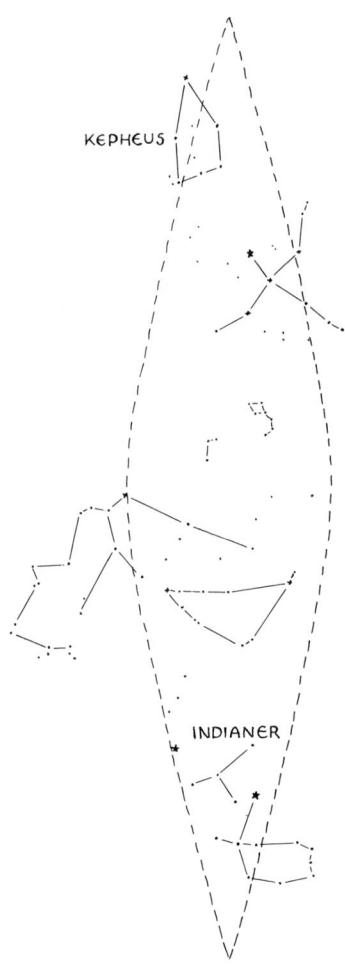

AUSKLANG

*U*nsere Ausführungen begannen mit dem Blick in längst vergangene Zeiten, in denen sich die Menschen von Göttern geführt wußten. In den Sternbildern am Himmel schauten die Menschen das Wirken der Götter, die für ihr Dasein und Handeln ihre Opfergaben und Gottesdienste erwarteten. Der Mensch stellte sich dieser Notwendigkeit. Noch in unserem Jahrhundert lebte in einigen Völkern das Bewußtsein, daß der Kosmos und die Gestirne die Mitarbeit des Menschen zu ihrer Erhaltung und ihrer Wirksamkeit brauchen. Wir hörten von dem verantwortungsvollen Wissen des Pueblo-Indianers, daß ohne seine Mithilfe die Sonne ihren Weg nicht gehen kann. Die Sterne waren den Menschen vertraut. Sie erwarteten von ihnen Hilfe und waren bereit, durch Opfer das ihrige für das Götterwirken beizutragen.

Das änderte sich im Laufe der Menschheitsentwicklung. Aus den götterbelebten Himmelsbildern wurden zuletzt gottverlassene abstrakte Strichzeichnungen. Von Rudolf Steiner ist zu erfahren, daß diese Entwicklung notwendig war: »So stehen wir in dem, was wir täglich tun, unter der Einwirkung derjenigen Kräfte, zu denen wir nur als zu ihren Zeichen bewundernd aufschauen, wenn wir auf die Sterne hinblicken. Erst derjenige vermag eben in der richtigen Weise zu den Sternen aufzublicken, der weiß, daß eigentlich in den Sternen, die aus dem Raume zu uns strahlen, nur die Schriftzeichen zu ersehen sind für das Universum, für das universellste geistige Geschehen, das in uns lebt und dessen Abbild wir sind. Eine ältere Menschheit hat in einer älteren atavistisch-instinktiven Hellseherkraft eine Anschauung gehabt von alledem, aber diese Anschauung ist allmählich verglommen. Der Mensch hätte nicht frei werden können, wenn er die alte Anschauung behalten hätte. Diese alte Anschauung verfinsterte sich im Menschen. Dafür aber trat in das Erdenleben herein das Mysterium von Golgatha. Ein hohes Wesen der Sonnenbevölkerung hat zwar den Menschen nicht gleich das Bewußtsein bringen können von dem, was da in den Sternenwelten vor sich geht, aber die Kräfte dazu, sich dieses Bewußtsein nach und nach zu erwerben.«[77]

Ich denke, daß wir diese Kräfte in aller Freiheit angewandt haben, um durch Anschauen der Bilder in die Geheimnisse der Sternenwelt einzudringen, um die Schriftzeichen zu entziffern. Es war der Anfang eines Weges. Am Himmel tat sich in den Bildern eine Geschichte auf, die verspricht, eine unendliche Geschichte zu werden.

Die Sterne wurden uns durch Anschauen der Bilder vertraut. Anstelle des alten hellsehenden Schauens gingen wir mit anschauender Urteilskraft auf die Bilder zu. Das ermöglichte ein neues Erkennen der kosmischen Geheimnisse. Staunen und Ehrfurcht vor der Größe und Weisheit der Schöpfung kann uns erfüllen. Wir können uns im Kosmos geborgen fühlen, den Menschen früherer Zeiten, die von hellsehendem Schauen geleitet wurden, ebenbürtig. Doch werden wir auch gleichermaßen gebraucht? Ist unsere Mitwirkung am kosmischen Geschehen gefragt? Gibt es Opfer, die wir den Weltenkräften weihen können?

Frage ich den Sternenhimmel um Auskunft, so weist er mich auf mich selbst zurück. Der Weg des Menschen-Ich zu sich selbst ist in den Sternbildern dargestellt. Den Gang der Selbstverwirklichung künden die Sterne. Daraus kann die Zuversicht entstehen, daß wir dadurch den Schöpfermächten hilfreich werden können, daß wir unser eigenes Leben meistern, daß wir als Selbstgestalter unseres Schicksals zum Mitschöpfer im großen Schöpfungsplan »Lasset uns den Menschen schaffen« werden.

Danach sind wir selber die Weihegabe, die dem Weltengott als Opfer dargebracht werden kann. Rudolf Steiner bestätigt aus tieferer Einsicht ins Weltgeschehen diese Zuversicht, indem er ganz nüchtern und konkret auf die Bedürfnisse der kosmischen Welten hinweist: » [Der Astronom] achtet gar nicht darauf, daß diese Welt ein gewaltiger Geistorganismus ist, der Nahrung braucht, sonst wären die Sterne längst im Weltenraum nach allen Richtungen zerstreut worden. Die Planeten wären ihre Bahn gegangen. Dieser Riesenorganismus braucht Nahrung, dasjenige, was er immer wiederum und wiederum aufnehmen muß, damit er fortbestehen kann. Und woher kommt diese Nahrung? ... Das ist die Nahrung des Kosmos, das ist dasjenige, was der Kosmos fortwährend braucht, damit er fortbestehen kann. Was wir Menschen auf Erden in leichten und in harten Schicksalen erleben, das tragen wir einige Zeit nach dem Tod in den Kosmos hinein, und wir fühlen daher als die Ernährung unser menschliches Wesen in den Kosmos aufgehen... Was wir auf Erden hier durchmachen, wird in den Kosmos hinaus zerteilt, daß es dem Kosmos Nahrung werden kann, daß der Kosmos weiter bestehen kann, daß der Kosmos neue Antriebe zu seinen Sternenbewegun-

gen und Sternenbeständen erhalten kann. Wie wir unserem Leben die Er-
dennahrung zuführen müssen, damit wir als physische Menschen zwischen
der Geburt und dem Tode leben können, so muß der Kosmos von
Menschenerfahrungen leben, diese in sich aufnehmen. Und wir gelangen
auf diese Weise dazu, uns immer mehr und mehr als kosmischer Mensch zu
fühlen, gewissermaßen unser ganzes Menschenwesen in den Kosmos über-
gehend zu finden... Dasjenige, was wir in den Kosmos hinaustragen, muß
uns in anderer Gestalt der Kosmos wieder zurückgeben, damit wir wiederum zur Erde zurückkehren können.« (16. Juni 1923)[78]

Große, beseligende Ausblicke tun sich auf. Diese Anschauung kann dem
Leben einen neuen Sinn geben. Jedes Leid, jedes Unglück, das den Menschen trifft, hilft ihm, seine Gabe, die er dereinst verschenken kann, reicher
und schwerer zu machen. Der Mensch kann sich ernst genommen fühlen,
indem er das ernst nimmt, was die Sternbilder ihm zuleuchten.

ANMERKUNGEN

1 Schöpfungsmythen, hrsg. von Hans Christian Meiser, München 1988, S. 184
2 Karl Kerényi, Die Mythologie der Griechen, Bd. 1, München 1988, S. 21
3 Aratos, Sternbilder und Wetterzeichen, München 1971
4 Werner Papke, Die Sterne von Babylon. Die geheime Botschaft des Gilgamesch – nach 4000 Jahren entschlüsselt, Bergisch Gladbach 1989
5 dtv Lexikon, Hamburg 1986
6 Rudolf Steiner, Weltenwunder, Seelenprüfungen und Geistesoffenbarungen, 10. Vortrag, 27. August 1911, GA 129
7 Erhart Kästner, Zeltbuch von Tumilat, Frankfurt a. M. 1988, S. 83 ff.
8 Johann Wolfgang von Goethe, Naturwissenschaftliche Schriften I, Hamburger Ausgabe Bd. 13, S. 31
9 Johann Wolfgang von Goethe, Trilogie zu Howards Wolkenlehre – Atmosphäre, Hamburger Ausgabe Bd. 1, S. 349
10 Die schönsten Tierfabeln, ausgewählt von Klara Maria Veider, Frankfurt a. M. 1967, S. 8
11 Sagen der Juden, Insel Taschenbuch 420, Frankfurt a. M. 1980, S. 34
12 ebd. S. 34 ff.
13 Ludewig Ideler, Untersuchungen über den Ursprung und die Bedeutung der Sternnamen, Berlin 1809, S. 62 f.
14 Gustav Schwab, Sagen des klassischen Altertums, Wiesbaden, S. 151
15 Ludewig Ideler, a. a. O., S. 98
16 »Der Wartburgkrieg«, geordnet und herausgegeben von Karl Simrock, Stuttgart und Augsburg 1858; entnommen aus: Aus Michaels Wirken, Stuttgart [5]1983, S. 88 f.
17 G. Strohmaier, Die Sterne des Abdar-Rahman as-Sufi, Hanau 1984
18 Sagen der Juden, Insel Taschenbuch 420, Frankfurt a. M. 1980, S. 73
19 Thomas Göbel, Erde, die die Seele trägt. Australische Mythen, Stuttgart 1976, S. 136 f.
20 Rudolf Steiner, Der Mensch als Zusammenklang des schaffenden, bildenden und gestaltenden Weltenwortes, 1. Vortrag, Dornach 19. Oktober 1923, GA 230
21 Platon, Timaos, in: Sämtliche Werke Bd. V, Hamburg 1959, S. 162
22 Ludewig Ideler, a. a. O., S. 258
23 Harald Hveberg, Von Göttern und Riesen. Nordische Mythologie, Oslo 1982, S. 25
24 Rudolf Steiner, Die Mission einzelner Volksseelen, 11. Vortrag, 17. Juni 1910, GA 121
25 Kinder- und Hausmärchen der Brüder Grimm. Vollständige Ausgabe in der Urfassung (von 1812), hrsg. von Friedrich Panzer, Wiesbaden, S. 189
26 Physiologus. Naturkunde in frühchristlicher Deutung, Hanau 1987, S. 42

27 Zarathustra, aus: Zend-Avesta (10.Gatha Yashna 45), übertragen von Hermann Beckh

28 Christa Slezak-Schindler, Künstlerisches Sprechen im Schulalter, Pädagogische Forschungsstelle, Stuttgart 1978, S.117

29 Rudolf Steiner, Die Geheimwissenschaft im Umriß, GA 13

30 Werner Perrey, 46 Sternbilder und ihre Legenden, Verein für ein erweitertes Heilwesen, Bad Liebenzell

31 Ludewig Ideler, a.a.O., S.91

32 Ludewig Ideler, a.a.O., S.229

33 Hans Baumann, Im Lande Ur. Die Entdeckung Altmesopotamiens, Gütersloh 1968, S.66—75

34 Werner Papke, Die Sterne von Babylon, Bergisch Gladbach 1989

35 Rudolf Steiner, Okkulte Geschichte, 4.Vortrag, 30.12.1910, GA 126

36 Veronika Jons, Welt der Mythen, Freiburg 1976, S.28

37 Gottfried Richter, Ideen zur Kunstgeschichte, Stuttgart ⁷1983, S.55

38 J.H.Breasted, Geschichte Ägyptens, Wien 1936, S.223

39 Frank Teichmann, Der Mensch und sein Tempel, Bd.I, Ägypten, Stuttgart 1978, S.21f.

40 Christa Slezak-Schindler, a.a.O., S.119

41 Johann Wolfgang von Goethe, Das Märchen, enthalten in: Unterhaltungen deutscher Ausgewanderten

42 Karl Kerényi, Die Mythologie der Griechen, Bd.2, München 1988, S.44f.

43 ebd. S.44f.

44 ebd. S.47

45 Gustav Schwab, a.a.O., S.45

46 Karl Kerényi, a.a.O., S.49

47 ebd. S.50f.

48 ebd. S.50f.

49 ebd. S.187

50 Hermann Kern, Labyrinthe. Erscheinungsformen und Deutungen. 5000 Jahre Gegenwart eines Urbilds, München ²1983

51 Rudolf Steiner, Okkulte Geschichte, 3.Vortrag, 29.Dezember 1910, GA 126

52 Lexikon christlicher Kunst, Freiburg 1987, S.257

53 Christa Slezak-Schindler, a.a.O., S.120

54 Siehe: Rudolf Steiner, Das Christentum als mystische Tatsache und die Mysterien des Altertums, GA 8

55 Rudolf Steiner, Schicksalsbildung und Leben nach dem Tode, 6.Vortrag, 21.Dezember 1915: Die Finsternis des heutigen Geisteslebens und das verwahrloste Leben unserer Zeit, GA 157a

56 Rudolf Steiner, Die Welt der Sinne und die Welt des Geistes, 3.Vortrag, 29.Dezember 1911, GA 134

57 Baker/Hardy, Der Kosmos-Sternführer, Stuttgart 1983, S.98

58 Lexikon christlicher Kunst, Freiburg 1987, S.180

59 Das neue Tierreich nach Brehm, Gütersloh 1968, S.424

214

60 Wladimir Lindenberg, Die Menschheit betet, München – Basel 1983, S. 131

61 Doug Boyd, Rolling Thunder, München 1981

62 Carl Gustav Jung, Erinnerungen, Träume, Gedanken, Olten 1971

63 Karl König, Bruder Tier, Frankfurt a. M. 1983, S. 166 f.

64 ebd. S. 162

65 Wolfgang Schadewaldt, Sternsagen, Frankfurt a. M. 1983, S. 23

66 Karl König, Bruder Tier, a. a. O., S. 96

67 Friedrich Kluge / Alfred Götze, Etymologisches Wörterbuch der deutschen Sprache, Berlin 1951, S. 52

68 Sagen der Juden, a. a. O., S. 34

69 Bleibt, ihr Engel, bleibt bei mir, Ludwigsburg 1981, S. 110

70 Karl König, a. a. O., S. 91

71 Ludewig Ideler, a. a. O., S. 46

72 Rudolf Steiner, Die Geschichte der Menschheit und die Weltanschauungen der Kulturvölker, 11. Vortrag, 17. Mai 1924: Über Kometen und Sonnensystem, Tierkreis und übrigen Fixsternhimmel, GA 353

73 Bettina Brandt-Förster, Das irische Hochkreuz, Stuttgart 1978, S. 166 f.

74 Australia's kakaduman Bill Neidjie, Darwin, Northern Territory 1986, Australia, S. 35 u. 55 (die Gedichte in meiner Übertragung)

75 Jochen Bockemühl, Altes und neues Australien, in: Erziehungskunst Nr. 7, 1989, S. 561

76 Rudolf Steiner, Heilpädagogischer Kurs, 10. Vortrag, 5. Juli 1924, GA 317

77 Rudolf Steiner, Initiationswissenschaft und Sternenerkenntnis, London, 2. September 1923: Der Mensch als Bild geistiger Wesen und geistiger Wirksamkeiten auf Erden, GA 228

78 Rudolf Steiner, Menschenwesen, Menschenschicksal und Welt-Entwickelung, 1. Vortrag, 16. Mai 1923, GA 226

79 Klaus Hünig, Der Nördliche Sternenhimmel – Der Südliche Sternenhimmel, Weikersheim 1984

BILDNACHWEIS

ALPHABETISCHES VERZEICHNIS
DER STERNBILDERNAMEN

Sternbild	*Urheber*
1 Adler (Aquila)	Pt
2 Altar (Ara)	Pt
3 Andromeda (Andromeda)	Pt
4 Großer Bär (Ursa maior)	Pt
5 Kleiner Bär (Ursa minor)	Pt
6 Becher (Crater)	Pt
7 Bildhauer (Sculptor)	L
8 Bootes (Bootes)	Pt
9 Chamäleon (Chamaeleon)	K
10 Delphin (Delphinus)	Pt
11 Drache (Draco)	Pt
12 Dreieck (Triangulum)	Pt
13 Südliches Dreieck (Triangulum Australe)	K
14 Eidechse (Lacerta)	H
15 Einhorn (Monoceros)	Bsch
16 Eridanus (Eridanus)	Pt
17 Fische (Pisces)	Pt
18 Fliegender Fisch (Volans)	K
19 Südlicher Fisch (Piscis Austrinus)	Pt
20 Fliege (Musca)	K
21 Fohlen (Equuleus)	Pt
22 Fuhrmann (Auriga)	Pt
23 Fuchs (Vulpecula)	Bsch
24 Giraffe (Camelopardalis)	Bsch
25 Grabstichel (Caelum)	L
26 Haar der Berenike (Coma Berenices)	antik nach Pt
27 Hase (Lepus)	Pt
28 Herkules (Hercules)	Pt

29 Großer Hund (Canis maior)	Pt
30 Kleiner Hund (Canis Minor)	Pt
31 Indianer (Indus)	K
32 Jagdhunde (Canes Venatici)	H
33 Jungfrau (Virgo)	Pt
34 Kassiopeia (Cassiopeia)	Pt
35 Kentaur (Centaurus)	Pt
36 Kepheus (Cepheus)	Pt
37 Kompaß (Pyxis)	L
38 Kranich (Grus)	K
39 Krebs (Cancer)	Pt
40 Kreuz des Südens (Crux)	wohl uralt, aber nicht von Ptolemäus überliefert
41 Nördliche Krone (Corona Borealis)	Pt
42 Südliche Krone (Corona Australis)	Pt
43 Leier (Lyra)	Pt
44 Löwe (Leo)	Pt
45 Kleiner Löwe (Leo minor)	H
46 Luchs (Lynx)	H
47 Luftpumpe (Antlia)	L
48 Maler (Pictor)	L
49 Mikroskop (Microscopium)	L
50 Netz (Reticulum)	L
51 Oktant (Octans)	L
52 Orion (Orion)	Pt
53 Chemischer Ofen (Fornax)	L
54 Paradiesvogel (Apus)	K
55 Pegasus (Pegasus)	Pt
56 Pendeluhr (Horologium)	L
57 Perseus (Perseus)	Pt
58 Pfau (Pavo)	K
59 Pfeil (Sagitta)	Pt
60 Phönix (Phoenix)	K
61 Rabe (Corvus)	Pt
62 Schiffskiel (Carina)	Pt
63 Achterschiff (Puppis) ⎫ Südl. Schiff	Pt
64 Schiffssegel (Vela) ⎭	Pt

65	Schlange (Serpens)	Pt
66	Schlangenträger (Ophiuchus)	Pt
67	Schild (Scutum)	H
68	Schütze (Sagittarius)	Pt
69	Schwan (Cygnus)	Pt
70	Schwertfisch (Dorado)	K
71	Sextant (Sextans)	H
72	Skorpion (Scorpius)	Pt
73	Steinbock (Capricornus)	Pt
74	Stier (Taurus)	Pt
75	Tafelberg (Mensa)	L
76	Taube (Columba)	Bay
77	Teleskop (Telescopium)	L
78	Tukan (Tucana)	K
79	Waage (Libra)	Pt
80	Walfisch (Cetus)	Pt
81	Wassermann (Aquarius)	Pt
82	Wasserschlange (Hydra)	Pt
83	Kleine Wasserschlange (Hydrus)	K
84	Widder (Aries)	Pt
85	Winkelmaß (Norma)	L
86	Wolf (Lupus)	Pt
87	Zirkel (Circinus)	L
88	Zwillinge (Gemini)	Pt

Bsch	=	Bartsch
Bay	=	Bayer
H	=	Hevelius
K	=	Keyser
L	=	La Caille
Pt	=	Ptolemäus

Die Sternbilder Nr. 25, 49, 56, 75, 85 sind nicht in unsere Sternkarten einge-zeichnet.

Die Sternbilderliste umfaßt die auf dem Astronomenkongreß zu Leiden 1928 ihrer Anzahl und ihren lateinischen Namen nach festgelegten 88 Sternbilder.

ZU DEN STERNBILDERTAFELN

*D*ie 14 Sternbildertafeln zeigen entweder den Nordhimmel oder den Südhimmel oder eines der zwölf Tierkreisgebiete vom Nordpol bis zum Südpol mit Nachbarsternbildern. Die gestrichelte meist schrägliegende Linie in der Mitte der Tierkreiskarten deutet die Ekliptik an. Die nördliche gestrichelte Linie begrenzt die zirkumpolaren Sternbilder, die von dem 50. irdischen Breitengrad aus gesehen, dem ungefähren Standort der Verfasserin, immer am Himmel sind.

Die entsprechende südliche Linie umgrenzt die südlichen zirkumpolaren Bilder, die nie vom 50. Breitengrad aus über den Horizont steigen. Die Linie entspricht für diese Erdbreite also dem Horizont. Auch in die beiden Polkarten sind diese Linien eingezeichnet.

Die Sternbildernamen aus dem Sternbilderkatalog des Ptolemäus sind durch Unterstreichung gekennzeichnet.

Die Tafeln wurden von der Verfasserin gezeichnet; zugrunde lagen ihr die Sternbildzeichnungen aus den Bausätzen der nördlichen und südlichen Sternenhimmelkuppeln von Klaus Hünig.[79] Für die Überlassung dieser Bilder sei ihm an dieser Stelle herzlich Dank gesagt. Diese Sternhimmelkuppeln, die es inzwischen in größerer überschaubarer Form, handlich mit selbstleuchtenden Sternen und in spielerischer Miniform gibt, sind als Anschauungsmaterial eine wertvolle Ergänzung zu den Ausführungen dieses Buches. An diesen räumlichen Himmelskuppeln machte ich die ersten Entdeckungen in der »geheimnisvollen Sternwelt«.

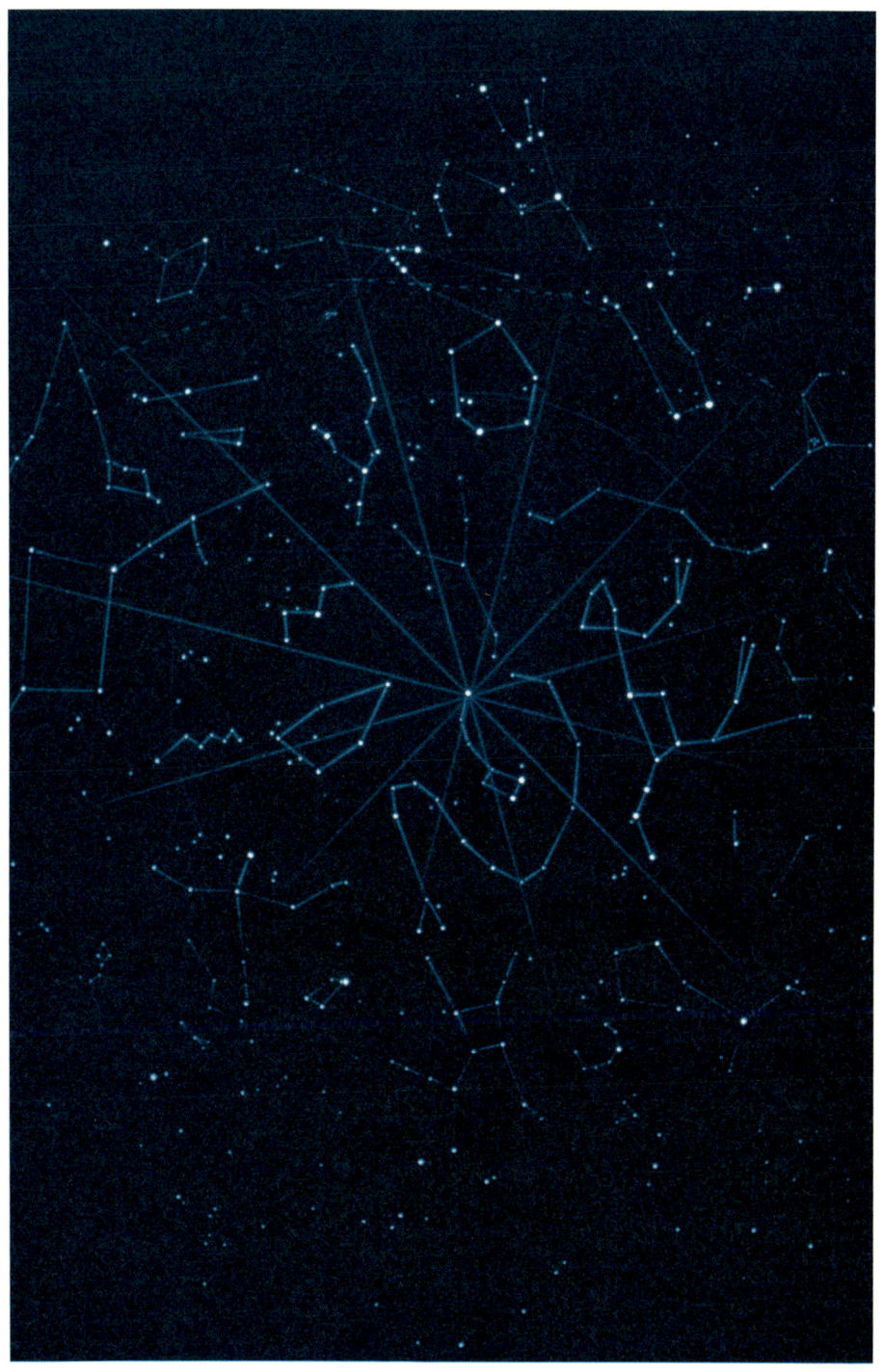

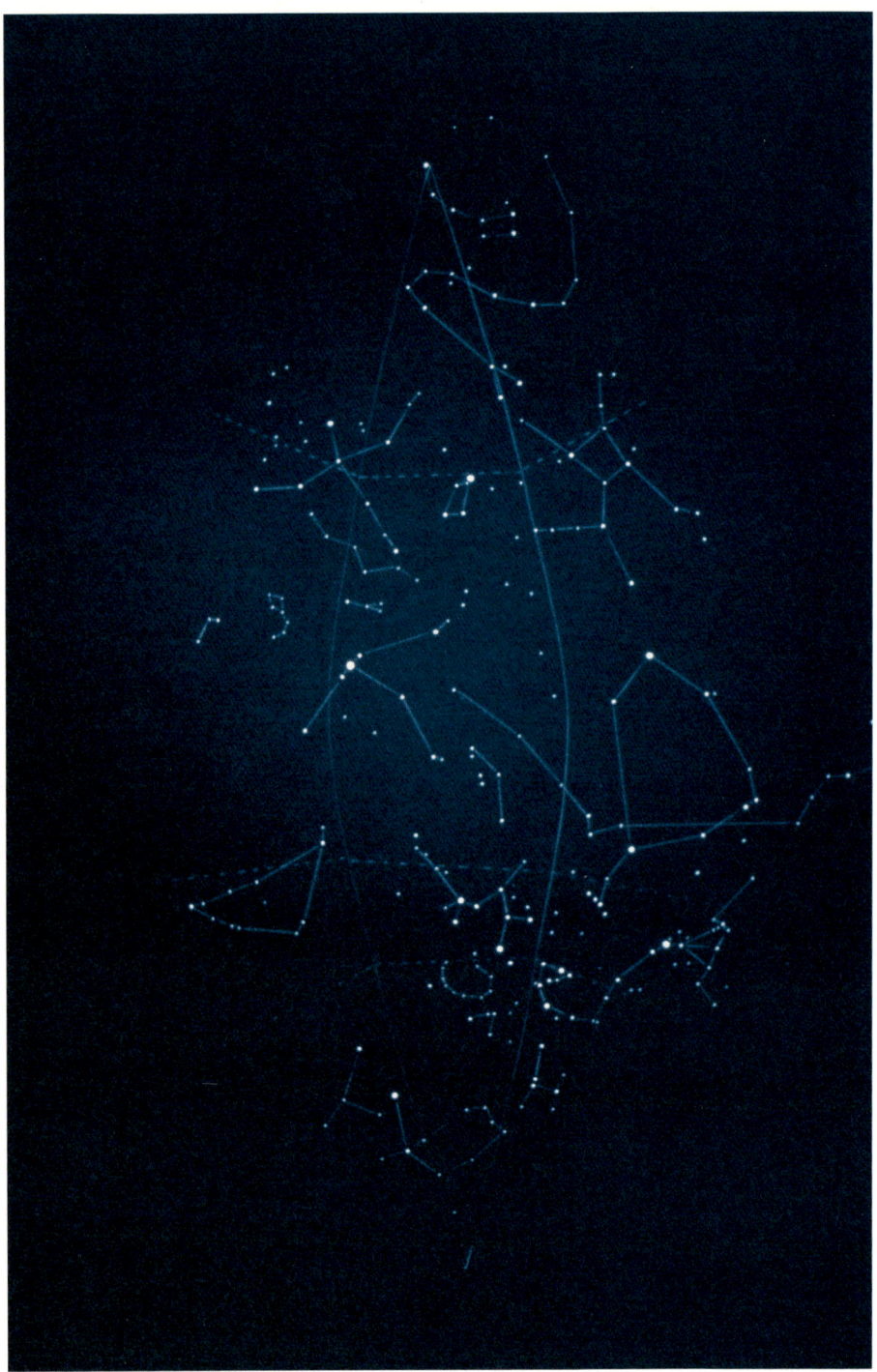

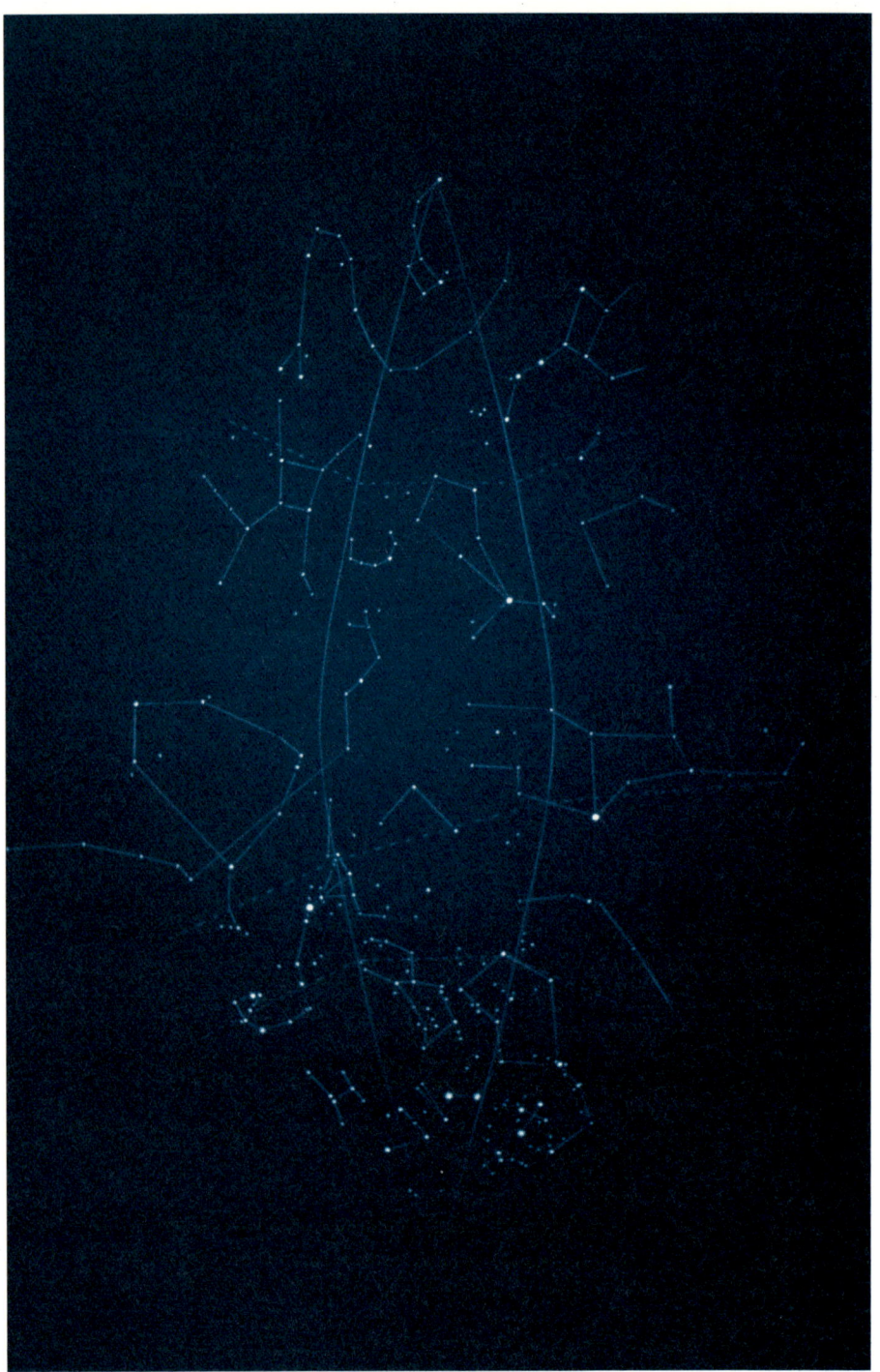

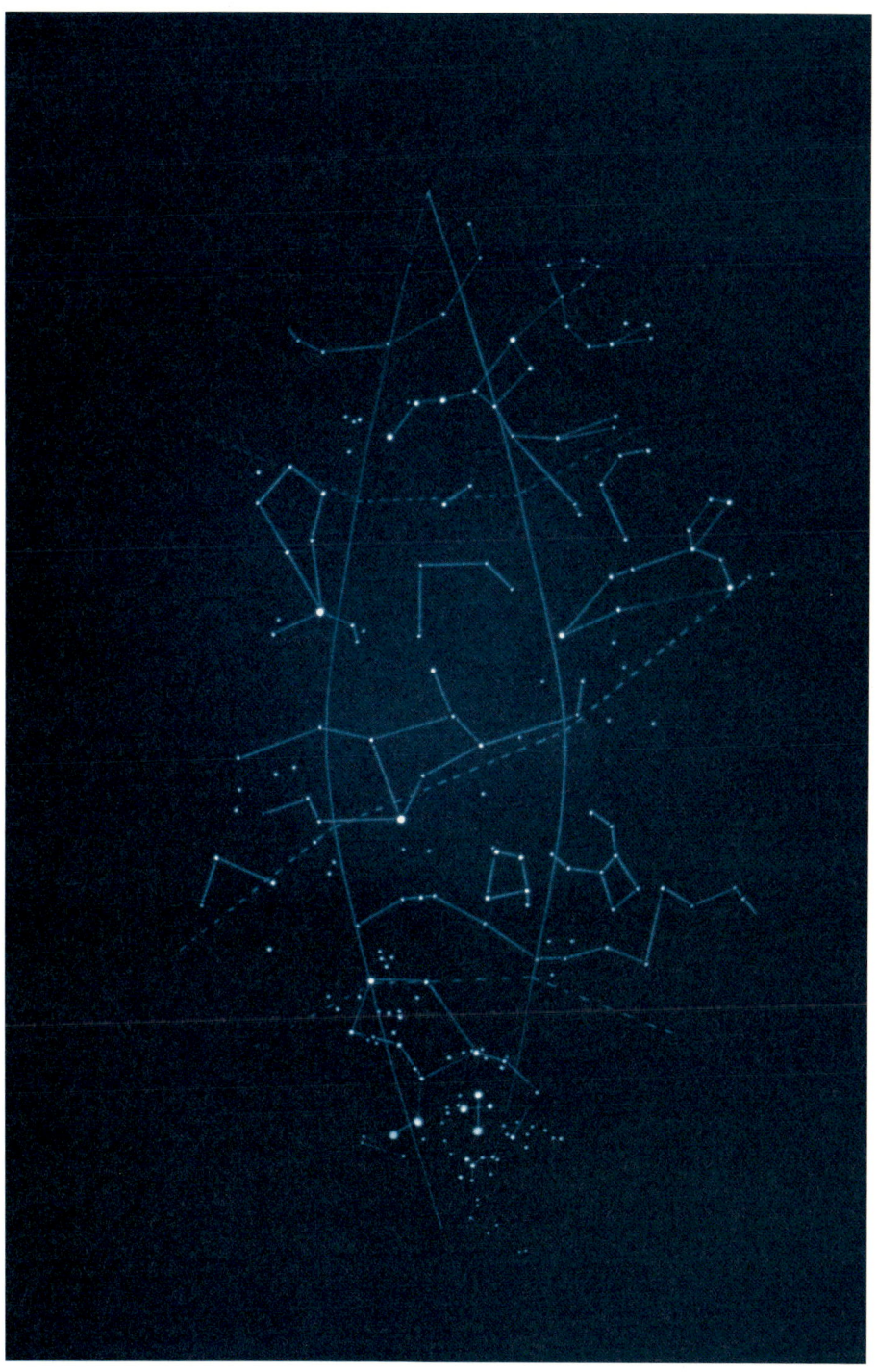

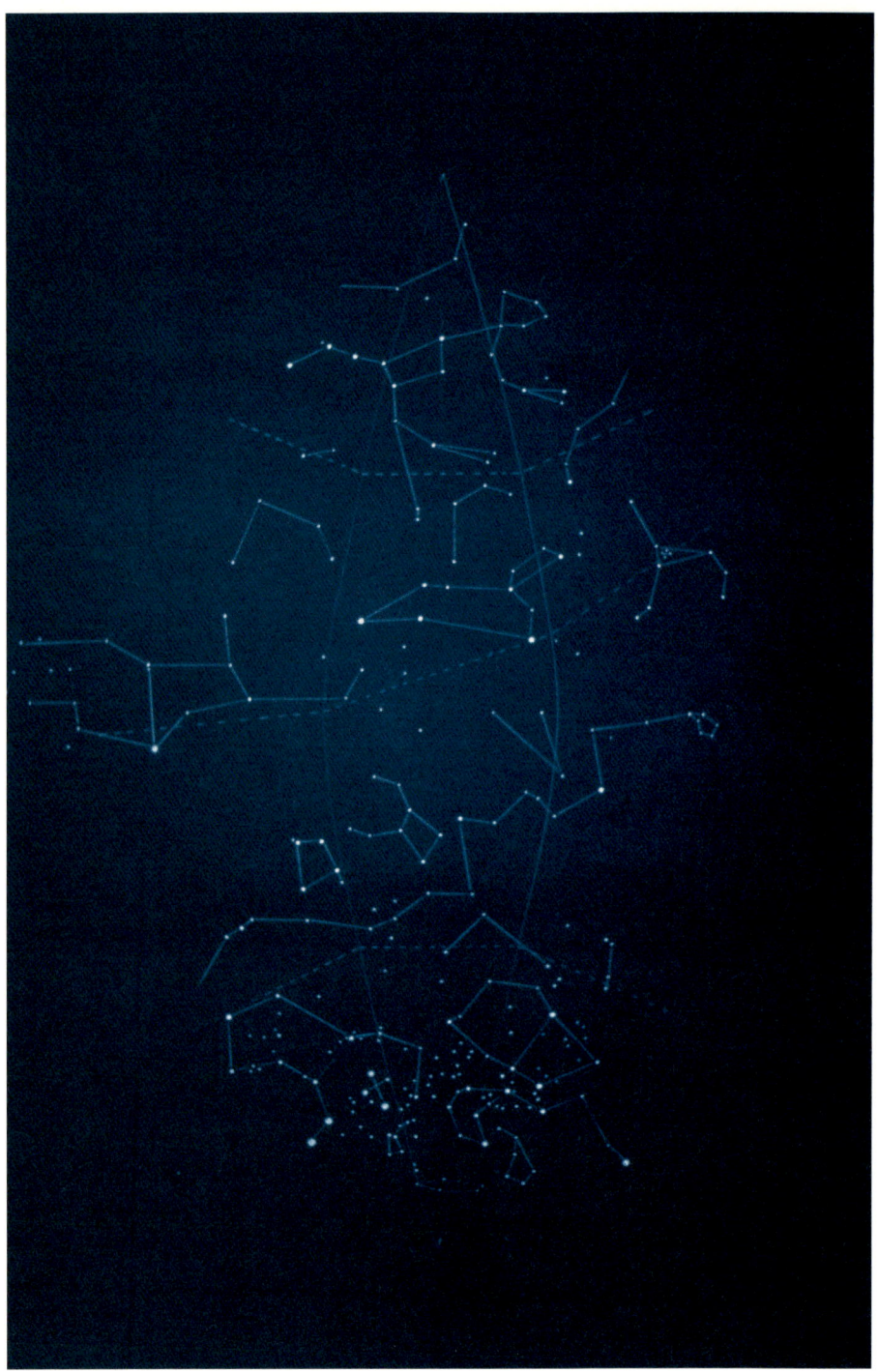

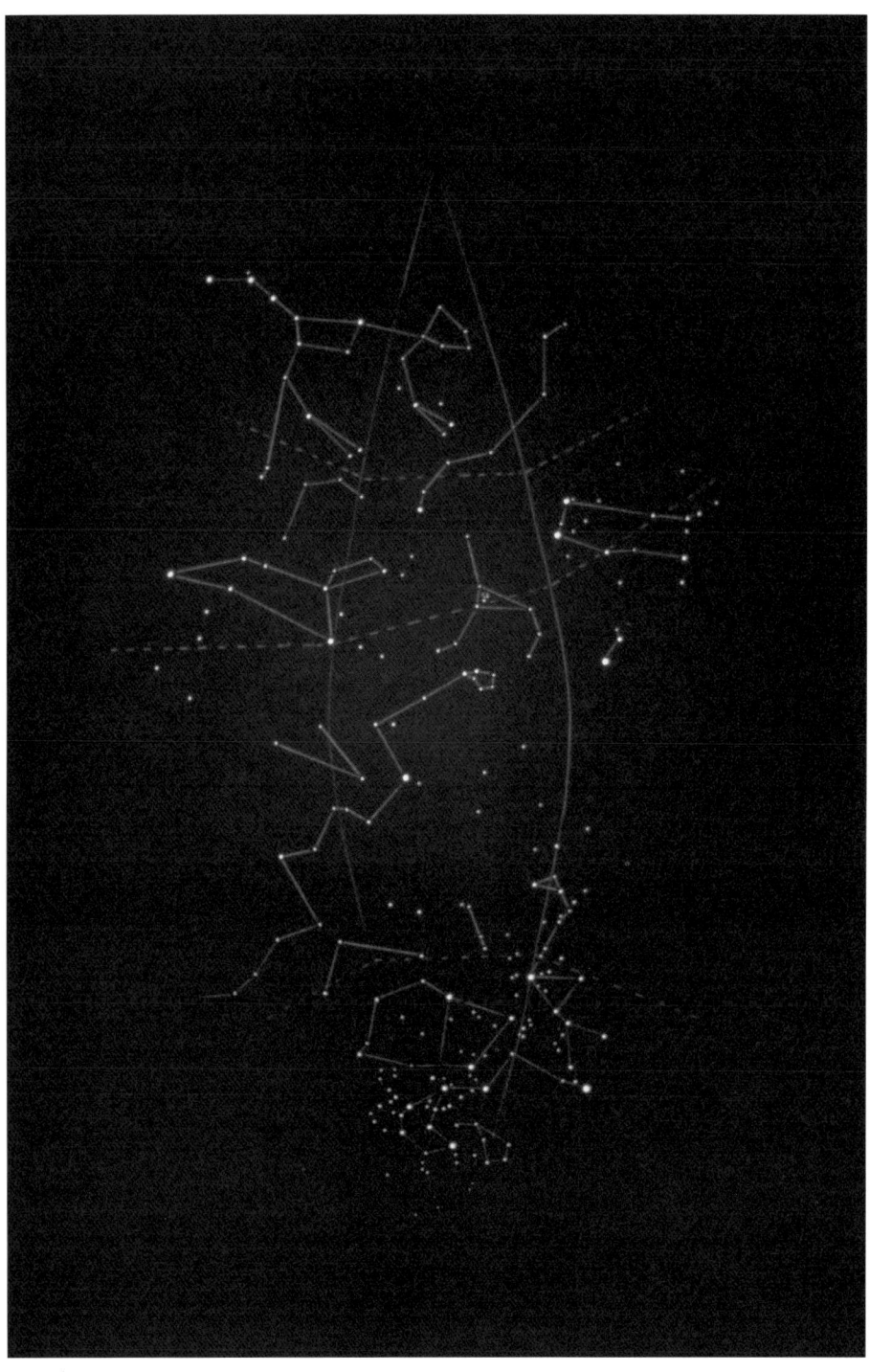

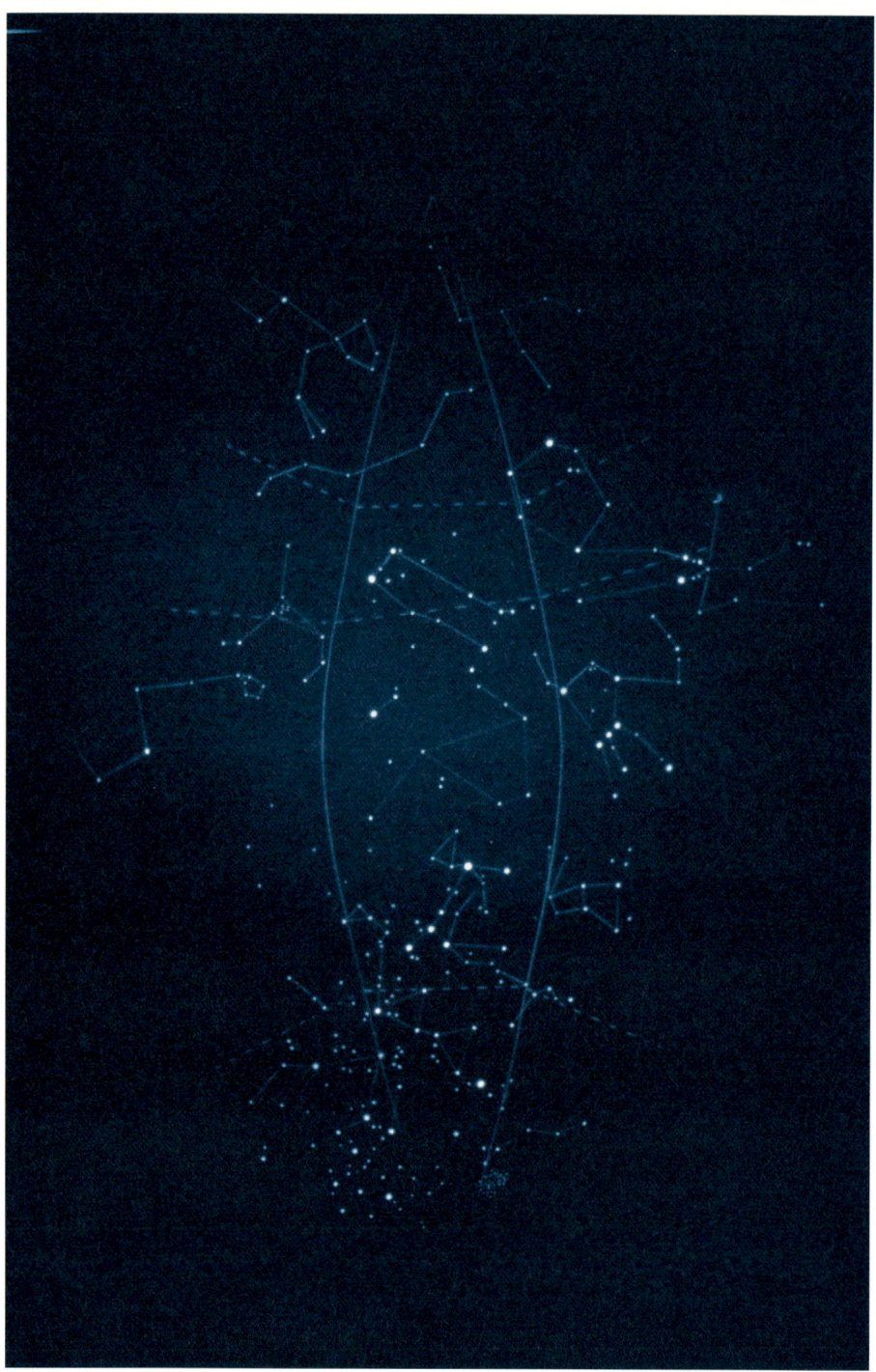

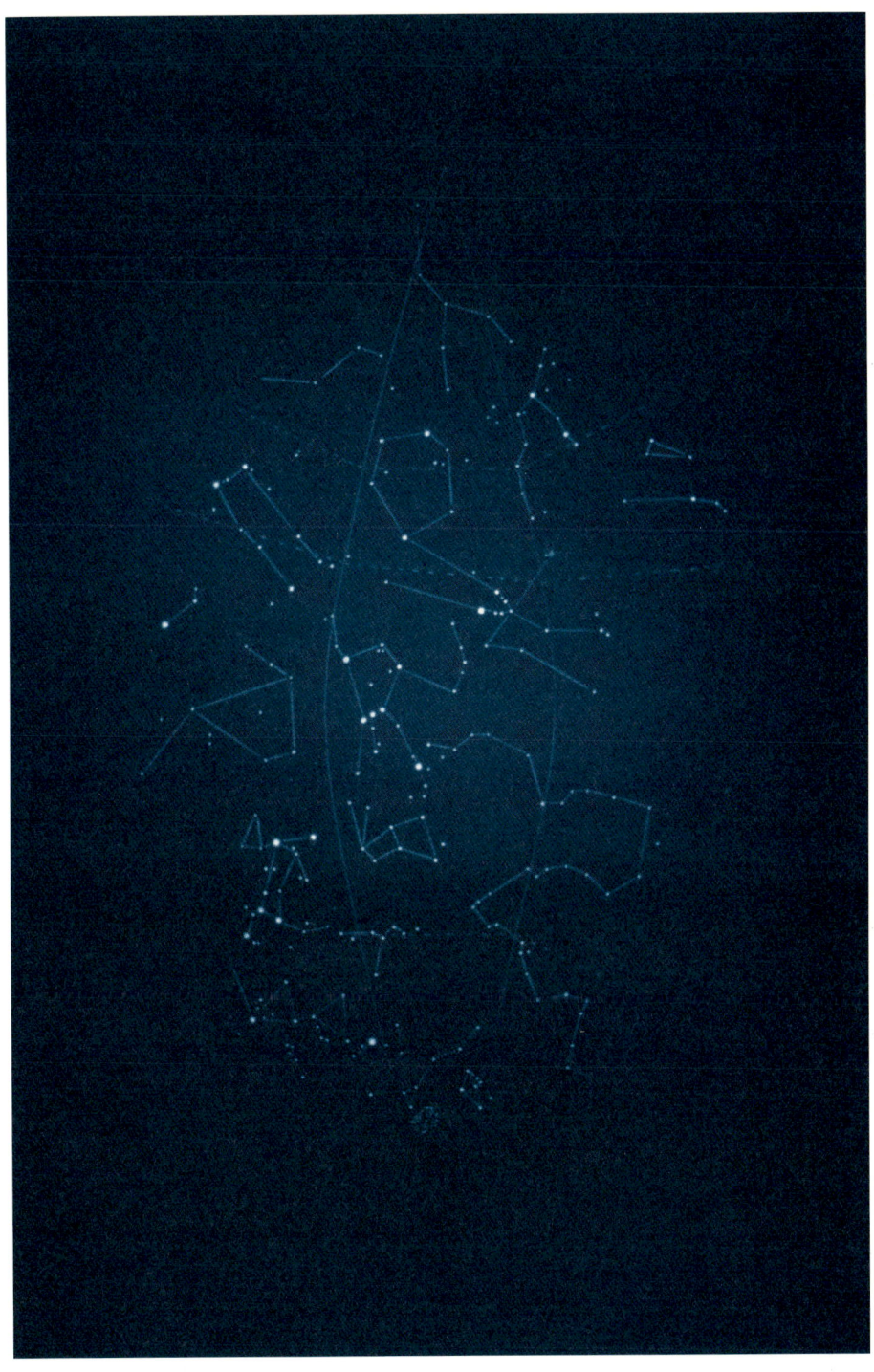

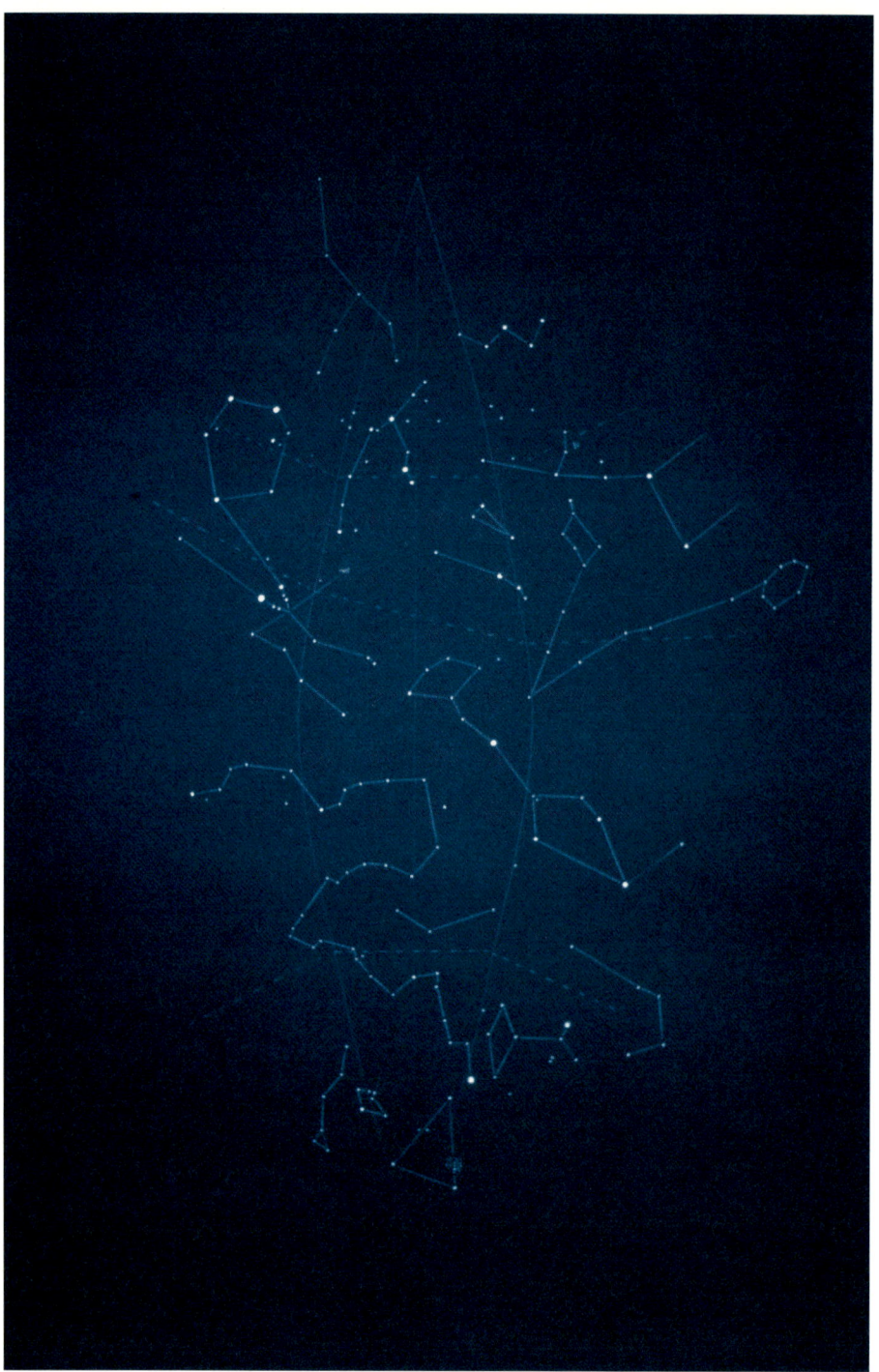

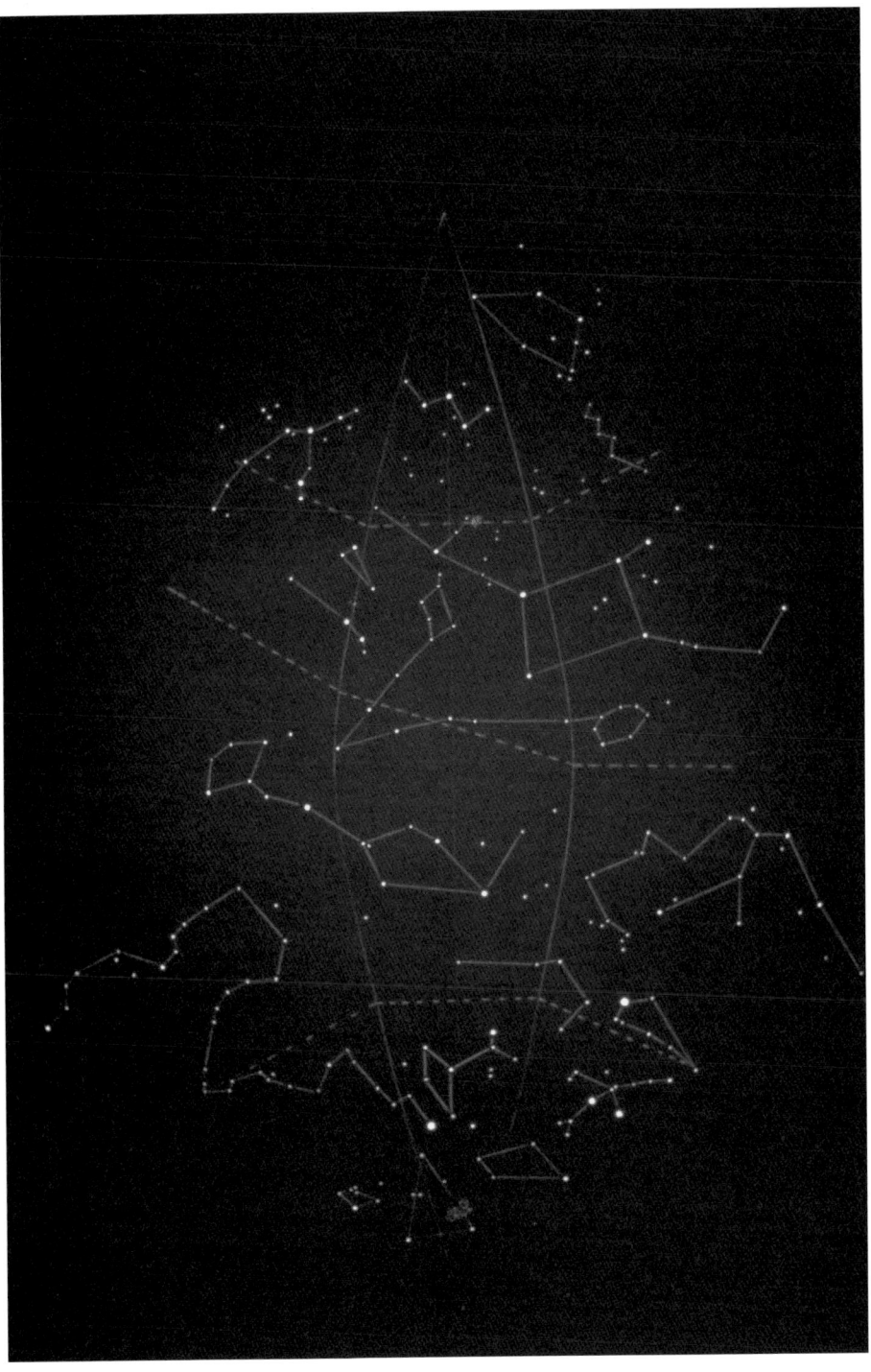

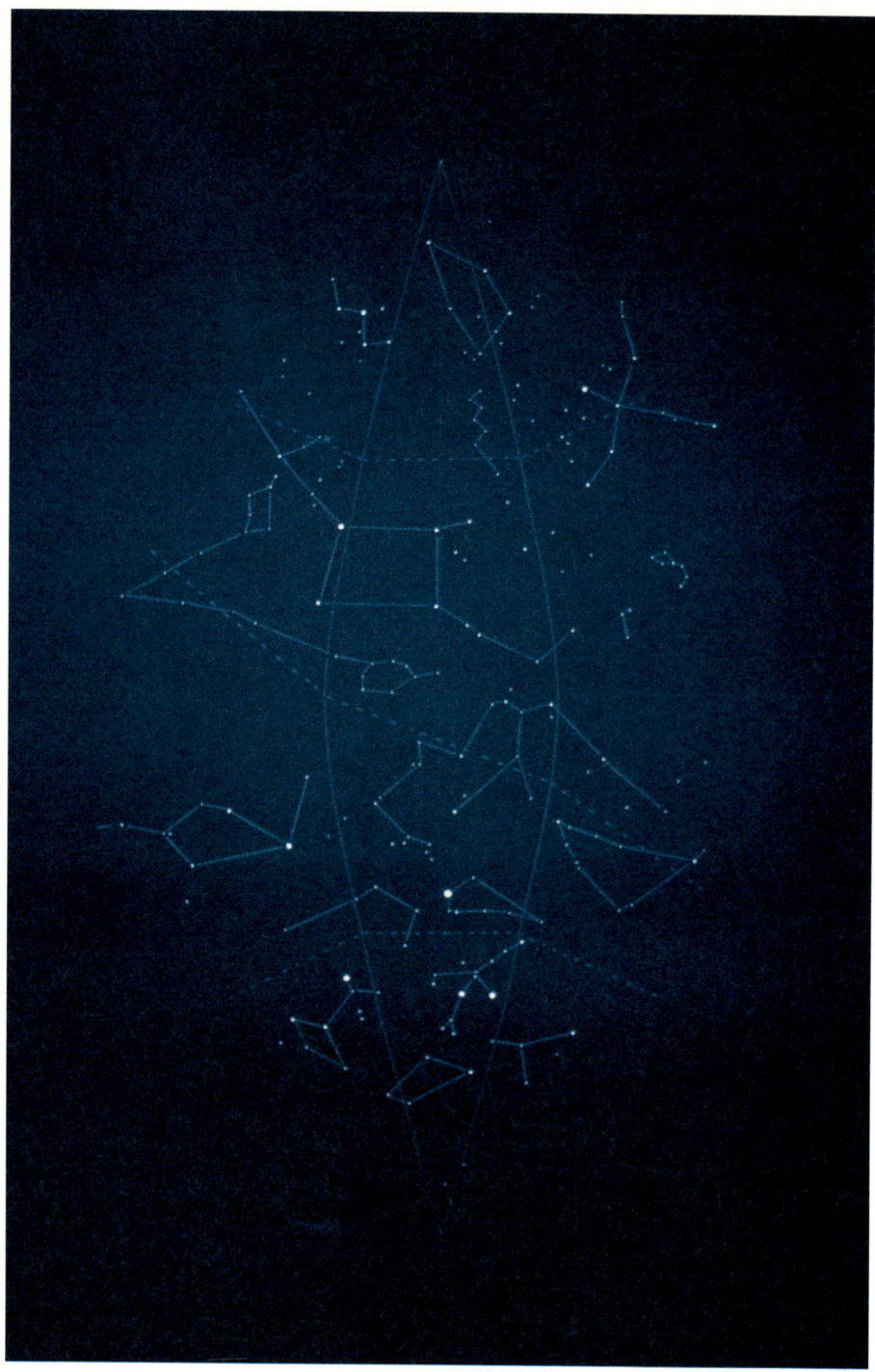

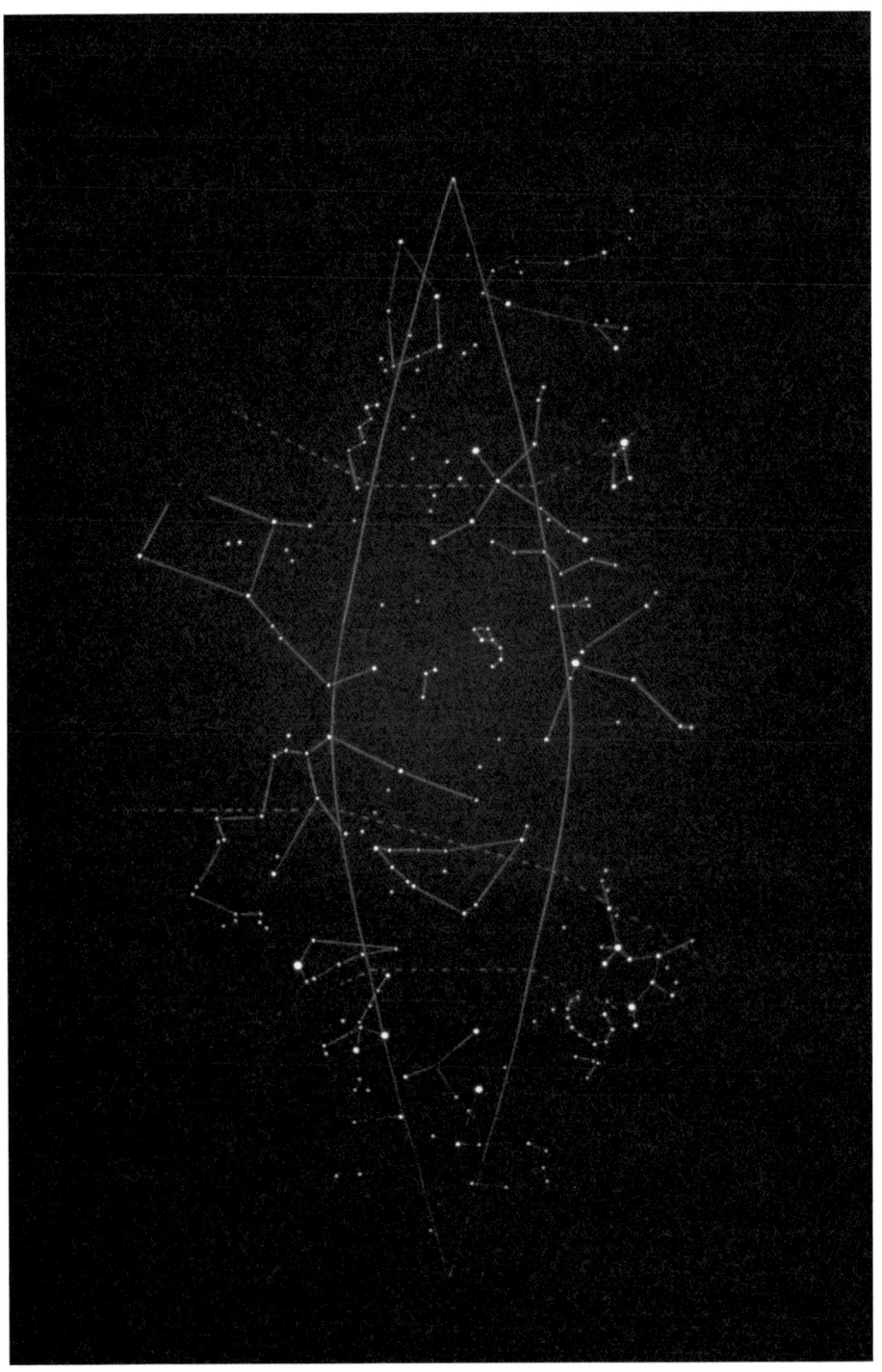